115 [COLECCIÓN TRÓPICOS]

Edición exclusiva impresa bajo demanda por CreateSpace, Charleston SC.

© **Editorial Alfa, 2015**
© **@alfadigital.es, 2017**

Editorial Alfa
Apartado postal 50304. Caracas 1050 A, Venezuela
Teléfono: [+58 212] 762. 30. 36 / Fax: [+58 212] 762. 02. 10
e-mail: contacto@editorial-alfa.com
www.editorial-alfa.com

ISBN: 9781974156580

Diseño de colección
Ulises Milla Lacurcia

Diagramación
Rozana Bentos

Corrección
Carlos González Nieto

Imagen de portada
© Wingate Downs

Printed by CreateSpace, An Amazon.com Company

TELENOVELA ADENTRO

Carolina Acosta-Alzuru

EDITORIAL ALFA

ÍNDICE

AGRADECIMIENTO

Más de 16 años de investigación generan un extenso catálogo de agradecimientos. Imposible listar aquí a todos los que me han acompañado en este trayecto. Sus experiencias, sinceridad y confianza en mí hacen posible cada palabra de este volumen.

Debo distinguir, sin embargo, a Leonardo Padrón, quien ha estado en el portaobjetos de mi microscopio desde 1999. Ser testigo de cómo él navega las aguas cada vez más turbias de Venezuela y su televisión es un aprendizaje y un privilegio que nunca dejaré de agradecer.

Lucía Olavarría es la primera lectora de mis manuscritos. Agradezco su tiempo y su mirada acuciosa e imprescindible.

Sin mis afectos en Caracas mi investigación no sería posible. Mi familia me aloja y fortalece con su amor inigualable. Mis amigas nutren mi espíritu, llenando mis días de confidencias y sonrisas.

En Athens, mis alumnos y colegas de la Universidad de Georgia agudizan mi capacidad de análisis y oxigenan mi investigación.

Finalmente, Guillermo, Gustavo, Carolina y María Teresa son el amor que me sostiene. Ellos escriben y producen un final feliz cada día de mi vida.

PREFACIO

Estamos iniciando una travesía por un género
desprestigiado en los círculos altos y, al mismo tiempo,
instalado en la conciencia de nuestros pueblos.

José Ignacio Cabrujas

Hay historias que producen adicción. En particular, hay unas originarias de América Latina que constituyen una epidemia mundial que se transmite a diario por los televisores de más de 130 países y cuyo contagio es tan masivo como el desprecio con el cual se habla de ellas. Sucede que en la aparente simpleza de sus códigos se esconde la complejidad de su confección y de su consumo. Muchos las llaman «culebrones», pero su verdadero nombre es telenovelas, y yo las estudio desde 1999.

Siempre hay quien se sorprende al saberlo. Y su estupor aumenta cuando explico cómo es eso de estudiar telenovelas y por qué llevo tanto tiempo haciéndolo. El caso es que, esté donde esté, yo convivo con esas historias y sus paradojas, y con sus hacedores y su público. Las explico en mi salón de clase en Estados Unidos. Las he llevado a congresos de comunicación en varios continentes. Y las he analizado en libros, diversos artículos académicos, en un blog y en las redes sociales, cuyos visitantes me recuerdan a diario que estos melodramas son inagotables en cuanto a las preguntas que nos plantean y a las claves que nos dan sobre los intrincados enlaces que existen entre medios de comunicación, cultura y sociedad.

Y es que las telenovelas son mucho más que historias de amores contrariados. Son entretenimiento, pero también industria. Son cotidianidad, identificación e ilusión para los que las ven, creación y oficio para los que las hacen, mediciones de audiencia para los gerentes, una mercancía para la economía internacional y un práctico chivo expiatorio para la persona o institución que quiera descargar alguna culpa. Para mí son un extraordinario objeto de estudio: variopinto, complejo e interminable. Un palco privilegiado sobre la televisión, un reflejo de Latinoamérica, una manera de descifrar a mi país, un constante desafío académico y un extenso catálogo de vivencias en unas aguas que no han sido suficientemente exploradas y por las cuales no me canso de navegar.

Este libro es una colección de escritos sobre ese viaje que no ha terminado. Son capítulos independientes y disímiles en voz y estilo, cuyo hilo conductor es mi periplo examinando las telenovelas. Escribo sin abandonar mi postura analítica y beneficiándome del rigor de mi entrenamiento para documentar el trayecto cuya motivación primaria es académica. Es una ruta marcada por la indagación. Sus luces vienen de la teoría y su itinerario está organizado por la metodología. Pero mi recorrido es también intensamente personal.

Por ello, me incluyo en estos escritos y difumino la línea imaginaria entre lo personal y lo académico. Aunque eso me deje desprovista de la red protectora de la escritura en tercera persona y del confort de la voz neutra e impersonal que caracteriza a la academia. Lo confieso: estar en mi propio cuento y pensar en voz alta me hacen sentir vulnerable. Es una intemperie que siempre he evitado, pero que considero necesaria en un libro como este. Sé bien que el «yo» de cada historia se constituye en el acto de contarla. Y entiendo que en este libro ese «yo» tiene los ojos rigurosos y disciplinados de una investigadora académica, los ademanes de la profesora que busca entender para poder explicar, y el corazón de la mujer venezolana que soy. En consecuencia, estos escritos explican a la telenovela como género y como industria, dan detalles de la trastienda de mi indagación y evidencian el fervor que siento por mi investigación. Porque resulta que yo no soy inmune a la pandemia que son las telenovelas. Yo también estoy contagiada. Y hace rato que me di de cuenta de que hay objetos de estudio que también producen adicción.

ITINERARIO

Creemos que nos embarcamos en un viaje
y pronto es el viaje el que nos crea.
HELENA ARELLANO MAYZ

Mantengo dos lentes simultáneos sobre la telenovela como género e industria. Un poderoso lente de aumento con el cual examino detalladamente las telenovelas del escritor venezolano Leonardo Padrón y sus contextos, y un lente gran angular que sigue los trazos medianos y gruesos del panorama de la industria a nivel mundial.

La literatura académica es abundante en investigadores que dedicaron su vida a examinar a un autor o una obra en particular. Especializarse es el camino cuando el objetivo es profundizar. Al mantener una constante, es posible examinar a lo largo del tiempo cómo cambia el contexto y, con él, nuestro objeto de estudio. Son investigaciones enfocadas en la producción creativa y enraizadas en el proceso histórico. Estudiar en detalle cada telenovela de Padrón significa documentar y analizar metódicamente el texto audiovisual que sale al aire noche a noche y sus procesos de creación (escritura, actuación, producción), consumo y regulación. Examinar los contextos de esas novelas implica estudiar las aristas políticas, socioeconómicas y culturales de Venezuela. También hace imperativo que siga con diligencia los avatares de la televisión venezolana y que conozca el proceso de creación de otros escritores que escriben dentro y fuera del país.

Mi seguimiento del paisaje mundial de las telenovelas no tiene ese nivel de detalle, pero sí examino sus rasgos definitorios con regularidad: los contenidos exitosos y fracasados, el establecimiento de subgéneros y su mimetización con otros géneros televisivos, su expansión por el mundo y las marcas que la globalización deja sobre ellas. Mis dos lentes son imprescindibles. Uno me da profundidad y el otro me da amplitud. Ambos hacen posible el análisis de las telenovelas como epicentro para tratar de desentrañar la trenza común que une a medios de comunicación, cultura y sociedad. Ambos determinan el itinerario de mi viaje.

1999-2000: *EL PAÍS DE LAS MUJERES*

- Destino: Venezuela marcada por el género (femenino/masculino).
- Equipaje: Análisis textual y entrevistas.

–Caro, estamos viendo una telenovela que nos parece interesante porque es distinta –dijo mi amigo Fernando cuando coincidimos con él y Chabela en Pompano.

–¿En serio? ¿Y por qué?

–Es que es diferente. No se parece a la típica telenovela tonta de la pobre y el rico. Es un grupo de mujeres que son primas y su manera de hablar y sus historias son realistas.

–Mmm… ¿y cómo se llama?

–*El país de las mujeres.*

–Me gusta ese título. Voy a estar pendiente. Quizás tenga suerte y la den en Univisión. (Febrero 1999)

Tuve suerte. Un par de meses más tarde, Univisión anunció que transmitiría *El país de las mujeres*. Curiosa, grabé la primera semana sin verla. Era un momento particularmente difícil en mi vida. Mi esposo estaba recibiendo quimioterapia y ambos luchábamos para que ese angustioso tránsito no dominara nuestra vida familiar de actividades escolares, juegos de pelota y recitales de ballet. Yo terminaba de escribir mi tesis doctoral a la vez que daba clases en la universidad y ejercía, determinada, mis roles de esposa y madre. Buscaba gotas de ocio, no un objeto de investigación.

Ese fin de semana me senté a ver los primeros cinco capítulos. Fernando y Chabela tenían razón: la novela era distinta y me hablaba tanto de mí como del país que había dejado seis años atrás. Me enganchó de inmediato, lo cual era coherente con mi historia de consumidora de telenovelas con personajes femeninos fuertes y bien delineados como *La dueña* de José Ignacio Cabrujas y Julio César Mármol y *La señora de Cárdenas*, también de Cabrujas, y mi gusto por las telenovelas corales como *Las amazonas* de César Miguel Rondón. Así que catalogué a *El país de las mujeres* como el entretenimiento perfecto para el momento que vivía. Comencé a verla y a grabarla a diario. Una semana después ya había decidido que quería analizarla. Etiqueté los capítulos que tenía y compré una caja de cintas VHS para grabarla completa. A los dos meses, con la tesis lista y defendida, y mi diploma de Ph.D. en la pared de mi nueva oficina de profesora, comencé el análisis textual de *El país de las mujeres*.

Cuando había analizado media telenovela, tomé una segunda decisión: hacer un estudio de su recepción por parte del público. Me llamaba la atención el éxito de la novela a nivel de mediciones de audiencia y me preguntaba cómo el público venezolano, inmerso en las ideologías paralelas del machismo[1] y el marianismo[2], leía a estos personajes y tramas que mostraban los contrasentidos, retos y dificultades que conlleva el ser mujer en Venezuela. También me sorprendía que *El país de las mujeres* no fuera la creación de una mujer. El autor era un hombre. Para más señas, poeta.

---

1   El machismo es un abanico de ideas que incluyen que el hombre es superior a la mujer, tiene más derechos y pertenece «naturalmente» a la esfera pública, mientras que la mujer debe estar a la sombra del hombre y en el ámbito privado del hogar.

2   Según el marianismo, las mujeres son moralmente superiores al hombre, poseedoras de fortaleza espiritual y se caracterizan por una capacidad para el sacrificio que las hace particularmente apropiadas para ser madres. La combinación del marianismo y el machismo coloca a la mujer en la esfera doméstica, le asigna la mayoría de la responsabilidad en cuanto a los hijos se refiere y pone en tela de juicio su capacidad intelectual y profesional. Stevens, E. (1973). Mariansimo: The Other Face of Machismo in Latin America. En P. A (Ed.), *Female and Male in Latin America* (pp. 89-102). Pittsburgh, PA: University of Pittsburgh Press.

Por lo tanto, después de meses dedicada al análisis textual de *El país de las mujeres*, decidí ir más allá (el público) y más acá (el autor) de ese texto. Para ello, diseñé un estudio que ameritaba viajar a Caracas después de que la telenovela terminara para entrevistar a un número de personas que la habían visto y a su autor, Leonardo Padrón.

Por enésima vez revisé la cartera a ver si tenía todo lo necesario: grabadora, microcassettes y la lista de preguntas. Eran las cuatro en punto. Venía de dos semanas de entrevistas a fondo con 39 personas que habían visto *El país de las mujeres*. Tenía una idea bastante completa del proceso de recepción de esta telenovela de corte feminista en un país donde el feminismo es una mala palabra y donde ser mujer es una proposición altamente compleja.

Me bajé del carro y toqué el intercomunicador. Una voz de mujer me hizo pasar. Entré al ascensor y me fui poniendo helada a medida que repasaba mentalmente el objetivo y las estrategias que utilizaría en la entrevista.

El ascensor se abrió en el penthouse. Suspendí la lista mental. Respiré hondo y toqué el timbre. La puerta se abrió casi de inmediato y un hombre de mirada joven y una sobredosis de canas prematuras me sonrió con calidez:

–¿Carolina?

–Sí –dije, extendiendo mi mano gélida para estrechar la de Leonardo Padrón de manera distante y formal. Tuve una ligerísima sensación de que tanta formalidad de mi parte lo incomodaba. Y me sentí, de repente, muy gringa.

Y lo era. Yo había diseñado la entrevista cuidadosamente para que durara alrededor de una hora. Pero ni mi riguroso entrenamiento en metodología, ni mis entrevistas de investigación previas, me habían preparado para la fluidez y la energía intelectual de una conversación que terminó tres horas y media después y que, sin que yo supiera, comenzó a torcer el rumbo de mi agenda de investigación para colocarme en una ruta paralela a la de mi entrevistado.

Esa tarde me asomé por primera vez a la complejidad de la escritura de una telenovela. Yo llegué a ese apartamento bastante experta en *El país de las mujeres*, pero totalmente analfabeta respecto a cómo se hacen las telenovelas. No sospechaba que ahora era que les faltaba estiramiento a mis músculos de investigadora porque no tenía idea de cuán lejos o adentro podía llegar en el tema.

–¿Y no has pensado entrevistar a las actrices del elenco?

–¿Y eso se puede? –pregunté con una mezcla terrible de incredulidad e ignorancia.

–¡Claro! –respondió con una sonora carcajada. Inmediatamente sacó su teléfono celular y comenzó a dictarme números de teléfono. (Mayo 2000)

En pocos días logré entrevistar a casi todas las mujeres de *El país de las mujeres*. Fueron conversaciones memorables en las que, gracias a la inteligencia y generosidad de estas actrices, avancé kilómetros en mi comprensión de sus personajes y confirmé mi ignorancia sobre los procesos de producción y grabación de una telenovela. También atisbé, sin comprender realmente, la complejidad de darle vida a un personaje y lo que eso significa para cada actor.

Regresé a Estados Unidos gratamente sorprendida con lo mucho que todos mis entrevistados me habían dicho. En mi equipaje llevaba mi precioso cargamento de microcassettes, la satisfacción del trabajo hecho, la emoción que precede al análisis y una incipiente inquietud: ¿cómo hacer para seguir estudiando telenovelas viviendo lejos de ellas? Pronto aparté esa preocupación y me entregué al análisis, a la preparación de ponencias y a la escritura de artículos académicos en inglés sobre *El país de las mujeres*. Y mientras yo llevaba mi estudio a diferentes congresos y publicaciones, Venezuela se polarizaba políticamente y comenzaba a convulsionar.

2003-2004: *COSITA RICA*

- Destino: Venezuela política y sociocultural.
- Equipaje: Análisis textual, entrevistas, grupos focales, observación participante, cuestionarios vía correo electrónico y observación en foros en internet.

Volví a Caracas en junio de 2003 cuando los venezolanos ya no éramos los mismos: la política nos había invadido, rotulado y dividido. Llegué con un objetivo: entrevistar a personas relacionadas con la industria de la telenovela para así conocer sus opiniones sobre el tipo de historias que las telenovelas debían contar en ese momento de híper movilización política que vivía Venezuela. ¿Podían las telenovelas incluir el contexto real del país? ¿Debían incluirlo? Esas preguntas me sentaron frente a actores, gerentes y productores. También me llevaron de nuevo a transitar esa colección de serpentinas que es Colinas de Bello Monte rumbo al hogar de Leonardo Padrón, quien escribía los primeros capítulos de *Cosita rica*.

–Quiero contar un amor de esos inmensos, tremendos, entre los protagonistas y la historia del desamor entre los venezolanos. Yo quiero que el antagonista termine siendo el presidente de un emporio económico, y así poder plantear la tesis del poder y sus miserias.
–O sea, es como una metáfora del país y su jefe.
–¡Exacto!

¡Esta novela era un sueño académico hecho realidad! Un epicentro perfecto para ver cómo ficción y realidad se enlazaban en un contexto de crisis histórica. Mi cerebro era un tornado de preguntas y posibilidades de investigación. ¿Cómo recibiría mi polarizado país esa telenovela? ¿Decodificaría la metáfora? ¿Cuán rápido? ¿Cómo reaccionaría el Gobierno? ¿Y la oposición? ¿Era posible lo que este escritor se proponía?

–¡Yo quiero estudiar esa novela! Seguirla a medida que sucede. Hacerle un estudio «en caliente», que no sea pos-novela como hice con *El país de las mujeres*. Un estudio que abarque todo el camino, desde lo que pasa en tu cabeza hasta lo que pasa en la cabeza de los que vean la novela noche a noche.
–Y, ¿por qué no lo haces?
–Porque tengo dos problemas: yo no vivo aquí y... ¿cómo voy a hacer para tener acceso continuo a ti, a los actores y a las grabaciones?

—Bueno, si tú solucionas el primer problema yo te ayudo con el segundo y te consigo el acceso que necesitas. (Junio 2003)

Ambos hicimos lo que nos tocaba, yo logré que el Willson Center for Humanities and Arts de mi universidad patrocinara mi estudio y que mi hermana Isabel Cristina me grabara y enviara la novela. Durante los once meses que *Cosita rica* estuvo al aire, viajé varias veces a Caracas, hice seguimiento semanal del público que veía la novela, monitoreé a diario los foros de internet dedicados a las telenovelas y sostuve múltiples conversaciones en persona, por teléfono y correo electrónico con los miembros del elenco y con Leonardo Padrón. Él, por su parte, habló con la productora ejecutiva de *Cosita rica*, Consuelo Delgado, quien me abrió las puertas de las grabaciones. De ahí en adelante, la responsabilidad de ser considerada bienvenida por todos los involucrados corría de mi parte. Es una responsabilidad que me tomo muy en serio y un privilegio que atesoro cada día.

Cosita rica era mi país político. Dediqué innumerables horas a estudiar la metáfora de Hugo Chávez que era el personaje de Olegario Pérez, a la creación y recepción de la mezcla de realidad, melodrama y humor que traía la novela, y al consumo de su crítica política en un país polarizado y revuelto que caminaba hacia el histórico referendo revocatorio de su Presidente en agosto de 2004. Esta telenovela era también mi país sociocultural de madres solas y guerreras, de pícaros machistas, y de hombres y mujeres luchando por salir adelante, sin importar su condición social.

A través de *Cosita rica* miré a mi convulsionada Venezuela, examiné el diálogo que entablaron el país y la telenovela, y amplié mi caja de herramientas metodológicas y mis reflectores teóricos. *Cosita rica* marcó mi regreso afectivo a Venezuela y se constituyó en mi primer texto académico escrito en español (2007b). También me colocó, ahora sí, en una ruta paralela a Leonardo Padrón. El engarce de sus telenovelas con los temas socioculturales y políticos las constituía en núcleos perfectos para continuar mi agenda académica: desanudar los vínculos entre medios de comunicación, cultura y sociedad.

2006-2007: *CIUDAD BENDITA*

- Destino: Venezuela vanidosa.
- Equipaje: Análisis textual, entrevistas, grupos focales, observación participante, cuestionarios vía correo electrónico, observación en foros en internet y acceso diario a mediciones de audiencia.

«¡Bienvenida a *Ciudad Bendita*!», me dijo Elízabeth, una de las productoras, al bajarnos de la camioneta de Venevisión que nos había llevado hasta La Yaguara, en el oeste de Caracas, una calurosa mañana de junio de 2006. Frente a mis ojos había una réplica de un fragmento del mercado libre de El Cementerio de Caracas. Era una maqueta tamaño real. El lugar estaba salpicado de cámaras, cables y grúas, poblado por un hormiguero de extras y comandado por un mariscal de campo a quien todos llamaban «Palacios». Yo comencé a explorar ese set como hace el viajero que busca en su destino todo lo que leyó en las guías turísticas. Porque, a pesar de que la novela no había salido al aire, yo conocía bien *Ciudad Bendita*. Tenía meses leyendo los libretos y escuchándole el proceso de creación a Leonardo Padrón y a algunos de los actores del elenco. *Ciudad Bendita* era mi nuevo caso de estudio y el nombre del mercado libre que servía de contexto a sus tramas. Reconocí la fachada de la tienda de línea blanca de Guaicaipuro Mercado, sonreí y empecé a identificar los puestos: los bluyines de «Etcétera», los santos de «Maga», la colección de esmaltes de uñas de «Mialma», los tatuajes de «La Diabla» y las franelas de «Bendita». Ellas pertenecían al catálogo de personajes femeninos que Leonardo Padrón había creado para la novela: una protagonista coja, varias madres solas, una bella mujer adicta a la cirugía plástica, una esposa en busca de identidad propia, una mujer de la tercera edad que se debate entre la rutina conyugal y el amor romántico de la juventud, y una cocinera de inolvidable sazón que nos daría el largo adiós que es el alzhéimer (junio 2006).

Ciudad Bendita venía con un propósito: criticar el discurso generalizado que insiste en que para triunfar en la vida, en el trabajo y en el amor tienes que tener un físico perfecto. La novela me daba, entonces, la oportunidad de mirar otro aspecto de mi país –«el país de las mujeres bellas»–, donde estamos obsesionados con la belleza física y gastamos más en productos y procedimientos de belleza que en educación (Delgado Barrios, 2006). Más de 70 coronas de belleza internacionales validan nuestra fijación, incrustándola en eso que llamamos el sentido común, el lugar donde habita lo que raramente cuestionamos. No era de extrañar entonces que nuestras estadísticas de cirugía plástica y procedimientos de embellecimiento para el año 2006 fueran tan impresionantes como el número de coronas de belleza internacional que detentamos[3]. Los medios de comunicación contribuyen a la naturalización de la belleza física como valor social al presentarnos una dieta constante de hombres y mujeres físicamente perfectos que son la estampa de la eterna juventud, y utilizar la vejez y la belleza esquiva como blancos frecuentes de burlas y chistes.

Los protagonistas de *Ciudad Bendita* infringían el código de belleza establecido en las telenovelas. Bendita tenía un impedimento de marcha que no sería curado y Juan Lobo no era el típico galán atractivo. Su historia se desviaba también de uno de los cánones más perdurables de la telenovela: enamorarse casi a primera vista, antes de que se presentaran los obstáculos que los mantendrían separados hasta el final feliz. En *Ciudad Bendita*, nuestro venezolano encandilamiento con lo físico estaba representado principalmente por el largo deslumbramiento de Bendita por Yúnior, el atractivo y superficial antagonista, y por la incapacidad de ella de darse cuenta de que se ha ido enamorando de la constancia y de la ternura de ese rostro de la vida diaria que es el protagonista, Juan Lobo.

---

3   La Sociedad Venezolana de Cirugía Plástica estima que en el año 2006 se colocaron en el país más de 45.000 implantes de silicona a través de mamoplastias. Ver: Hernández, K. (2007, marzo 10). Más de 45 mil implantes se colocan al año. *El Nacional*, p. Ciudadanos/1. Y, a medida que el número de operaciones para aumento de seno ha aumentado, la edad de las mujeres que se los realizan ha bajado. En los años 90, la edad promedio mínima era 20 años. En el año 2006, solo 16 años. Ver: Afanador Ferrer, Z. (2006, noviembre 29). Adolescentes piden prótesis. *Panorama*.

BENDITA: Yo aposté por una fachada, por un tipo bello y sin corazón… Menos mal que me esperaste, Lobito… Menos mal que tu corazón es más sabio y más terco que el mío. Menos mal que no te rendiste… que no me mandaste al diablo por necia y por gafa… siempre fuiste tú, Lobito… porque cuando yo estaba triste y cuando estaba alegre y cuando estaba asustada y cuando estaba todo, solo quería estar contigo… siempre quería estar cerca de ti. Y no me daba cuenta de que justo de eso se trata el amor. De ser dos, de ser un equipo… ¿Y saben qué me fascinó desde siempre de Juan? ¡Que nunca le importó que yo fuera coja! Porque no se crean… no es fácil levantarse a alguien cojeando… Pero les advierto: no es que el amor es ciego y por eso hoy se casan el «y que feo» y la coja… lo que pasa es que el amor es mucho más sabio que uno y termina imponiendo su ley, que es la ley del corazón… (Cap. 195, *Ciudad Bendita*).

Todo encandilamiento trae consigo una ceguera y yo quería ver si el mensaje era decodificado por el público venezolano y si la transgresión del triángulo principal era aceptada. La trama de Bendita y Juan era, quizás, la más habitual de las historias del corazón: el amor no correspondido. Y, sin embargo, es el relato menos común en la trama principal de una telenovela, justamente por el código que prescribe un amor casi a primera vista. Entonces, ¿podría *Ciudad Bendita* ganar la batalla por el *rating*? ¿Decodificaría el público la crítica implícita que traía la novela?

Para responder esas y otras preguntas, tomé como base el diseño de mi estudio sobre *Cosita rica*, el cual me había dado buenos resultados, y le añadí algunos elementos que me ayudaron a afinar la recolección de información. Le tomé el pulso a la producción y recepción de la novela a través de entrevistas y observaciones realizadas en Caracas e intercambios telefónicos y por correo electrónico que me ayudaron a cerrar la brecha geográfica. Asistí a la presentación a la prensa de *Ciudad Bendita* y observé cómo lo ocurrido esa noche se convirtió en reseña y comentario periodístico que fue posteriormente consumido por el público. Por primera vez tuve acceso diario a los capítulos a medida que eran escritos. Eso me permitió seguirle el rastro a la escritura y producción, y estar un paso adelante de las transmisiones de los capítulos y así poder preparar mejor mis preguntas relativas a la recepción de la novela. También pude estudiar diariamente las mediciones de audiencia. Estos números redondearon de manera importante mi comprensión del comportamiento del público. Eran fotografías que complementaban mi investigación cualitativa de la recepción de *Ciudad Bendita*. Fue sumamente útil analizar esos números que constituyen la moneda del negocio televisivo y determinan la supervivencia de los que allí laboran.

A pesar de sus protagonistas atípicos, *Ciudad Bendita* ganó las mediciones de audiencia y con amplia ventaja frente a cuatro telenovelas de RCTV, tradicional competidor de Venevisión. Sin embargo, la crítica implícita a la vanidad no fue leída por el público. Una evidencia más de la naturalización de la búsqueda de la belleza física en Venezuela.

Un mes después de la transmisión del capítulo final de *Ciudad Bendita*, la faz de la televisión venezolana cambiaría de manera radical cuando el Gobierno no le renovó la concesión a RCTV y Venevisión quedó como el único canal productor de telenovelas en señal abierta. *Ciudad Bendita* fue la última telenovela de Venevisión que compitió contra RCTV desde el primer hasta el último capítulo. Era el final de una era y el comienzo de una etapa poco feliz para la televisión venezolana.

2008-2009: *LA VIDA ENTERA*

- Destino: La telenovela «internacional» hecha en Venezuela.
- Equipaje: Análisis textual, entrevistas (en persona o vía Skype), grupos focales, observación participante, cuestionarios vía correo electrónico, observación en foros, acceso diario a mediciones de audiencia, observación de redes sociales y chats vía Blackberry Messenger.

Para el año 2008, con su telenovela reducida a un solo canal productor, Venezuela había perdido terreno en el mercado internacional.

México y Telemundo dominaban con producciones de alto presupuesto e historias de contexto genérico desprovistas de elementos o tramas denominadas «localistas»[4].

En Venezuela se evidenciaban los primeros síntomas del daño causado por la ausencia de RCTV de la señal abierta. Sin mayor esfuerzo, Venevisión ganaba el *prime time* mientras Televén seguía apostando principalmente a telenovelas brasileñas. RCTV Internacional transmitía sus telenovelas por cable y, por lo tanto, a una audiencia significativamente más pequeña. Con el patio asegurado, Venevisión puso su mirada sobre el mercado internacional y les pidió a sus escritores –Alberto Barrera, Mónica Montañés y Leonardo Padrón– novelas «desprovistas de sabor local, con historias universales» (VP Mercadeo de VV, junio 6, 2008).

Fogueada en el tema «Leonardo Padrón», yo conocía bien la naturaleza competitiva del escritor, las conexiones de sus tramas con la contemporaneidad venezolana y el enganche del público con su estilo. Era imprescindible ser testigo de cómo escribiría bajo circunstancias inéditas: sin competencia local y bajo el mandato de escribir una telenovela «universal» que compitiera de manera efectiva en el mercado internacional. De esta manera nació *La vida entera,* cuyo contexto principal era la redacción de una revista dirigida a la mujer:

> *La vida entera* es una historia sobre el amor a contramarcha, un relato sobre los estereotipos sociales que marcan la piel profunda de la mujer del siglo XXI y explora los estigmas que persiguen a los distintos tipos de mujeres: las bellas, las menos bellas, las solas, las fuera de peso, las exitosas, las poco femeninas, las esotéricas, las divorciadas, las todopoderosas… Mujeres, pero también hombres, que pasan *La vida entera* luchando contra las etiquetas que la sociedad insiste en colocarles en la espalda de su cédula de identidad.

---

4   Ya en este momento, el acento y el color mexicanos no se consideraban «localistas».

Se trata de hablar, entonces, de la vida y sus pasillos, de los estigmas que la aturden, de los diferentes que se aman y de las inauditas cabriolas del corazón. Pero también de honrar el oficio más polémico y perseguido de estos tiempos: el periodismo; el sitio que solo habitan los adictos a la verdad, el sitio desde donde se cuenta el mundo y el día a día de la humanidad toda (Padrón, 2008).

Me interesaba la recepción del público venezolano, acostumbrado a reconocer algunas de sus circunstancias en las novelas de Padrón y ahora relegado por los ejecutivos a un segundo plano con respecto al mercado internacional. ¿Les gustaría esta novela que prometía grandes temas y que solo mencionaba al periodismo como contexto? ¿Sería esta una telenovela «universal»? Más importante aún, ¿qué es una telenovela «universal»?

Para responder esas preguntas, le añadí cambios importantes al diseño de mi estudio anterior sobre *Ciudad Bendita*. El más notorio fue un viaje a una de las capitales de la telenovela «internacional»: Miami. Allí conversé con ejecutivos de Venevisión Productions y Telemundo, y con escritores venezolanos que trabajaban para estas empresas. Regresé de Miami entendiendo que la telenovela «internacional» tenía tantas definiciones como entrevistados. El único consenso era que lo que se estaba haciendo en Venezuela no era «internacional».

Las otras modificaciones que le introduje a mi equipaje metodológico eran el resultado de tres desarrollos en el área de la tecnología y las telecomunicaciones: el auge de las redes sociales, la posibilidad de realizar entrevistas usando video (Skype) y el uso generalizado del Blackberry en Venezuela[5]. Creé un grupo en Facebook sobre *La vida entera* en el cual el público podía intercambiar y expresar opiniones, y yo tenía la posibilidad de sugerir temas de discusión[6]. Gracias a YouTube y otros

---

5   La penetración de los dispositivos Blackberry en Venezuela era tres veces más alta que en el resto de América Latina. Ver: Factbox: Venezuelan Politics Moves to Social Networking Sites. (2010, March 30). Reuters.

6   Hoy en día, Venevisión utiliza las redes sociales –Facebook y Twitter– como herramientas promocionales y de diálogo con el público.

lugares donde se comparten videos, las fronteras geográficas del público que veía la novela se borraron. Por primera vez, mi estudio contó con participantes que veían la novela fuera de Venezuela: en Europa y Estados Unidos. Con Skype pude sostener conversaciones con escritores, actores y miembros del público más cercanas al «cara a cara» de las entrevistas que realizo en persona que los intercambios telefónicos. Y el Blackberry permitió a muchos de ellos expresarse espontáneamente sobre *La vida entera* sin ser interpelados por mis preguntas.

La novela traía temas que me son cercanos y sobre los cuales reflexioné a la par que estudiaba su escritura, producción y recepción: el periodismo, la relación de pareja entre personas diametralmente distintas, los estigmas sociales y su enlace con la identidad, y las paradojas que vive la mujer que está en una posición de autoridad. Con *La vida entera* fui testigo cercana del trepidante ritmo y de las complejidades de la escritura y depuración de cada capítulo. También me sometí al agotamiento de la rutina de producción al no ponerles horario a mis observaciones y apegarme a la pauta diaria, sin importar cuán larga o fatigosa fuera. Y me tropecé, con frecuencia, con la autocensura. En resumen, con este estudio atravesé puertas y conocí aguas que se encuentran en las profundidades del género de la telenovela.

A pesar de que la única televisora competidora por señal abierta, Televén, fue sustituyendo las novelas brasileñas por producciones de Telemundo, *La vida entera* ganó siempre las mediciones de audiencia, tal y como los ejecutivos de Venevisión supusieron que sucedería. Sin embargo, sus ventas internacionales no fueron distintas a las de las novelas previas producidas por el canal. Existía entonces una falta de voluntad para mercadear y vender en el mercado internacional las novelas hechas por Venevisión en Venezuela. Sobre todo cuando contrastamos sus ventas con las de las novelas que la empresa producía en Miami, cuyos valores de producción no eran más altos que los desplegados en *La vida entera*.

Es irónico que la directriz del canal de tratar de dejar huella en el mercado internacional lo hiciera perder, finalmente, el patio local.

Ocho meses después de la emisión del capítulo final de *La vida entera*, Televén ganaba el prime time venezolano con telenovelas de Telemundo, mientras Venevisión estaba en un, previamente impensable, segundo lugar.

2010-2011: *LA MUJER PERFECTA*

- Destinos: ¿La muerte de la telenovela venezolana? Una protagonista inédita. Venezuela vanidosa.
- Equipaje: Análisis textual, entrevistas (en persona o vía Skype), grupos focales, observación participante, cuestionarios vía correo electrónico, observación de redes sociales, análisis diario de las mediciones de audiencia, chats vía Blackberry Messenger.

Leonardo Padrón: Quiero revisitar el asunto de la búsqueda de la perfección física, la cirugía estética, etc.

Carolina A-A: Ok, en qué estás pensando específicamente?

Leonardo Padrón: En tener como ambiente un centro de estética.

(Chat por Blackberry. Enero 10, 2010)

…

Leonardo Padrón: Te imaginas que, por ejemplo, la protagonista fuera autista? Que son seres muy especiales, con habilidades maravillosas por un lado y disfunciones sociales muy serias por el otro? Seres, además, incomprendidos y relegados por el resto de la humanidad?

(Chat por Blackberry. Enero 19, 2010)

Una telenovela en la que la protagonista tenga un autismo de alto funcionamiento ameritaba ser estudiada. Era un personaje difícil e inédito en el género. Había una enorme responsabilidad al dibujar ese retrato. Escribirle una historia de amor a ese personaje era una tarea que se salía de la rutina que pueden ser estos melodramas. Revisitar el tema de la obsesión con la perfección física de manera más directa de lo que se hizo en *Ciudad Bendita* también era de gran valor. Completaba, de alguna manera, el estudio de esa novela previa[7].

A estas dos razones –necesarias y suficientes– para estudiar *La mujer perfecta*, debía añadirle la grave situación que vivía la telenovela venezolana en el momento en el que salió al aire la novela. Nuestra industria estaba empobrecida y entumecida. Sin RCTV, la producción nacional se había reducido a la mitad. Venevisión se autocensuraba. Era el miedo de la estación que ha visto el cierre de su competidor histórico. Una manera de sobrevivir que le había costado la buena voluntad de una porción de los venezolanos y había contribuido a que perdieran las mediciones de audiencia en condiciones en las que eso parecía imposible. Mientras tanto, Televén había logrado posicionarse en el primer lugar con la transmisión de telenovelas producidas por Telemundo en Miami y Colombia con altísimos presupuestos[8] y escritas sin las restricciones legales impuestas por el gobierno venezolano. ¿El resultado? De tener 4-6 telenovelas venezolanas en la grilla de programación, pasamos a no tener ninguna durante tres meses.

La situación que recibió *La mujer perfecta* a su salida al aire en septiembre de 2010 no era solo consecuencia de los contextos político y económico en los cuales opera actualmente la televisión venezolana. Era también el resultado de una cierta miopía de la gerencia de cada uno de los canales involucrados, quienes tienden a tener una percepción epidérmica de lo comercial sobre la profundidad y las posibilidades de lo creativo/artístico, frecuentemente son resis-

---

7   Según el Dr. Antonio Del Reguero, presidente de la Sociedad Venezolana de Cirugía Plástica y Reconstructiva, en el año 2009 se practicaron en Venezuela más de 40.000 operaciones estéticas. Las más solicitadas fueron: implantes mamarios, lipoescultura, estiramiento facial y blefaroplastia. Por su parte, Emma Castro, coordinadora de relaciones públicas de Avon, explica que el gasto en el cuidado de la belleza personal es la cuarta prioridad en el presupuesto de los venezolanos, luego de alimentos, vivienda y transporte. Ver: Ruiz Letoaud, V. (2010, abril 4). Estas son puras mentiras. *Dominical*, 12-13.

8   A pesar de los esfuerzos y del trabajo arduo de todos los involucrados, las producciones venezolanas se sentían ya más precarias que las telenovelas de Telemundo y de otros países. Esto se debe a que su presupuesto es sustancialmente más bajo y a los problemas derivados de las restricciones en la compra de divisas extranjeras que inciden en los equipos y materiales que se utilizan.

tentes al riesgo y suelen ser remisos al análisis realizado con seriedad. En lugar del necesario estudio de la situación, lo que observamos en aquel momento fueron inevitables posturas políticas e intentos de cambiar la dirección de la corriente de la preferencia del público a punta de manotazos.

La mujer perfecta no tuvo un trayecto fácil, pero sí logró revertir la tendencia que mantenía a Venevisión fuera del primer lugar de sintonía y reenganchó al país con la telenovela hecha en casa. Micaela, la protagonista, fue un extraordinario objeto de estudio. Leonardo Padrón me permitió que lo acompañara de tú a tú durante su creación. Mi estudio incluyó a miembros de la comunidad Asperger en Venezuela: personas con esta condición, familiares, terapistas y maestros. Ellos me ayudaron a entender mejor esta forma de autismo y, sobre todo, la importancia del mensaje que era Micaela.

La otra experiencia nueva que me brindó *La mujer perfecta* fue participar y analizar el consumo de la novela en vivo todas las noches por la red social Twitter. Era como sentarme en un gran teatro a ver la novela con miles de personas que comentaban sin descanso. Esto significó un nuevo reto metodológico en cuanto a documentación y análisis, pero también me dio luces sobre la recepción de la novela entre los venezolanos que participan en esa red social.

Además de los temas ya mencionados, *La mujer perfecta* incluyó también tramas sobre el cáncer de mama, la violencia de género y el amor en una pareja con una diferencia de edad considerable. Las lecturas de los televidentes de estos temas evidenciaron la fortaleza de algunos tabúes sociales y cómo el melodrama puede ser el mejor lenguaje para concientizar sobre tópicos socioculturales y de salud.

2012-2014: «PROYECTO PADRÓN»

- Destino: ¿La muerte de la telenovela venezolana? ¿Un nuevo modelo de escritura y producción?

- Equipaje: En proceso. Por ahora: Análisis textual, entrevistas y observación en Caracas y Miami.

La industria de la telenovela venezolana está severamente disminuida. Peor, pareciera estar en vías de extinción. En el período 2013 -2014 Venevisión solo estrenó una producción. Televén trabajó en coproducciones con Cadena Tres (México) y Telemundo. En los estudios vacíos de RCTV se grabaron coproducciones con capital colombiano y mexicano. Los actores venezolanos han tenido que aceptar, en su propio país, roles de reparto, hablando con acento y vocabulario llamados «neutros», mientras los papeles protagónicos y los privilegios de vivienda, seguridad y sueldo en dólares se les dan a actores extranjeros. No es sorprendente, entonces, que haya una hemorragia sostenida de talento venezolano que debilita aún más la telenovela local y fortalece la televisión hecha en Colombia, Miami y México. Parece que de ser protagonista en el mercado internacional, nuestra telenovela pasó a ser solo una figurante. Y, al ella desdibujarse, se borran también nuestra manera de hablar, historias y personajes.

En Venevisión, cuatro autores entregan capítulos de telenovelas originales, pero ninguno está en pantalla todavía. A todos les dijeron que les tocaría en el 2014. Ellos saben que no todos verán su historia salir al aire. Quizás ninguno. En particular, Leonardo Padrón escribió una novela bajo órdenes precisas de evitar temas políticos y de tomarse su tiempo, mientras le llega su turno. Su novela fue anunciada en dos preventas consecutivas de Venevision. Padrón entregó capítulos con una frecuencia inferior a la normal en esta industria y sin saber si la historia verá la luz algún día. Es un contexto inédito de escritura en mis estudios, un acercamiento a la telenovela que no es diario, como ella exige, y que no incluye la presencia real del televidente.

El 15 de enero de 2014, en su *Memoria y Cuenta a la Nación*, el presidente Nicolás Maduro utilizó las telenovelas como ejemplo de programación en la que se enseñan «antivalores», acusándolas de incitar a la violencia y al odio en la sociedad, y ordenó revisar la programación de toda la televisión venezolana (abierta y por cable) (Maduro, 2014). Diez días después, Maduro insistió en el tema mencionando directamente a Leonardo Padrón:

> Un señor llamado Leonardo Padrón, que escribe novelas, él es muy virulento. […] y como él escribe novelas y se siente culpable, quizás, porque es guionista de algunas de esas novelas, él ha respondido virulentamente, violentamente. […] él ha salido a defender una forma de hacer que nosotros tenemos que transformar [sic]. Yo llamo a la transformación de todo el modelo cultural que se nos impuso en los últimos 40 y 50 años [sic]. […] es un elemento causal, causa una cultura de antivalores, causa una cultura antihumana que se socializa y después la practicamos todos (VTV, 2014).

En el aire quedó la pregunta: ¿Se atreverá Venevision a producir y transmitir la telenovela de Padrón? Pocas semanas después el canal informa a sus cuatro escritores, incluyendo a Padrón, que sus telenovelas no serán producidas en el 2014. En su lugar, el canal hará un *remake* de una telenovela de 1991. La protagonista será una actriz colombiana.

Mientras tanto, yo continúo mi seguimiento del «Proyecto Padrón», llamado «Mala junta» en las preventas. También coloco un foco de investigación en Miami, hacia donde migra no solo el talento, sino también la toma de decisiones de lo que queda de la televisión venezolana. Hay que contrastar modelos de escritura y producción. Es indispensable documentar la diáspora, los cambios generacionales en las gerencias, los virajes de timón, las ausencias y las presencias en pantalla.

Es preciso entender el momento. Continuar el viaje.

PRECISIONES SOBRE MI MIRADA
(TEORÍA Y MÉTODOS)

Me interesan la complejidad y la textura del fenómeno que estudio. Por ello utilizo una concepción amplia del término «cultura» como el conjunto de significados, costumbres, lenguajes y prácticas compartidas que nos permiten entender lo que nos rodea. Es una noción enmarcada por las teorías de los Estudios Culturales que validan la cultura popular como tópico para el estudio académico, subrayan el valor de la cotidianidad y me permiten concentrarme en las tensiones que ocurren en la producción, el consumo y la regulación de los textos mediáticos. En particular, de las telenovelas.

No creo en la posibilidad de la objetividad. Como norte es una ilusión óptica. Es como el horizonte cuando navegamos: lo vemos allá, pero nunca le podemos llegar. Nos tranquilizamos aduciendo que los números son objetivos, asumiendo que la ciencia lo es también y proclamando que la clave para alcanzar la objetividad es mantener distancia. Pero los números y la ciencia pueden representar y/o controlar de manera parcial la realidad, mas no son *la* realidad. Nuestra percepción de ella está ligada a nuestra identidad e historia personal. Y los investigadores académicos no estamos totalmente exentos de esa mirada personal al escoger y analizar nuestros objetos de estudio. Nuestra biografía siempre está allí, impertérrita e impertinente. En consecuencia, para mí es primordial asumir la imposibilidad de la objetividad para así poder acercarme a ella. Creo, más bien, en la transparencia. Por ello reflexiono constante y descarnadamente sobre mis inevitables subjetividades, las tomo en cuenta, las coloco en mi mesa de disección con la misma seriedad con la que examino a mi objeto de estudio y discuto hasta el cansancio con ellas en unos cuadernos que las guardan para que yo las mire cada vez que sea necesario.

Al tratar de acercarme a la imposible objetividad, me aferro al rigor de la investigación. Trato de ver mi objeto de estudio desde todos los ángulos y distancias posibles. Pienso que es tan crucial mirarlo desde adentro como desde afuera. Que es igual de importante verlo de lejos como de cerca. Creo en el microscopio y el telescopio como metáforas de dos maneras diferentes de ver, examinar y pensar. A veces es más fácil entender algo cuando lo tenemos cerca y a veces cuando estamos lejos. Pero, es en el bamboleo de ir y venir donde ocurre el relámpago del análisis. También es esencial nutrirse constantemente con el pensamiento y el punto de vista de todas las personas involucradas en el objeto de estudio.

Todo eso amerita disciplina y precisión para sistematizar el cúmulo de miradas y voces que participan en la escritura, producción, consumo y regulación de cada telenovela que examino. Es imprescindible, entonces, utilizar un modelo teórico que me permita organizar mis estudios de tal manera que tengan tanto el panorama completo de mi investigación como el detalle de sus diferentes ángulos y personajes. Esa herramienta es el circuito de la cultura (du Gay, Hall, MacKay & Negus, 1997), que visualiza al producto cultural y/o mediático como una serie de «momentos»: *representación, identidad, consumo, producción* y *regulación*. Estos momentos son distinguibles, mas no son discretos, ya que todos están relacionados entre sí de tal manera que cada uno de ellos está parcialmente determinado por los otros. (Figura 1.)

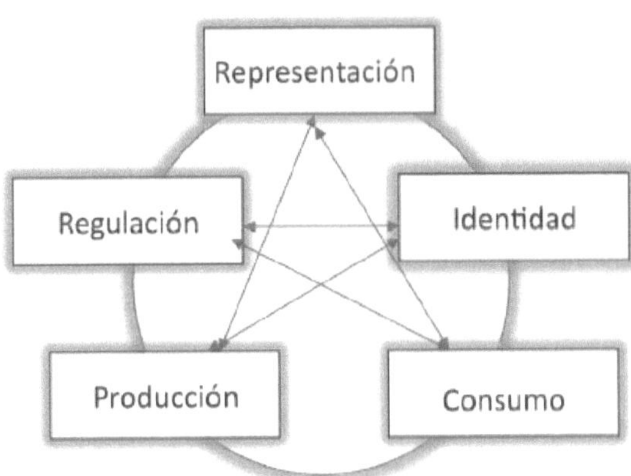

Figura 1: Circuito de la cultura (du Gay, et al., 1997)

Este circuito amerita metodologías cualitativas que me permiten estudiar la telenovela sin simplificarla en una lista de variables a ser manipuladas en experimentos o a ser estimadas usando la estadística. Por lo tanto, mis herramientas son el trabajo de campo (observación y entrevistas) y el análisis textual. El objetivo es entender la telenovela en su complejidad. Ese es mi reto. Ese es el propósito de mi mirada.

ESCRITORES DE TELENOVELAS

[Es] como si a uno lo metieran preso dos años y tuviera visitas conyugales

y de la familia los domingos, cada quince días. [...]

Para mí la telenovela ha sido un sinónimo de encerramiento, de cárcel.

FERNANDO GAITÁN

Es mentira que las telenovelas que funcionan tienen una fórmula. No hay fórmula.

PERLA FARÍAS

No necesitan despertador. Para eso está el cuento que escriben. Abren los ojos sabiendo lo que van a hacer ese día: escribir el próximo capítulo. El resto de la vida tendrá que esperar. El consabido rosario de preguntas diarias los asaltan todavía en la cama: ¿Qué harán los personajes hoy?… ¿Separo o acerco más a los protagonistas?… ¿Qué hago con el personaje tal que no está funcionando?… ¡Qué broma con el actor Fulanito que ahora tiene hepatitis! ¿Qué vuelta le doy a la historia para desaparecer a su personaje?… Se paran. Saben que hay que poner las manos en el teclado lo antes posible y salpicar de acciones y diálogos el angustioso blanco de la pantalla de la computadora. El tiempo y el tamaño de la labor apremian. No hay rodeos. El mundo paralelo que han creado espera por ellos para continuar su camino. Y la televisión también.

***

Siempre me fijo en las sillas de trabajo de los escritores. La mayoría son ergonómicas y tienen los rastros que deja el uso constante. Casi todas están en el propio hogar de su dueño o dueña. Unas en habitaciones con ventanas. Otras en lugares cerrados que parecen madrigueras. Muchas están rodeadas de libros —en estantes o en precarias columnas que se levantan desde la mesa o desde el mismo piso—. Estas sillas miran fijamente a una computadora y conocen a la perfección la humanidad, los hábitos y la respiración de quienes las ocupan. Saben, por ejemplo, si trabaja con música, o si solo admite la percusión de sus propios dedos en el teclado. Ellas nunca han visto a sus dueños esperar por la mitológica musa. La urgencia no lo permite. Algunos de los que se sientan en estas sillas tienen la responsabilidad de generar la historia. Otros, desgranan los diálogos. Y otros versionan o adaptan lo ya hecho, sea una telenovela previa o una obra literaria. Todos son escritores. Escritores de telenovelas. Corren maratones con las manos en el teclado y con la mirada puesta en el público. Su vida está signada por el encierro. Su estado general es el cansancio. Aun cuando se acaban de despertar.

Los escritores de telenovelas no confunden el conjunto de códigos que le dan forma al género con una fórmula química. Ellos saben que en estos melodramas dos átomos de hidrógeno y uno de oxígeno no siempre producen una molécula de agua. No hay receta. Lo que hay es un imperativo: el éxito. Una criatura escurridiza e impredecible. Por lo tanto, tratan de minimizar los riesgos y de anticipar la reacción del público. Algunos lo hacen apegándose a los códigos del género en su versión más tradicional y sin admitir variaciones: una trama de amor protagónica muy marcada, un entramado simple que gira alrededor de la entrañable protagonista, personajes con un mínimo de matices que los coloquen del lado «bueno» o «malo», un número limitado de subtramas y la presencia de nudos dramáticos tradicionales como la ciega que recupera la visión o la madre que busca afanosamente al hijo que abandonó o le arrebataron. Y es que la tentación de repetir recetas ganadoras es grande en un negocio difícil e incierto que desecha todo lo que huela a fracaso. Otros escritores, sin embargo, varían el código, modificándolo o transgrediéndolo. También hay quienes suscitan reflexión sobre temas específicos mientras cuentan esas historias de amores a contracorriente. En cada caso, el autor coloca su telenovela en algún lugar de una línea continua que está definida por dos extremos: la telenovela tradicional «rosa» y la telenovela «de ruptura»[1]. También sabe que las buenas telenovelas caminan con pericia la cuerda floja que hay entre los códigos que la hacen reconocible y el lograr sorprender gratamente al televidente. Y para eso no hay fórmula.

Cada quien tiene su estilo al escribir. Y aunque es cierto que hay público para todos los estilos, no siempre hay suficiente público para ganar. Y *hay* que ganar porque la telenovela es un negocio comercial. Por eso el dios de la industria es el demonio de todo escritor de telenovelas y tiene nombre anglosajón: *rating*. Es un tirano que interrumpe la escritura cada día. Una droga que puede darle al día un brillo irreal y maravilloso, pero que también puede convertirlo en una noche prematura. El cuerpo entra en estado de alerta cuando se acerca la hora en que llegan esos números determinantes. Ya vienen. ¿Cómo estarán? Hay que leerlos, digerirlos, analizarlos y seguir adelante. Todo rápido, con la epidermis lo más gruesa posible y la mirada clara. Si los números son favorecedores, se debe aprovechar al máximo su empuje. Si no lo son, es imprescindible asimilar el golpe y vendarse las heridas, que el capítulo del día todavía espera.

Ratings y *shares* no miden calidad, solo audiencia. Pero *eso* es lo que importa en el negocio. Esos números son la moneda del sistema de televisión comercial y de ellos depende la esperanza de vida de una telenovela y la trayectoria de todos los que trabajan en ella. Pero, muy especialmente la de los escritores:

---

1   La telenovela de ruptura es conocida también como «estilísticamente posmoderna», ver: Steimberg, O. (1997). Estilo contemporáneo y desarticulación narrativa. Nuevos presentes, nuevos pasados de la telenovela. En E. Verón & L. Escudero Chauvel (Eds.), *Telenovela: Ficción popular y mutaciones culturales* (pp. 17-28). Barcelona: Gedisa. También se le dice «neobarroca», ver: Calabrese, O. (1989). *La era neobarroca (signo e imagen)*. Madrid: Ediciones Cátedra. Este tipo de telenovelas puede tener más de una pareja protagónica, relatos paralelos y personajes cuya psicología es más compleja y «policasual» que los de la telenovela tradicional. También suele combinar problemas sociales y personales en una ficción narrativa que le habla a la audiencia en términos de una realidad compartida. Ver: Martín-Barbero, J., & Rey, G. (1999). *Los ejercicios del ver: hegemonía audiovisual y ficción televisiva*. Barcelona: Gedisa.

> Yo soy enfermo del rating. Cualquier escritor que no sea enfermo del rating,
> con todo respeto, es un loco
> ALBERTO GÓMEZ (2009).

> Aquel que pone sus palabras en las tripas del culebrón lo sabe: amor sin rating no dura
> ALBERTO BARRERA TYSZKA (2002).

Escribir telenovelas es una profesión insegura. Puede ser bien pagada, pero es arriesgada. En Venezuela la mayoría de los que se ocupan de este oficio solo cobran cuando están en un proyecto. Los contratos son leoninos. Inclusive para los autores de obras originales y dilatada trayectoria que logran negociar un sueldo de mantenimiento entre novelas. El canal de televisión retiene los derechos de autor y los escritores no perciben ganancias si su telenovela es retransmitida o vendida en el exterior. A pesar de estas condiciones, las telenovelas pueden ser el trabajo mejor remunerado que tenga un escritor en América Latina.

También es el más estigmatizado. La paradoja central de las telenovelas, que son simultáneamente de consumo y desprecio masivo, se replica en sus escritores. Esos melodramas son, sin duda, sus textos más consumidos[2], los únicos que generan respuesta y gratificación inmediata. Nada como la experiencia de ver cómo esos personajes, que salieron de la cabeza propia y aparecen en la pantalla de más alta penetración, se cuelan en la vida diaria del televidente haciéndolo reír, llorar, sentir y, a veces, hasta cavilar. Pero también son esos textos los que minimizan a estos escritores como meros «guionistas» en algunos círculos literarios y artísticos, que no saben bien cómo manejar a un premio Herralde de Novela como Alberto Barrera Tyszka, que también escribe telenovelas:

---

2   En Venezuela, por ejemplo, una novela literaria vende unas cinco mil copias; si es un *bestseller*, llegará a los 20 mil ejemplares. Una obra de teatro que llega al hito de 100 funciones es vista por unas 30.000 personas. La película venezolana más exitosa en los últimos años, *Papita, maní, tostón*, en su 27ava semana en cartelera, sumaba 1.927.068 espectadores, lo cual da un promedio de 10.196 espectadores diarios. Una telenovela que saca un módico *rating* promedio de 6 puntos es vista cada noche por casi dos millones de personas.

Alberto Barrera, poeta y narrador nacido en Caracas en 1960, es muy conocido en su país por su trabajo como **guionista en populares series de televisión** y por sus columnas en el periódico *El Nacional* (énfasis en el original, EFE, 2006).

Los escritores de telenovelas son abordados por personas de todas las condiciones sociales que les quieren contar la historia de su vida «porque eso sí que es una telenovela». A la vez, su nombre se asocia con lo cursi, su escritura se considera de baja estofa y frecuentemente se les responsabiliza de todos los males sociales. Porque, hay que decirlo, no hay mejor chivo expiatorio que la telenovela. Inclusive, escritores del género que hoy en día son reverenciados, como Delia Fiallo y José Ignacio Cabrujas, sufrieron a lo largo de sus carreras las dudas y el desprecio sobre su trabajo. Como casi siempre, parece que el reconocimiento llega es después de que la persona se retira o fallece.

Y es que la telenovela genera tal estigma que muchos de sus propios escritores tienen una relación ambivalente con ella: la escriben y la menosprecian. Algunos, inclusive, lo proclaman. Otros tratan de distanciarse del género mostrando una aparente indiferencia. Pero siempre se le nota a un escritor cuando asume el oficio de las telenovelas como una suerte de sicariato que le permitirá, de alguna manera, vivir de la escritura.

Más allá de la ambivalencia y el menosprecio, y contrario a lo que muchos creen, el que está dentro de la industria lo sabe: la escritura de telenovelas es compleja. No es ciencia, pero sí arte y oficio en un contexto industrial que exige cantidad y velocidad de producción constantes. Son 40 páginas diarias, 800 mensuales y 4.800 en total para una telenovela de 120 capítulos. Hay que escribir a diario. Mucho. Punto. No importa si se amanece con un malestar, con los efectos de un trasnocho o sin inspiración. Nada de eso viene al caso cuando hay 40 páginas que esperan por ser escritas hoy.

Una de las dificultades de escribir telenovelas radica en que no es suficiente tener o idear «un cuento». Hay que saber contarlo en más (o mucho más) de 100 cuotas diarias. Es necesario pulsar la historia para que adelante lo suficiente como para mantener al público enganchado, pero que no avance tan rápido que la historia se agote y haya que empezar a coserle otras tramas y personajes como un ruedo añadido a una falda que quedó corta. Se ven las costuras. También hay que saber administrar todos los elementos: romance, humor, drama, secretos, personajes. Cada escena debe tener una razón de ser y cada nudo dramático ha de detonarse con la contundencia apropiada. Hay que luchar encarnizadamente contra el *zapping* y medirse cada minuto con una contraoferta millonaria y policéfala que mora en la televisión por suscripción. Por lo tanto, en cada ida a comerciales hay que enlazar al público con firmeza para que se quede allí mientras les tratan de vender zapatos, seguros y jarabes para la tos. Y el final del capítulo tiene que engarzar las emociones y la curiosidad del televidente de tal manera que lo traiga de regreso para la resolución 24 horas después. Todo con un mínimo de coherencia. No es fácil.

Además, la telenovela es un trabajo en equipo. La escritura no es la única pieza que la conforma. Lo que sale en pantalla es una versión del capítulo escrito en la cual han dejado sus huellas un ejército conformado por actores, productores, directores, maquilladores, vestuaristas, utileros, etc. Y esas huellas pueden hacerle justicia al libreto, elevando la historia. Pero también pueden desfigurarla y arrimarla hacia el precipicio del fracaso. Por eso, cuando los escritores ven su novela al aire pueden pasar por estados de ánimo diversos: emoción, satisfacción, tristeza, frustración y enojo. Saben que un buen libreto puede ser desvirtuado por errores actorales, y por descuidos y equivocaciones de producción, dirección o edición. Entienden que todos los elementos del delicado y complejo andamiaje son importantes, y que hasta un extra puede destruir una escena en la cual todo estaba funcionando bien.

Todo esto está ligado al presupuesto de la novela. Cuando es alto puede potenciar al libreto dándole vistosidad, realismo y hasta poesía. Un presupuesto bajo, en cambio, se traduce en una producción precaria y un elenco desigual que empobrecen la novela. También va maniatando a los escritores, quienes comenzarán a evitar la escritura de escenas y situaciones que ya saben quedarán mal producidas, dirigidas o actuadas. Así se han difuminado hasta la eliminación muchas tramas y personajes que lucían maravillosos en el papel.

A estos elementos hay que agregarles la cacofonía de voces que le ofrecen consejo al escritor. Como la telenovela es un producto comercial cuyo encaje con el público es difícil de predecir e imposible de controlar, todo el que está cerca del proyecto opina. Sobre todo cuando las cosas no van bien. Es que no hay una persona que trabaje en televisión, o que la estudie, que no quisiera sistematizar al voluble éxito y encontrar la cura contra esa enfermedad que son los *ratings* bajos. No es inusual, entonces, que alguien que trabaje en el área de mercadeo del canal opine sobre estructura dramática y diseño de personajes, o que una persona cuya experticia es en programas de variedades dictamine, con tono de eminencia en dramáticos, que lo que hace falta es la inclusión o eliminación de la trama tal. Todos están tratando de entender y adivinar al público. Y todos le harán llegar sus opiniones y sugerencias a la persona que escribe. Es mucho. Y no es consuelo: «Ideas tienen todos, pero el que se jode escribiendo es el autor» (Barrera Tyszka citado en Alvarez, 2007, p. 107).

En consecuencia, hay escritores que limitan sus intercambios con la empresa para la cual trabajan al mínimo diálogo necesario con producción, dirección y con los ejecutivos de la empresa. Otros, sin embargo, se involucran más y mantienen una conversación permanente con todos los factores que contribuyen con el espectáculo televisivo que escriben: producción, dirección, talento actoral, ejecutivos, promoción y mercadeo. En todo caso, si a la novela le va bien, la conversación fluye sin problemas. Pero cuando la cuesta se empina, las interacciones suelen llenarse de espinas, la máquina de rumores se activa y cierta prensa de espectáculos también. Es ruido que dificulta aún más la creatividad. Mientras tanto el tictac inexorable del reloj marca el avance de las horas y la urgencia de enviar los capítulos a producción. Por eso hay quienes asumen el oficio como una línea de ensamblaje: todos sus productos son iguales. Pero también hay quienes no renuncian completamente a ser artesanos y balancean creatividad con velocidad al diseñar y pulir cada escena, cada parlamento.

Escribir es un proceso solitario, pero no aislado del contexto en que sucede. Cada canal/productora y cada país tienen su propio catálogo de factores que conforman ese entorno en el cual los escritores pergeñan sus historias. Por ejemplo, los que escriben para Telemundo deben conquistar a un público que no es fácil de conceptualizar, a pesar de tener unas etiquetas que parecieran simples: «latino», «hispano». La mayoría de esta población es de ascendencia mexicana. Sin embargo, su heterogeneidad es marcada. Ciudades en las cuales la población latina es significativa como Los Ángeles, Miami, Nueva York, Chicago y Phoenix, tienen características demográficas y psicográficas totalmente distintas. Hay que escribir pensando en esa difícil diversidad. Y en las ventas internacionales.

En Venezuela, además de tener presupuestos de producción módicos, los escritores de telenovelas trabajan en un medio ambiente complejo que funge de camisa de fuerza modificando el lenguaje, e impidiendo algunas historias y la presencia de ciertos personajes. El material de ese corsé está constituido por dos fibras fuertes y enrevesadas: el marco legal y la autocensura como mecanismo de supervivencia. Desde marzo de 2005, la Ley de Responsabilidad Social en Radio y Televisión (Ley Resorte), impone su normativa sobre los contenidos mediáticos y ha cambiado a la telenovela robándole actualidad, riesgo y la posibilidad de que deje un mensaje o genere reflexión. Pero es el recuerdo del cierre de RCTV (2007) el que se ha convertido en un espectro amenazador que genera terror en los canales que todavía están al aire.

En Venezuela se censuran tramas y palabras que no están reguladas por la Ley Resorte, sino por el miedo. Por lo tanto, no es una autocensura consistente, ni coherente. Un personaje puede decir «carajo», pero no «¿tú sabes lo caras que están las cosas en este país?». No hay una lógica y sí hay una consecuencia: escribir telenovelas en Venezuela tiene la posibilidad cierta de recibir un golpe de regla sobre los nudillos y un «¡eso no!» sin mayor explicación. Los escritores tienen dos caminos: condescender o hacer malabarismos y contorsiones para incluir en sus historias lo que realmente quieren contar o decir. Todo esto mientras compiten con historias que vienen de fuera y que no están amarradas ni por la Ley Resorte, ni por la autocensura, y que fueron escritas por manos (muchas de ellas venezolanas también) que trabajan con la soltura que da un presupuesto de producción alto.

Como todos los escritores, los que trabajan en telenovelas son espías de su entorno: convierten sus experiencias y observaciones en personajes e historias. También se vigilan entre ellos. Están pendientes de lo que les funciona o no a los demás. Es importante saber no solo los números propios, sino también los de los otros. Es como la efectividad y el número de juegos ganados y perdidos de cada *pitcher* en béisbol, ellos determinan la percepción del éxito o fracaso, y el lugar que un escritor ocupa en una de las industrias más competitivas que existen.

Pero eso que llamamos éxito también tiene una sintomatología cualitativa variada que va más allá de los números y que queda en la memoria colectiva. Por ejemplo, cuando el público se polarizó en dos grupos —«Las Barbaritas» y «Las Mariselitas»— que se pelearon con agresividad y sin descanso en la internet por el desenlace de la *Doña Bárbara* de Telemundo. O el innegable papel que jugó *Ligia Elena* en la investidura de Guillermo Dávila como «el ídolo de una generación». También es notorio el uso recurrente de frases como «¿vas a seguir, Abigaíl?» y «como vaya viniendo vamos viendo» dos décadas después de que *Abigaíl* y *Por estas calles* salieron del aire. Y no podemos olvidar que a pesar de obtener el máximo reconocimiento de la Academia de Artes y Técnicas del Cine de Francia y nominaciones a los Globos de Oro y al Emmy, a Edgar Ramírez todavía le dicen «Cacique» en Venezuela, gracias a *Cosita rica*. Son apenas cuatro ejemplos de los muchos que existen que hablan del éxito en términos que resisten la simplificación numérica de algo tan complejo como la recepción de una telenovela y su inclusión en la cotidianidad de una sociedad. Y aunque buena parte de estos ejemplos los asociamos con actores y personajes, la realidad es que, como dice Delia Fiallo: «Sin autor no hay historia, y sin historia no hay productor, ni director, ni artistas, ni ejecutivos, ni empresas, porque la telenovela es la columna vertebral de un canal» (ix Cumbre de la Industria de la Telenovela y las Series de Ficción-Premios Delia Fiallo, 2011).

Ser el engranaje que detona el movimiento inexorable de la descomunal maquinaria que es cada telenovela es una inmensa responsabilidad. También es angustiosa la exposición que significa escribir para un género que está reñido con la perfección y que es de consumo masivo. Es poner a desfilar noche a noche y ante millones de personas prendas diseñadas para ser llamativas, pero que siempre tienen descosidos. Da miedo y es agotador.

***

Se ha hecho tarde y el mundo se ha ido quedando en silencio. Las sillas siguen ocupadas. El tecleo cesa. El capítulo del día está escrito y enviado. El que salió al aire, visto y digerido. Finalmente, apagan la computadora, abandonan la silla, se meten en la cama y cierran los ojos tratando de encontrar un espacio propio. Uno donde no estén pululando los personajes pidiendo atención y que se parezca al descanso. No es fácil. Nada lo es en este estigmatizado oficio donde la paradoja reina, la presión no cede y el cansancio se acumula en capas que se van sedimentando con el paso de los días. La telenovela es un trabajo en equipo, pero los que la escriben están profundamente solos e indefensos. Y no hay éxito que los proteja de esa intemperie. Por eso siempre dicen que la que están escribiendo es su última telenovela. Y es ese pensamiento tranquilizador el que eventualmente da paso al sueño. Hasta mañana cuando suene la alarma de la historia exigiendo otro capítulo más.

ACTORES[1]

> Hay tres tipos de gente: hombres, mujeres y actores.
>
> FERNANDO TRUEBA

> La actuación es un privilegio, un don y una carga muy pesada.
>
> ELBA ESCOBAR

A los actores los confunden con sus personajes, y los tratan y maltratan como celebridades. Su ego es tema de conversación. Tienen fama de temperamentales. Algunos son crónicamente impuntuales. Son imprescindibles en el cine, el teatro y la televisión. Y, por supuesto, en las telenovelas. Conforman un gremio incomprensible e ingobernable para algunos ejecutivos y una solución para los encargados de llenar el hueco noticioso de las páginas de espectáculos. Mientras mejores son en su arte, menos cuenta nos damos de la complejidad de su oficio. Tanto, que hay quienes se creen actores sin serlo. Este capítulo no es sobre ellos, sino sobre los *verdaderos* actores, quienes son fáciles de reconocer porque no supeditan la responsabilidad de meterse en la piel de otro ser humano a la aspiración a la fama. Para ellos es al revés. Saben que el mundo de ficción que se vive a través de un personaje es estrecho y entrañable. Por eso, ser actor es vivir un contrasentido. Es realizar en público un oficio intimista.

Yo lo he visto de cerca. Los actores me han hecho espacio en sus pautas de grabación y en sus minúsculos camerinos. He visto mi mínimo maquillaje en sus espejos mientras ellos luchan por la apariencia perfecta que el medio les exige. Me han confiado sus satisfacciones y temores a la vez que visten a sus personajes. He encontrado sus dudas en los pasillos del canal y en la privacidad incompleta del *motorhome*

---

1 A lo largo del capítulo el término «actor» se refiere tanto a los hombres como a las mujeres cuya vocación es la actuación.

que funge como camerino en las grabaciones de exteriores. Los he visto trabajar delante de las cámaras de televisión y cine, ante el público teatral y frente a sus colegas en talleres de actuación que los desnudan de cara a su arte. Se han sentado conmigo en restaurantes, panaderías y cafés. Y en las salas de sus casas. Los he traído a mis clases en persona y vía Skype. Los he visto risueños y llorosos, fuertes y vulnerables, asertivos y equivocados, amables y dictatoriales, entregados, exigentes y agotados. Con ellos he analizado personajes, telenovelas, televisión y país. También he mirado dentro de mí al ver cómo ellos se examinan a sí mismos.

Los actores son observadores habituales de la realidad y estudiosos empedernidos de la naturaleza humana. Toman notas mentales (o reales) de las personas con las que se cruzan en la vida y las convierten en personajes. En eso se parecen a los escritores. Sin embargo, solo los actores tienen la capacidad de *ser* otra persona. De entregarle su cuerpo y emociones a alguien cuya existencia y credibilidad depende, en gran parte, de ellos.

Entender la construcción de un personaje, un proceso clave en cualquier investigación sobre telenovelas, es un trayecto que hago acompañada de escritores, actores y público. Si me faltara alguno de ellos, los hallazgos de mi investigación estarían incompletos. Porque, aunque yo conozca a un personaje desde su concepción en la mente de su autor(a), son la lectura e interpretación del actor los que me permiten dialogar con él y entenderlo como una ficción que funciona en la realidad. Y es la decodificación que realiza el televidente la que ilumina mi estudio de la telenovela como género comercial y me ayuda a asomarme a la dinámica de la formación social.

Un personaje puede generar distintas lecturas en diferentes actores. Y todas pueden ser acertadas. Conversar sobre ellas es esencial para mí porque construir un personaje es un proceso delicado y complejo. Y es que aun los personajes que son «malos» gratuitos o inmaculadamente «buenos» pueden ser personificados poniendo el énfasis en la palabra «verdad». Lo ideal es la conjunción de un perfil bien diseñado, un texto coherente[2], un actor comprometido y una dirección que no sea solo de cámaras, sino también de actores. Esa coincidencia no es frecuente en las telenovelas, donde la longitud del seriado, su naturaleza comercial y su ritmo industrial atentan contra la coherencia, la profundidad y la calidad. Además, por mejor escrito que esté el perfil inicial de un personaje, su historia se va escribiendo en el día a día, a velocidad de vértigo y respondiendo a los avatares del *rating*. De modo que el actor ignora de entrada el periplo de su personaje. En este sentido, y contrario a los que muchos piensan, actuar en telenovelas puede ser más complicado que hacerlo en cine o teatro, donde la historia y el texto están ya completos. Trabajar en novelas significa meses de largas jornadas de trabajo, de esperas que parecen eternas y de decisiones hechas frecuentemente sin la ayuda de un director y siempre con base en una historia parcial, en la cual la importancia y/o visibilidad del personaje puede aumentar o disminuir. En ese proceso un actor puede hacerse mejor en su oficio. Pero también puede adquirir una serie de vicios.

Tener un micrófono siguiéndolo, como ocurre en televisión, puede traerle al actor problemas de proyección vocal y de dicción que se reflejarán luego cuando haga teatro o cine. En cuanto al aspecto visual, trabajar con tres cámaras a veces produce que el actor esté más pendiente de la cámara que lo toma que de la escena que realiza o de los otros actores que participan en ella.

El ritmo de producción de las telenovelas también puede crear vicios. La celeridad empuja al actor a buscar vías fáciles y expeditas en las que no se pregunta con suficiente frecuencia el «¿por qué?» y «¿para qué?» de las acciones del personaje, sino que pasa a configurarlo solo en su exterior, quizás con un vestuario pintoresco o agregándole una frase pegajosa que lo acerque al público, pero que también lo aproxima peligrosamente al cliché. Es la prevalencia de la forma sobre el

---

2 «El actor siempre está esperando por un escritor. Nosotros siempre estamos esperando que nos escriban y que nos escriban bien. Que nos escriban bonito. Que lo que diga el personaje sea creíble», dice Caridad Canelón. Ver: Canelón, C. (2005). Entorno4: La Magia de la Televisión.

fondo. El resultado es que si el actor no se preocupó por entender las complejidades interiores del personaje, el público nunca se interesará en ellas tampoco.

La velocidad de producción implica también que las escenas se graban con el menor número de tomas posibles. Inclusive las que son difíciles. Por lo tanto, las telenovelas no entrenan al actor para reproducir la carga emocional de la escena diariamente, como ocurre en el teatro, ni le enseñan a administrarla para un día de rodaje de cine, en el cual se hacen múltiples tomas y tiros de cámara de una misma escena.

No es que yo piense que los actores que solo trabajan en televisión son inferiores a los que hacen cine y/o teatro. Creo firmemente que el verdadero actor está definido por su manera de abordar el oficio y por su talento, no por el medio en el que se desempeñe. Y sé bien que la transición del cine/teatro a la televisión también tiene sus dificultades. Pero sí he observado, y los propios actores me lo confirman, que cuando se trabaja también en teatro y cine, aumenta la inmunidad respecto a los vicios que la televisión puede inocular.

Cada actor tiene su propio método, o combinación de ellos, para abordar su personaje. Pero, invariablemente, he encontrado que, además de talento, los mejores actores traen en su ecuación personal (y en proporción más alta que la persona promedio) varios de los siguientes elementos: perspicacia, inteligencia, intuición, imaginación, capacidad de reflexión y sensibilidad.

Habrá quien se sorprenda con esa lista de características relacionadas con un gremio al que muchos perciben como superficial. En parte, esto se debe a la representación (y apreciación) generalizada de los actores como celebridades. También es producto del barniz de frivolidad que recubre todo lo que tiene que ver con la televisión. Y, hay que decirlo, a la tendencia hacia lo epidérmico que la sociedad venezolana muestra con frecuencia. Un ejemplo de esto es la prevalencia del físico sobre el talento. La prensa, el público y los ejecutivos hablan de la necesidad de priorizar al talento. Pero la realidad es que el actor que no esté bien físicamente —en cuanto a belleza y al paso del tiempo—

rara vez tendrá un trabajo acorde con su talento o con su verdadera edad. Hemos visto casos en los que una actriz que apenas pisa los 30 años hace de madre de otra que es solo diez años menor que ella. En los foros virtuales, las redes sociales y la prensa de espectáculos prevalecen los comentarios centrados en el físico, no en el oficio, de los actores. Con frecuencia culpabilizan a los que están pasados de peso y muestran intolerancia hacia las escenas de sexo cuando los amantes no son jóvenes o de físico perfecto. En consecuencia, son los concursos de belleza, no las escuelas ni talleres de actuación[3], donde se realizan los grandes *castings* del talento que trabaja en televisión. Y las cirugías, dietas, pastillas y gimnasios son los costosos aliados de un gremio en el que la mayoría de sus miembros solo tiene una entrada económica regular cuando trabaja en una telenovela.

> La profesión de actor es como una montaña rusa. Cuando te encuentras arriba, no hay que dejar de pensar que enseguida se vuelve a bajar.
>
> ANTONIO BANDERAS

La actuación es una profesión de baja seguridad económica. Y en Venezuela es de gran inestabilidad. En eso los actores también se parecen a los escritores. A pesar de que el cine y el teatro han crecido en cuanto a inversión y número de películas y obras producidas, no están todavía suficientemente bien desarrollados en el país. La televisión, por lo tanto, sigue siendo la mejor entrada económica para un actor.

Hasta principios de la década del 2000, un número significativo de ellos estaba en la nómina del canal de televisión para el cual trabajaban con exclusividad. Eso cambió de manera drástica y hoy en día son contados los actores que tienen un sueldo fijo. La mayoría son

---

3 No son muchos los lugares donde un actor se puede formar en Venezuela de manera sistematizada: la Escuela Juana Sujo y la Unearte. Gran parte de nuestros actores estudian en talleres organizados por diversas organizaciones y actores de variable calidad.

contratados por proyecto. En consecuencia, cuando se termina una telenovela, el elenco queda cesante. Si el actor no tiene otra entrada asegurada[4], entonces enfrenta meses en los que tendrá que sobrevivir sin sueldo hasta ser llamado para otro seriado. «Con esta novela pagué las deudas que tenía, ahora no me quedará otra que volverme a endeudar hasta que logre estar en otra novela», me confió una actriz.

Complicando aún más la situación, el cierre de RCTV y la crisis que vive la telenovela venezolana han reducido el mercado laboral de los actores. Muchos emigran hacia Miami, Colombia y México donde, quizás, tengan que comenzar de nuevo.

Ocurre que el valor de un actor en la industria de la telenovela no depende exclusivamente de su talento. Es mas bien una fórmula comercial en la que juega un papel importante la percepción que tienen los ejecutivos, productores y escritores sobre el enganche del público con el actor. «Pegar» un personaje en el público le sube las acciones. Sobre todo si se considera que el personaje ha sido fundamental para los puntos de *rating* que logra la novela. De la misma manera, cuando una producción no tiene éxito, eso marca tanto a su autor(a) como a los actores que tuvieron roles protagónicos. Les bajan las acciones. Por todo esto, cada oferta de trabajo es bienvenida desde el punto de vista económico. Pero constituye también una encrucijada. El actor sabe bien que si el personaje o la novela son de baja calidad, o fracasan, eso le puede dificultar el recibir futuras ofertas. Y en una profesión de baja estabilidad laboral, ese es un escenario indeseable.

Hay otro elemento que influye en las ofertas que recibe un actor: su *manager*. Estos agentes hacen un trabajo de *lobby* para mantener a su representado en la mira de los que toman las decisiones, quienes en muchos casos no frecuentan ni el teatro ni el cine venezolano. También son intermediarios en la negociación del contrato: desde el monto que

---

4 La mayoría de los actores han tratado de crearse otras fuentes de ingresos, bien sea trabajando en teatro, cine o radio, o invirtiendo en alguna actividad comercial no relacionada con la actuación, como restaurantes, bares, tiendas y negocios de comida hecha en casa.

ganará el actor hasta su lugar en los créditos. Son dos puntos importantes para la percepción que la industria tiene del talento que emplea. Posteriormente, y a lo largo de las grabaciones, muchos *managers* siguen funcionando como terceros entre el canal y los actores que representan.

Otro aspecto de la vida profesional de un actor en la televisión es que no todas las telenovelas incluyen roles jugosos para actores de todos los fenotipos y de todas las edades. El fenotipo puede encasillar al actor. Y, a medida que aumenta su edad, disminuye la probabilidad de que sea llamado para un personaje que tenga relevancia en la trama y/o represente un reto actoral. En el caso de las actrices, esta tendencia es aún más marcada.

> Persiguen el zumbido de la fama
> Pero siempre tienen abejas en la melancolía
> LEONARDO PADRÓN[5]

Hay una percepción generalizada de que el actor está signado y dominado por un gran ego. Ciertamente los actores tienen el «yo» desarrollado de una manera más definida que la persona promedio. Quizás esto ocurre como producto del don que tienen de poder ser diferentes personas, el cual hace que la autodefinición asuma en ellos carácter de urgencia. Puede ser consecuencia también de que trabajan frente al público con algo tan íntimo como sus emociones y cuerpos. Y así como las plantas se orientan hacia la luz del sol, el tropismo de los actores es hacia ese sonido significativo y efímero que son los aplausos. Rara vez son impasibles ante el público. Y no hay espectáculo que tenga mayor alcance en Venezuela que una telenovela. También hay que decir que el ego de los actores es, en ocasiones, una suerte de mecanismo de defensa en una industria en la cual no tienen control sobre su futuro empleo, donde pueden estar desasistidos, y cuyas aguas pueden tornarse turbias debido a intereses, alianzas y mezquindades.

---

5   Fragmento del poema «Actrices». Padrón, L. (2011). *Métodos de la lluvia*. Caracas: Bid & Co..

Las manifestaciones externas del ego actoral son variadas y van desde la afirmación hasta la malcriadez. Pero todas ellas ocultan una paradoja: ese ego, más visible que el del resto de las personas, también es particularmente frágil. Las inseguridades, presentes en todos los seres humanos, son más visibles en los actores. Ellos tienen exacerbada la consciencia de cómo se ven en cada plano y cómo suenan en cada parlamento. Saben que aunque la telenovela es un trabajo de equipo, es el actor quien da la cara. Literalmente. Por lo tanto, los grandes actores asumen cada reto con emoción y temor. Nunca se confían. Ni siquiera de sí mismos. Con frecuencia terminan una escena y caminan hacia su camerino cuestionando lo que hicieron. Evitan a toda costa juzgar a su personaje, pero son implacables con ellos mismos. Muchos no se ven luego en pantalla. Otros lo hacen religiosamente. Cuando se enfrentan a escenas importantes o delicadas, unos conversan con sus colegas y otros se recluyen en sus camerinos buscando la soledad. Hay, inclusive, quien decide hablarlo con el/la escritor(a). Todos temen equivocar la estrategia y caer en contradicciones. Saben que dañar al personaje es dañarse a sí mismos. Por ello, lo protegen y lo respetan, y agradecen cuando los escritores hacen lo mismo. A veces llegan a sobreproteger al personaje, cuestionando su final en los mismos términos que lo hace el público: «¿se lo merecía o no?». También resienten la escritura que les parece que sobre–explica la situación dramática a través de los parlamentos. La perciben como una subestimación de su trabajo actoral por parte del(la) escritor(a).

En las telenovelas, los actores pasan meses de intimidad con su personaje, a quien tratan de guardar en el camerino al final de cada jornada. No todos lo logran. Hay personajes que se niegan a ser dejados de lado hasta el día siguiente y que llevan al actor, emocional y actoralmente, a lugares que pueden ser nuevos, recónditos u olvidados. También hay personajes que tienen un tipo de energía que agota a su intérprete. En todo caso la relación es tal que no extraña que después de meses de intimidad, los actores necesiten despedirse de sus personajes. Cada quien lo hace distinto, pero todos de alguna manera pasan por un proceso de luto:

Estoy muy cansado de las trenzas de «El Grillo», pero cuando me las quite, sé que va a ser sumamente difícil porque ese momento será el de la verdad. Será el momento en que despida a «El Grillo», el momento de verlo partir. Y te aseguro que en una peluquería voy a tener el nudo en la garganta que uno tiene reservado para los aeropuertos. El nudo de un adiós para rato, para tiempo, el adiós que duele...

Luis Gerónimo Abreu

Me sentí muy triste todos estos días y todavía sigo con un despecho loco por mi personaje, de lloradera y demás. [...] Me encanta como termina mi «Rosita» amada y preciosa...
¿Luto? Sí... totalmente.

Paula Woyzechowsky

Aún no me acostumbro a esta especie de pérdida y te confieso que en el fondo no me quiero acostumbrar, porque acostumbrarse sería ver o asumir esta profesión como un oficio técnico y le quitaría la magia que para mí tiene...

Caridad Canelón

Y es magia. Los actores la realizan de cara al público. No se ponen una máscara para ello. Al contrario, se desnudan. Se revisan. Buscan en lo vivido y pasan a existir en, por y a través de sus personajes. A la vez, sobreviven en la telaraña –frágil y peligrosa– que es la televisión. Y viven cada aplauso sabiendo que dará paso al silencio.

DETRÁS DE LAS CÁMARAS Y DENTRO DE MIS CUADERNOS

> El hecho es que es mi cuerpo localizado en este tiempo y lugar el que permite
> que ciertas cosas se combinen de manera tal que yo termine teniendo esta experiencia particular,
> esta conciencia, este sentimiento y esta comprensión.
>
> JACQUELINE MARTÍNEZ

Todos observamos y conversamos. Siempre aprendemos algo de ello. Pero los que hacemos investigación asumimos la observación y la entrevista como metodologías. Estudiamos cómo y qué observar, y cómo hacer de la entrevista «una conversación con un propósito» (Bingham & Moore, 1959). Nos entrenan para ser éticos y rigurosos en la manera de documentar, analizar y reportar lo observado y conversado. A la vez, somos reticentes a mostrar los detalles de la cotidianidad de nuestro trabajo de campo con sus retos y satisfacciones, y nuestras inseguridades y dudas. Guardamos con celo todo eso en la intimidad de nuestras detalladas anotaciones para así mantener el espejismo de ese estándar inalcanzable que es la objetividad, el cual muchos miden en términos de distancia. Pero es en la transparencia, en el mostrar esa trastienda de vivencias y sentimientos donde realmente nos aproximamos al mosaico que es la realidad, a la honestidad del estudio y a la energía que lo mantiene. He aquí algunos de mis días en las aguas de producción de telenovelas. Fueron reconstruidos con base en mis notas de campo, tratando de mantener intacto el espíritu de lo vivido.

20 DE OCTUBRE DE 2003: EL PRIMER DÍA

Le doy la vuelta a la manzana siete veces antes de encontrar un espacio. Es un pedazo de acera de doble altura entre dos arbolitos que crecen de manera improbable en el concreto. El resto de la acera es una larga serpiente de carros encaramados. Lo pienso un segundo. Después de todo, manejo un carro que no es mío. Miro el reloj, se está haciendo tarde. Recuerdo las siete circunvalaciones que acabo de realizar. Desecho los últimos escrúpulos de choferesa gringa, adelanto y luego retrocedo con determinación maniobrando hasta que el carro sube el escalón, pasa a ser un segmento más de la serpiente y yo vuelvo a ser una caraqueña agresiva más. Le pongo los seguros al carro y lo encomiendo para encontrarlo allí mismo cuando salga de Venevisión.

En la entrada del canal paso por seguridad: detector de metales y cartera revisada. Una versión *light* de la seguridad del aeropuerto de Atlanta. La recepcionista me quita la cédula. A cambio me da un papel a ser firmado en la oficina de producción de la novela y un distintivo plastificado que me etiqueta como «VISITANTE». Mala cosa tener que entrar por primera vez a un estudio de televisión como observadora cuando una tiene un pedazo de plástico en la pechera que la identifica como alguien que no pertenece al lugar y que está de paso. Ni modo.

Camino por una rampa negra donde cuelgan inmensas fotos del talento del canal. Me recuerda la entrada de alguna atracción de Tomorrowland en Disney World. ¿Hacia dónde me lleva esto? Me quito el distintivo de la camisa y lo cuelgo del bolsillo delantero de mi pantalón. Quizás allí no se notará tanto. Llego a la oficina de Consuelo Delgado preguntándole a un empleado dónde queda. Ella me espera. Nos conocimos meses antes cuando yo todavía no sabía que iba a estudiar *Cosita rica*. Me presenta a su productora general, mi tocaya Carolina De Jacovo, quien trabaja rodeada de papeles. Me siento en la oficina de Consuelo tratando de entender lo que veo y oigo. No es fácil. Todo es nuevo para mí y pasan demasiadas cosas a la vez. Consuelo es un estándar alto del término *multitasking*: atiende el teléfono, da órdenes, firma recibos y papeles, atiende a algún miembro del elenco que la necesita, mira lo que sucede en el estudio a través de un monitor y conversa conmigo. Todo a la vez. Yo trato de asimilar. Pero, principalmente, trato de no molestar.

Después de una hora de intensa inmersión en su oficina, Consuelo me conduce a un ascensor que nos llevará al estudio. El ascensor comienza a bajar. Recuerdo un artículo de Alberto Barrera Tyszka titulado «Desde las tripas de un culebrón»[1] y siento que ese ascensor es el esófago a través del cual llegaré a las entrañas de la industria.

Las inmensas puertas del estudio 5 están abiertas dejando salir un aire helado. Entramos a ese mundo de mentira que parece de verdad en la pantalla. El techo alto con su ferretería colgante de luces y cables me remonta a una tarde 18 años atrás cuando entré a ese mismo recinto, muerta de los nervios y totalmente arrepentida de estar allí, a grabar un programa de concursos llamado *Match 4*.

Era diciembre de 1985 y Gustavo cumpliría cuatro años el marzo siguiente. Le quería hacer una piñata más grandecita que los 10 niñitos que siempre le había invitado. Pero, a pesar de que Guillermo y yo teníamos buenos trabajos, también teníamos que pagar diversos créditos y no teníamos el presupuesto para el cumpleaños que yo imaginaba. Por lo tanto, pasé las noches de diciembre haciendo panes de jamón para vender y así reunir el dinero para la piñata. Ganaba 40 bolívares por cada pan. Una noche, mientras amasaba cansada, prendí la televisión de la cocina y vi cómo en *Match 4* los concursantes se ganaban 100 bolívares por cada palabra que deducían en el juego, en el cual un jugador le daba claves al otro para que adivinara palabras específicas. El peor competidor salía al menos con mil bolívares al final de la hora. ¡Yo tenía que hacer 25 panes de jamón para ganarme esa cantidad! Y me entró un ataque de «eso es lo que yo tengo que hacer en vez de entregarles medio pulmón y mis dos bíceps a estos panes». Mandé una carta a Venevisión y cuatro meses después, cuando ya se me había olvidado esa misiva, me llamaron a una prueba. Y ocurrió algo providencial: a mi amiga Ana Carolina la llamaron también. Hicimos la prueba en pareja y nos fue de maravilla, no en balde nos conocemos desde los nueve años. Nos escogieron a las dos. Ana grabó primero, pero

---

1   Barrera Tyszka, A. (2002, Sep-Oct-Nov-Dic). Desde las tripas de un culebrón. *Revista Bigott*, 62-65.

lamentablemente, y para mi horror, no le fue bien. A mí me pautaron para cuatro semanas después. Suficiente tiempo para que rumiara la mala experiencia de mi amiga, me obsesionara con aprender palabras nuevas y me arrepintiera mil veces de haber mandado esa carta. Total, ya hasta le había hecho la piñata a Gustavo.

El día que grabé llegué a Venevisión hecha un manojo de nervios y la altura del techo del estudio 5 no me ayudó. Tenía una fuerte sensación de estar a punto de hacer el ridículo frente a todo el país. A pesar de todo eso la suerte me acompañó y gané no solo el juego, sino también «la palestra», el premio gordo que solo una persona se había ganado antes: suficiente dinero como para comprarme un carro nuevo e irme de viaje con Guillermo.

Siento el episodio fresco en mi recuerdo y, a la vez, sé que pertenece a otra vida. Nunca lo he contado en Estados Unidos. Ni mis colegas, ni mis alumnos saben, y no quiero que nadie en el canal lo sepa… nunca. Soy «Carolina, la profesora» y no «Carolina, ¿te acuerdas? La que se ganó *Match 4*».

El frío del estudio me termina de traer al presente mientras Consuelo y yo caminamos a lo largo de una serie de decorados de la novela hasta el centro, donde en un círculo de sillas plásticas están el director César Bolívar y el equipo técnico. Todos hombres. Consuelo me presenta como «una profesora que está estudiando esta novela», intercambia un par de frases con el director y se va.

—Te dejo en buenas manos.

Uno de los técnicos arrima una silla para mí y me ofrece café. Acepto ambas cosas y me siento a esperar con ellos a que comience la tarde de grabaciones. De inmediato la conversación comienza a girar sobre mí y mi vida en Estados Unidos. Quieren saber si me ha sido fácil acostumbrarme a vivir fuera de mi país, cuánto tiempo voy a estar en Caracas y si es verdad que en Estados Unidos te pueden demandar si no mantienes el césped de tu jardín a una altura determinada. No me preguntan por qué quiero estudiar *Cosita rica* o cómo lo voy a hacer. Me siento incómoda con el foco puesto sobre mí, así que muevo la conversación hacia un tema que me gusta, que tiene muchos adeptos y que es apropiado para mediados de octubre: la Serie Mundial. No me equivoco. La conversación se aleja de mí y fluye de manera natural. Veinte minutos después, cuando llegan los asistentes de producción y los actores que van a grabar, ya los técnicos me han asumido como parte de su tarde.

Eso es importante. Después de todo no tengo idea ni siquiera de dónde pararme para no molestar. Soy tan nueva, tan recién llegada, que me parece que hay cámaras por todas partes. Pregunto y uno de los camarógrafos me enseña dónde pararme y ofrece buscarme una silla y otro café. No los acepto porque no los necesito, pero se los agradezco sinceramente y le pregunto su nombre.

–Paredes, mucho gusto.

Comienzan a ensayar la escena. Trato de fijarme tanto en el proceso como en los roles de todos los que trabajan en el estudio. Necesito más ojos. Necesito anotar, pero sé bien que el instante en el que el investigador saca el cuaderno cambia todo. Y trato de posponer ese momento hasta que acepto, resignada, que no voy a poder recordar todo lo que estoy observando. Saco la libreta y el bolígrafo y procedo a tomar mis notas de campo. Me siento observada y, luego, liberada. Prefiero ser evidente.

Sé quiénes son los actores que están en escena. Pero no los *conozco*. Ellos leen sus líneas, ensayan y, de vez en cuando me observan de reojo. Luego me entero de que pensaban que era una periodista. Ocho extras que esperan su turno para entrar al ascensor de «Patria Mía» me miran también. Finalmente, uno se acerca y me pregunta si yo también soy extra.

–No, soy profesora y estoy haciendo un trabajo de investigación.

El extra me mira con curiosidad sin decir palabra y se aleja, mientras yo pienso en lo poco que sé de lo que sucede a mi alrededor.

Y es que cada expresión del director genera en mí un proceso de deducción.

–¡Cinco y acción!

–¡Corten!

–Vamos a editar desde ahí.

–¡Sombra de *boom*!

No es difícil entender el código. «Boom» tiene que ser esa suerte de larga caña de pescar que tiene un micrófono en la punta y que el «operador de *boom*» debe colocar sobre la escena para capturar todas sus voces y sonidos.

Después de dos horas de observación, deducción e intenso aprendizaje, ingenuamente –tontamente, más bien– llego a creer que ahora sí que lo sé todo sobre cómo se graba una telenovela. Bolívar brama «¡roperó!» y todo el mundo sale del estudio. Yo también. Regreso a mi carro que está ya casi solo sobre la acera en la oscuridad. ¿Será peligrosa esta calle de noche?

Manejo a casa de mi mamá con una letanía en la cabeza: «¿Roperó? ¿Roperó es igual a se acabó?». Busco en internet. Encuentro que viene de «*wrap it up*» y de «*it's a wrap!*», la expresión que se utiliza en inglés para rematar algo que finalizó. La conclusión es obvia: ahora es que me faltan horas de observación en un estudio de televisión antes de declarar mi propio «roperó».

21 DE OCTUBRE DE 2003: EL BARRIO REPÚBLICA

A Baruta vengo desde que tenía cinco años y vivía en «la última casa a mano izquierda antes de llegar al barrio Las Minas». Aquí hacíamos diligencias: el zapatero que le cambiaba las tapitas de los tacones a mi mamá, una modista que bajaba ruedos y ensanchaba cinturas cuando crecíamos y, muy importante, el señor que nos vendía las barajitas para el álbum de turno. Más tarde, Baruta se convirtió en el paso obligatorio para ir a la Universidad Simón Bolívar, donde estudié. Ahí pedí cola de subida a diario, antes de tener carro.

Caracas era distinta entonces. Pero a Baruta la encuentro igual. Lo que es diferente es mi mirada. Hoy la veo como un set de televisión porque la pared de ranchos que es el telón de fondo de su casco colonial es el Barrio República en *Cosita rica*. Me estaciono y camino hacia él, libreta en mano. Es mi primer día «en exterior», observando las grabaciones de la novela fuera de los estudios del canal.

Al primer técnico con uniforme de Venevisión que me encuentro le pregunto por Lenin Feliche, el nombre que me dio Consuelo. Me lo señala.

–Buenos días, Lenin, soy Carolina Acosta, creo que Consuelo te habló de mí.

–¡Buenos días! ¡Bienvenida! Déme un segundo que ya la atiendo –me responde afable.

Me siento mal. No me gusta que nadie sienta que me debe atender.

–Por favor, no te preocupes y trátame de tú. No hay necesidad de atenderme. Yo pasaré la mañana aquí observando y si tengo una pregunta, te la hago, tratando de no interrumpirte.

Inmediatamente me siento mejor. Busco donde pararme.

Lenin habla con un taxista. Le explica lo que debe hacer en la escena. Su participación es crucial. La calle es angosta, la esquina muy traficada. Ensayan. Lenin se va a la esquina de arriba a avisarle al director por *walkie-talkie* cuando venga el taxi con Lisandro (Daniel Alvarado), quien después de muchos años verá a Prodigio (Beatriz Valdés) que estará comprando en un puesto de frutas y verduras en la calle. Ella se horrorizará al verlo y correrá barrio arriba con Lisandro siguiéndole las pisadas.

Traen a los extras. Ensayan con ellos. Por unos minutos la cuadra pasa a ser una isla de movimientos coreografiados en el medio del caos que es Baruta a toda hora.

Hora de grabar. Colocan las frutas y verduras. «Las quiero con mucho color», había dicho Consuelo el día antes en su oficina. Las rocían con agua para que se vean más frescas. Un técnico de Venevisión al que le quitan el distintivo y la camisa del canal, hace de vendedor. A su lado hay un hombre con una cava que dice «Helados Cosita Rica, Bs. 500». ¿Esto es en serio?

Todo el mundo va a su sitio. El director apremia a las extras: «Las amigas que suben y bajan… rapidito, mi amor, que es televisión, rapidito». Manda a mover un carro, que es de un empleado del canal. Pero cuando lo van a mover, se le para otro carro atrás que se niega a moverse. Lenin deja su esquina y se acerca a hablar con el conductor. Pero el que se baja es… ¡un guardia nacional! Hablan. ¿Negocian? Mientras, un técnico me ofrece una naranja de las que están en el puesto de frutas y verduras de la escena. Me provoca. ¡Hace tanto calor! Le digo que no, aterrada de hacer algo malo. Porque tiene que ser malo eso de comerse la comida que es parte de la utilería, ¿no? Le pregunto si ha sido muy difícil grabar aquí en Baruta. Me dice que les ha ido muy bien, que solo han tenido algunos incidentes aislados con algunos adeptos al Gobierno que les gritan cuando están grabando. Mientras, el guardia nacional ha regresado a su carro y lo mueve. Ahora sí, a grabar. Dibujo un croquis de la cuadra en mi libreta. Anoto frases sueltas que me permitan reconstruir lo vivido luego. El reflejo de una cámara aparece en la ventana de un carro que pasa.

–¡Corten! Desde arriba, de nuevo. ¡Cuidado con esa cámara y los vidrios de los carros!

Rebobinan *videotape* y los últimos minutos de la vida de esa cuadra de Baruta. Tomo nota.

Hace rato que una mujer elegante, de cabello y vestuario negro azabache, con un distintivo de Venevisión guindado del cuello y un portapapeles en la mano, me observa. Sé que estamos en las mismas: no sabemos qué es lo que la otra hace. Veo que a veces ayuda con los extras. Pero, en general, toma nota de algo. ¿De qué será? Desaparece de vez en cuando. Reaparece. Nos observamos mutuamente de reojo. Y seguimos en lo nuestro.

Lenin me indica que caminemos hacia la plaza donde se grabarán las siguientes escenas. Pregunto dónde me puedo parar para no molestar y él me lo indica con una amabilidad que no delata lo ocupado que está, ni el calor que hace. Es bajo un árbol. ¡Sombra, menos mal! Observo y anoto concentrada. Graban con una cámara portátil.

Eso no lo había visto antes. La mujer de negro está cerca organizando a los 15 extras que participan en la escena. De repente, levanta la vista hacia donde yo estoy y lanza una pregunta al aire:

—¿Ustedes están con Venevisión?

La gente que está a mi alrededor niega con la cabeza y retrocede. Quedo sola, como el verdadero objetivo de la pregunta que soy. Me presento. Sonríe ampliamente y me cuenta que se llama Elena Salcedo y tiene 12 años trabajando en Venevisión. Es «script» y en esta novela le ha tocado «pura escalera, ya que estoy o en la quinta o aquí en el barrio». Le pregunto qué es una «script». Didáctica, me explica que es una supervisora de la continuidad, de la «secuencia» en las grabaciones[2]. De entrada, Elena me dice «Carola», como lo hacen mi mamá, Guillermo y mis amigos más cercanos. Me invita a tomarnos una chicha gloriosa en la plaza que sella, para siempre, una relación caracterizada por el cariño y la confianza mutua.

Ya es mediodía. Salgo del *motorhome* a donde Elena me llevó para que descansara del sol un rato. No hay sombra posible. Estoy al pie de la empinada escalera que define al Barrio República. El director habla con el equipo técnico. Quiere que sigan a Daniel Alvarado cuando suba por las escaleras corriendo detrás de Prodigio. Decide usar una *steadicam*[3]. Llaman al que la va a operar. Todo un atleta que se pone encima un arnés que no se ve ni liviano, ni fresco. Le colocan la cámara. Su trabajo es correr escaleras arriba detrás de Daniel Alvarado, como dice el director, «hasta donde te dé». Otra cámara estará en el tope de la escalera. Yo observo con gran admiración. No sabía que hacer televisión puede ser también un evento olímpico.

---

2   Esa noche leo en mi casa que así como el/la asistente de el/la director(a) es su mano derecha, el/la *script* es su mano izquierda.

3   Es un dispositivo que permite llevar la cámara atada al cuerpo del camarógrafo, gracias a un arnés que la mantiene estable.

23 DE OCTUBRE DE 2003: DE VISITA EN CASA DE LOS LUJÁN

9:45 am

Estoy en San Antonio de los Altos, frente a «la quinta», como le dicen todos. Aquí «vive» la familia Luján de *Cosita rica*. La pauta que me dieron ayer dice que hay grabación a las 10 am, pero no hay nadie. Llamo a la oficina de producción y Carolina de Jacovo me dice que sí graban, que espere un poco. Llega un técnico en su carro y me dice que rodaron la pauta para las 11 am. ¡Menos mal que me desayuné una segunda vez en el C.C. La Casona! Releo mis notas.

10:20 am

Llega un camión del canal y, minutos más tarde, el director, Sergio Martínez. Nos vimos en Baruta y me recuerda. Me dice que rodaron la pauta porque anoche terminaron de grabar tarde en el barrio.

Entramos a la quinta. La casa es bella. Me explican que, en realidad, no es una casa, sino tres apartamentos. Muchos espacios están completamente vacíos. Venevisión ha colocado muebles en ciertos ambientes. Por ejemplo, en el primer apartamento en el que entré, solo queda el cuarto de Nicomedes, donde ahora duerme Olegario. No es realmente una habitación. Más bien es una sala con un gran ventanal donde pusieron un juego de dormitorio. En otro de los apartamentos están la cocina, sala y comedor de los Luján.

El director y yo nos instalamos en el piso inferior del primer apartamento, el que da al jardín que lleva a la piscina. Él se recuesta en una silla de extensión a estudiar las escenas de la pauta. Conversa con los técnicos sobre el orden en que van a grabar: primero, cocina–día; segundo, sala-noche. También deciden cómo van a distribuir las cámaras en la cocina.

—Esa cocina no se presta para tomar buenos ángulos, hay que trabajar las escenas bastante —me aclara Sergio.

Llega el maquillador/peluquero y organiza secador, cepillos, cremas y potingues frente a un largo espejo. Mueve los ceniceros hacia donde yo estoy. Supongo que tiene la esperanza de que así no le fumarán encima. Yo también me instalo en una mesa que tiene dos sillas de plástico. Y me siento frente a la preciosa vista de San Antonio de los Altos. Saco mi identificador: mi libreta. Que cuando lleguen los demás recuerden por qué estoy aquí.

No hace frío. Pero veo cómo en la montaña se turnan el sol, la neblina y la lluvia en un ciclo que no permite el aburrimiento. Utilería se mueve por el jardín con bolsas de plástico llenas de peroles. Suben, bajan, arrastran gruesos cables. Pegan una bolsa con un tirro de una columna. Ese será el basurero de todos. Arriba se oye bastante movimiento. Me asomo. Estiran rollos de cables, colocan cámaras, llenan la nevera de comida. No molesto. No interrumpo. Bajo. Trato de que todos los que están trabajando se den cuenta de que yo no soy un problema. Más bien el problema lo tengo yo. Es que tengo que romper el hielo y buscar la manera de comenzar a entrevistar a los actores. Quizás si me quedo aquí cerca de donde los van a maquillar… Otra cosa, hoy son las primeras conversaciones. No las puedo asumir como una entrevista formal. Cero grabadora. Cero notas. Mucho escuchar y compartir. Cero intrusa.

10:40 am

Llega Carlos Cruz, con su vestuario del antagonista y metáfora de Chávez «Olegario» a cuestas. Me da los buenos días, sirve dos vasitos de café negro y se sienta a conversar conmigo. Olegario, la televisión venezolana con sus gratificaciones, miopías y asperezas, y nuestro convulsionado país tuvieron sus respectivos turnos al bate en una primera conversación que desgarró velos y prendió reflectores sobre los temas más álgidos de la industria de la telenovela venezolana. Al terminar, y sin yo pedírselo, Rafael Novoa ocupó la silla que Carlos había dejado vacía. Sobre la mesa: el significado del protagonismo para un actor, Colombia, Venezuela y sus diferentes maneras de hacer telenovelas.

3:30 pm

Hora de subir a la sala de los Luján. Capítulo 24, escena 27: María Suspiro, haciéndose pasar por Verónica, va a anunciarle a su familia su compromiso con Rodolfo.

Ha sido un día de conversaciones. Después de Carlos Cruz y Rafael Novoa pasaron por mi mesa Marisa Román, Elba Escobar, Chiquinquirá Delgado y Nohely Arteaga. Todos amables y generosos con su tiempo. Cada uno me ha dejado piezas importantes en el rompecabezas que es una telenovela y me ha mostrado alguna arista sobre el oficio del actor que debo investigar con mayor profundidad.

Y pensar que esta mañana no sabía si lograría siquiera una entrevista.

Subo. En la sala están todos los que tienen que estar. Ensayan. Me siento en la mesa del comedor. Ahí no molesto, puedo escribir y tengo una excelente panorámica de lo que saldrá por cámara.

Hay problemas con las «balitas» —los micrófonos esos chiquititos que se les ponen a los actores cuando no se puede usar el *boom*—. Revisan a cada actor, se los vuelven a pegar del cuerpo con adhesivo. Hacen pruebas. Funciona uno. Falla otro. Otra vez el adhesivo, otra vez «por favor, súbete la camisa». Hay chistes. Hay hastío. Se hace tarde. Finalmente, todas las balitas funcionan.

La escena que ensayan es divertida y, en un momento, Chiquinquirá, quien personifica a la antagonista Vicky, voltea hacia mí y me dice muerta de la risa: «¡El esfuerzo que hay que hacer para no reírse! ¡Sobre todo mi personaje, que es el más antipático y no se ríe de nada!». Me recuerda el día anterior en el estudio 5 cuando Marialejandra Martín exclamó en medio de un ensayo: «¡Esta novela está buenísima!».

Yo también estoy disfrutando un montón mientras aprendo.

Del lado derecho de la sala, Elba Escobar y Carlos Cruz construyen la relación madre–hijo de sus personajes. Deben hacerlo, ya que no hay entre ellos ni remotamente la diferencia de edad requerida. Le añaden detalles. Olegario se arrodilla en el sofá y Concordia le hace la cruz como niño chiquito. Y funciona. Me río. En eso se oye la voz de Sergio, el director:

—La señora Carola que baje, por favor.

Yo vuelo por las escaleras hasta la entrada de la casa, preguntándome qué carrizo estará pasando. ¿Quién me puede estar llamando? ¿Carola? Tiene que ser de mi familia, entonces… ¡Pero si ni mi familia sabe dónde estoy metida!

Abajo me espera Elena Salcedo, sentada frente al monitor y con los audífonos puestos. Me dice, suavísima, que no se puede uno sentar en los muebles de la casa. Es una de las cláusulas del contrato de arrendamiento que firmó Venevisión. ¡Me muero de la pena! Es la primera vez que meto la pata. Y agradezco la manera tan elegante de decírmelo sin ponerme en evidencia. Después de todo, Sergio pudo haber dicho por el *talkback*[4]:

—La señora Carola que se pare de la mesa del comedor que eso no está permitido.

Tengo tanto que aprender.

3 DE AGOSTO DE 2004: EL LABERINTO

Son los últimos minutos de mi trabajo de campo sobre *Cosita rica*. Anochece en la calle y en este caso de estudio. Ya me despedí. Camino hacia la salida con un nudo en la garganta inédito que me tiene francamente sorprendida. Quiero salir de ahí para ver si se me quita, poner distancia y entender por qué lo tengo. Los pasillos están casi desiertos. Llego a la entrada principal de Venevisión, entrego el papel firmado por Consuelo Delgado, busco mi cartelito de VISITANTE en mi pantalón y… ¡no está! El recepcionista/vigilante me dice que si no devuelvo el distintivo no me da la cédula y no me puedo ir. ¡O sea!

---

4 El *talkback* es un sistema de comunicación entre la cabina de control y el lugar donde se graba la escena. En Venezuela, actores, directores y técnicos lo llaman «tollback».

Vuelvo sobre mis propios pasos. La oficina de producción. Allí no está. Estudio 5. No. Estudio 3. Nada. ¡No puede ser que tenga que regresar a los camerinos después de haberme despedido! Bajo. Voy uno por uno. No está. Más abrazos y «¿por qué te vas?, ¡quédate hasta que terminemos la novela, falta poquito!, ¡el que encuentre el distintivo de Carolina que lo esconda, jaja!». El nudo en la garganta crece. Ojalá pudiera quedarme y ver cómo terminan las dos novelas –el país y *Cosita rica*– y sus dos referendos revocatorios paralelos. Pero tengo que estar mañana en Toronto en un congreso. Ni siquiera voy a pasar por mi casa. Finalmente aparece el bendito distintivo en el último camerino que visité. Subo de nuevo a la entrada del canal. ¡No hay nadie! Está cerrada con una santamaría. ¡No puedo salir! *Déjà vu…*

No puedo salir de Venevisión. No encuentro la salida. ¿Dónde queda? Hay más de una, pero ¿cuántas? ¿Por qué no entiendo este laberinto? ¿Qué ascensor me lleva a dónde? Se paró en un estacionamiento. ¿Un estacionamiento? Pero mi carro está en la calle. ¿Cómo llego a él? ¿Y si empiezo por el principio? Sé ir de la oficina de producción a los estudios. De los estudio a los camerinos. ¿Y este cafetín? ¿Cómo llegué aquí? ¿Dónde está la salida? Regresar. No equivocarme de ascensor. Dicen que la calle del canal es peligrosa. La prefiero a este laberinto del que no puedo salir. (Sueño recurrente durante el estudio de *Cosita rica*).

Regreso a la oficina de producción. Está cerrada, ya se fueron todos. No me queda otra que bajar a los camerinos, una vez más. ¡Esto ya raya en lo ridículo! Voy directo al camerino de Marisa Román. ¡Todavía está ahí! Alivio. Me dice que salga por el Módulo 1. ¿Dónde es eso? Amable, me lleva. No me aprendo el camino. ¿Qué me pasa con este sitio? El vigilante me dice que las cédulas entregadas en el Módulo 3 no están ahí. Que debo ir al vigilante del estacionamiento. ¿Dónde es eso? Marisa se ofrece a acompañarme, pero que por favor espere a que recoja sus cosas. Pienso en el número de horas que he pasado dentro de este edificio en el último año. Son muchas para una persona que no vive en Venezuela. Y otra vez recuerdo la pesadilla esa que tengo siempre en mi casa en Athens, Georgia, en la que no puedo salir del canal y me despierto antes de lograr regresar a la calle. La estoy viviendo. Tengo que contarles esto a mis alumnos de Metodología. El rigor y la disciplina académica no te inmunizan contra pesadillas y premoniciones. ¡Tampoco contra los sueños, menos mal!

Marisa sale. Entrego el distintivo. Recupero mi cédula. Nos despedimos por tercera vez en la última hora. Salgo a la calle. Es de noche. Ahí está mi carro. Arranco. Quizás mañana amanezca sin el nudo en la garganta. Estoy cansada. La incertidumbre y la inseguridad roban energías. Voy a llegar tarde a la comida en casa de mi mamá donde me despediré de mi familia. ¿Quizás mañana amanezca sin el nudo en la garganta? Como Scarlett O'Hara, pensaré en eso mañana. En el avión.

Roperó *Cosita rica*.

7 DE JUNIO DE 2006: *CIUDAD BENDITA*

Voy camino a La Yaguara. Mejor dicho, camino a *Ciudad Bendita*. Es mi primer día de trabajo de campo en esta novela. En la camioneta de Venevisión vamos Daniel, del Departamento de Arte, Elízabeth Cermeño y yo. Elízabeth es una de las asistentes de producción y mi ángel de la guarda oficial.

Llegamos. Menos mal que Carolina De Jacovo, la productora ejecutiva de esta novela, me había enseñado imágenes de cómo era este lugar antes de que construyeran el set. Así me doy verdadera cuenta de la magnitud de la transformación que sufrió el terreno que vi en las fotos para convertirse en lo que tengo ante mis ojos: un inmenso set exterior que es una copia de un fragmento del Mercado Libre de El Cementerio de Caracas.

Elízabeth me acompaña a explorar los diferentes puestos del mercado y responde mis preguntas con paciencia. También me da un *tour* por el resto de las instalaciones.

–Venga por aquí. Estos son los baños. Tenemos siempre entre 50 y 100 extras. Por eso es necesario tener baños tipo colegio. Aquí funciona el *catering*. Yo la voy a buscar cuando sea la hora de almuerzo para que le sirvan su comida aquí.

–¡Gracias, qué amable! Dime «tú», Elízabeth, por favor.

–Bueno –sonríe hasta con los ojos y continúa.

–Vamos ahora hacia el fondo. Eso a la derecha es el cine. Todavía está en construcción. No sé si usted sabe, pero creo que el Sr. Padrón decidió que más adelante en la historia, los damnificados del incendio van a terminar refugiados allí.

–Sí, sí sabía eso. Pero no que también construirían un set para el cine aquí. ¡Qué interesante! Y acuérdate de tutearme, anda.

–Aquí funcionan la carpintería y la herrería. Se necesitan para construir los decorados. Por cierto, ¿ve ese teléfono allí? Úselo, si lo necesita.

–¡Gracias, Elízabeth! Tengo mi celular, pero siempre es bueno saberlo –sonrío haciendo un alto en la batalla para que Elízabeth me tutee.

–Vamos al área de los actores. Es la única que tiene aire acondicionado.

El alivio del calor es inmediato al entrar. A la izquierda están el gran espejo y las sillas que identifican a maquillaje y peluquería. Allí están Yanis Chimaras, Caridad Canelón, Nohely Arteaga, Luis Gerónimo Abreu, Roque Valero y Carlos Villamizar. Todos me conocen de antes y me saludan con calidez. Comienzo a sentir la comodidad de lo familiar.

A la derecha hay varias filas de *lockers*. Elízabeth me asigna uno y me da la llave. Buenísimo, así puedo guardar mi cartera y llevar conmigo solo lo necesario: libreta, bolígrafo y mi grabador digital. Al fondo a la izquierda hay una pequeña sala con una televisión pequeña y vieja, cuya antena es un gancho de ropa. No se me escapa la ironía de que esta ruina de televisor esté en las instalaciones de un canal de televisión. A la derecha hay una larga mesa con dos bancos, tipo picnic. No hay camerinos, solo dos cuartos pequeñísimos –uno para mujeres y otro para hombres– donde los actores se pueden cambiar. El contraste con el largo pasillo de los camerinos del canal es evidente. La sensación que tengo es de campamento vacacional. ¡Pero con una sola cabaña! Aquí no hay donde retirarse a descansar, leer o escuchar música mientras se espera para grabar. Básicamente, no hay intimidad. ¿Cómo será la dinámica de los días aquí?

Salgo a observar bajo el solazo que me grita que el protector solar es tan imprescindible como mi libreta. Va a ser un día largo. Hoy toca grabar todas las escenas de la fiesta de Quiñones, el jefe civil que se celebra a sí mismo (capítulos 15 y 16). Un evento complejo de producir que desembocará en el gran incendio que destruirá los hogares de buena parte de los que trabajan en este mercado. Palacios, el coordinador, organiza al ejército de extras con tal determinación que llego a la conclusión de que él es inmune al sol. El director es César Bolívar, el mismo de *Cosita rica*. A él, que le gustan tanto las grúas y las tomas cenitales, grabar aquí le debe encantar. Aunque con este calor todo el día, no sé…

Converso con dos mujeres que son extras. Están contentas porque, aunque les pagan por día, tienen trabajo casi todos los días y, muy importante, almuerzo. No les molesta el calor y me dan datos de dónde hay sombra a toda hora. Mientras, Bolívar ensaya escenas. Los actores aparecen y desaparecen. Los que ya me conocen me presentan a los que no. Observo. Tomo nota. Le pido a Palacios que me diga siempre dónde me puedo parar para observar. Le tengo terror a molestar/aparecer en los planos que hagan con la grúa. El miedo a equivocarme y dar un paso en falso mientras hago mi trabajo de campo sigue intacto.

Regreso al área de los actores para hacer entrevistas. ¿Dónde se puede conversar aquí si no hay intimidad? Comienzo con Roque Valero, el protagonista. Salimos a una mesa que está en el área de carpintería donde hoy no trabajan. No hace calor allí. Es un buen lugar. Luego, Luis Gerónimo Abreu. Las conversaciones fluyen sin esfuerzo. Al terminar, se acerca Elízabeth:

—Es hora de comida, Sra. Carolina. Venga para que le sirvan adelante con los actores.

Me da pena. No quiero privilegios. Le digo que yo almuerzo cuando ella almuerce. Luis Gerónimo se muere de la risa y me dice que deje la bobería y vaya con él a almorzar. La sensación de campamento vacacional, que me había abandonado mientras observaba y hacía entrevistas, regresa mientras me sirven la comida con los actores en una suerte de cafetería. Detrás de nosotros está la larga cola de miembros del personal técnico y extras. Una jerarquía, sin duda. Hay arroz, un pollo en salsa, un «pollito de dieta», ensalada y plátanos. María Cristina Lozada pide los plátanos que estén más maduros:

–Dame los podriditos, por favor.

Yo sonrío porque también me encantan así. Para beber hay dos sabores de Clight, esa especie de Kool-Aid dietético que ahora hay en Venezuela. Yo, que no tomo nunca ninguna bebida hecha a base de polvo, tengo tanta sed que me sirvo como si fuera agua.

Me siento con los actores en el mesón largo de picnic que vi esta mañana. Nohely Arteaga comparte con nosotros un tesoro que trajo de su casa: queso blanco rallado. Eso termina de llevar los plátanos a nivel de paraíso. Al menos para mí, que tengo que esperar dos semanas a que se maduren los plátanos que consigo en Athens, donde el queso blanco es una criatura mitológica. A la hora del café, Beatriz Valdés saca de su *locker* un pote de Coffeemate que les salva la vida a los que no les gusta el café negro. Yo comparto las pepitas de Splenda que tengo en la cartera. Todos compartimos experiencias y opiniones en una conversación relajada y agradable que no quiere cesar. Es la mejor parte de un campamento vacacional, ¿no? Y el sueño de todo etnógrafo porque es un catalizador para crear *rapport* e intimidad en el campo de estudio.

Fin de la hora de comida. Cada quien busca su espacio. Unos pasan letra[5], otros fuman afuera y otros tratan de dormir en la pequeña sala. Llaman a grabar. Retoque de maquillaje y peinados. Salgo al sol. Son muchas escenas. Nos movemos por el mercado grabándolas. Elízabeth viene de vez en cuando a ver cómo estoy, si quiero agua o café. Como buen ángel de la guarda, no me abandona. Pero me sigue tratando de usted.

---

5   Leen sus líneas en voz alta junto con el/los otro(s) actor(es) que aparece(n) en la escena.

Cae el sol. Hora de comida. Otra vez *catering*. La cena se parece al almuerzo. Mesa de picnic. Más conversación. Es imposible que un elenco no haga eso que los americanos llaman «bonding»[6] con esta rutina.

Fin de la hora de comida. Salgo a la noche. Grabación de las escenas nocturnas. Son numerosas y con muchos extras. Terminamos pasada la media noche. Llego a casa de mi mamá oficialmente de madrugada.

Esto no es un campamento de verano.

20 DE JULIO DE 2006: EL PRIMER *INNING*

Menú

Salmón ahumado

Filet Mignon
Papas al vapor
Gratén de Plátanos

Helado

Café

---

6 Unirse, vincularse.

Un ejército de mesoneros sirve a los comensales. No hay manera de que no se atraviesen y nos molesten mientras tratamos de ver las pantallas. Alguien no pensó en ese detalle. Lástima. El salón de fiestas de La Esmeralda, la casa de festejos más elegante de Caracas, está de bote en bote. Estoy sentada frente a la pantalla principal entre Gledys Ibarra y Marisa Román. En nuestra mesa también están Camilo Hernández, Carlos Montilla, el cantautor Yordano, su hija y los papás de Marisa, todos elegantes y arreglados, como lo ameritan la ocasión y el lugar. Es la presentación a la prensa de *Ciudad Bendita*.

Ya el primer capítulo de la novela está en las pantallas del recinto después de un interminable discurso de Antonio Adolfo Araiz, «el Triple A», Vicepresidente de Imagen de Venevisión, y las palabras más adecuadas y concisas de otros ejecutivos y de Leonardo Padrón, padre de la telenovela. Quizás debieron servir la comida mientras escuchábamos los discursos y no ahora con la novela en pantalla. Yo ya vi el capítulo porque Leonardo me permitió acompañarlo cuando fue a chequear la musicalización. Eso es perfecto porque puedo observar lo que me rodea con tranquilidad. Los actores, en cambio, ven su trabajo en esta novela por primera vez. Reaccionan con emoción y entusiasmo aplaudiendo y vitoreando las mejores escenas.

A pesar del delicioso menú, mi plato está intacto. Comer sería un distracción. Tomo nota de mis observaciones en unas hojas de papel que logré meter en mi minúscula cartera de noche, no apta para etnógrafos. Marco las escenas que más emoción despiertan. Busco y leo los rostros de los actores, de Carolina De Jacovo, la productora, y de los ejecutivos. Pero me falta algo crucial: la prensa. Sus miembros se sentaron en las mesas que están detrás de la mía. La única manera de verles la reacción es voltear y hacerme notar porque sería la única cabeza que no estaría viendo la pantalla. Necesito pararme donde los pueda ver sin llamar la atención. Pero, ¿dónde?

Unas tres mesas a mi izquierda hay una gruesa columna. ¿Y si me paro detrás de ella? Sorteo las mesas rápido y con pena para no ser yo también un estorbo. Llego a la columna y volteo brevemente hacia donde están las mesas de los periodistas. ¡La vista es perfecta! Contenta con mi hallazgo, rodeo la columna buscando el lugar ideal para observar. Pero, ¡ya hay alguien allí! ¡Leonardo Padrón! Sin hablar entendemos la coincidencia de intenciones y nos reímos en silencio. Afortunadamente, la columna es tan voluminosa que hay espacio para los dos.

Es un momento de innegable complicidad. Y seriedad. En paralelo, observamos y decodificamos los rostros y ademanes de la prensa, y cuchicheamos nuestras impresiones. Poco a poco comienzo a sentir yo también el peso que él y todos los escritores de telenovelas cargan sobre sus hombros. Ante mis ojos un estadio de béisbol se superpone sobre el salón de fiestas. Leonardo Padrón es el *pitcher*. En las gradas, (mesas), todos miran el juego desde la trinchera de los intereses de su gremio: periodistas, ejecutivos, productores, directores y actores. Desde el *bullpen* (la primera mesa a la derecha), los otros *pitchers* –los otros escritores– de Venevisión analizan cada lanzamiento. Ya les tocará su turno. Y su momento de angustia detrás de una columna. Saben que su permanencia en la rotación depende de su efectividad y que, aunque es un juego de equipo, ellos cargarán con el éxito o el fracaso. Sobre todo con el fracaso. Porque el éxito siempre tendrá más dueños.

28 DE ABRIL DE 2009: OLIMPIA, TATA Y MANUELITA-ESCENA 1

Se acaba el *Spring Semester* en la universidad. Se termina también *La vida entera*. Pasado mañana vuelo a Caracas para observar las últimas grabaciones de la novela y estar allí cuando salga el capítulo final. Quiero llegar ya. Pero entre Caracas y yo está la interminable corrección de 16 portafolios de mis alumnos de *Graphics Communication* y 14 propuestas de investigación de mi seminario de posgrado. Duermo poco. Estoy de mal humor. Trabajo sin descanso. Sé que será así hasta aterrizar en Maiquetía. Ya hasta me resigné a que enviaré las calificaciones finales desde Caracas.

Suena el «trilín» de mi Blackberry anunciando la llegada de un correo electrónico. Es el capítulo 118, el antepenúltimo. La novela está en su clímax dramático. Sé bien que asomarme al capítulo es pasar la próxima hora leyéndolo. Miro la montaña de portafolios de mis alumnos. Sé que no debo. Pero no aguanto. Como todo el que se engancha a una novela, yo quiero saber ya qué va a pasar. Voy a mi *laptop*, me coloco mis ojos de analista, tomo el bolígrafo, saco mi cuaderno de notas y comienzo a leer.

Escena 1. Escena 2. Escena 3. El cuento está emocionante, como debe ser a estas alturas. Napoleón Duque ha desenmascarado públicamente a su esposa Olimpia como la amante de Facundo Montoya, su competidor en el negocio del periodismo impreso. Escena 4. Escena 5. Tata, la hija inteligente y rebelde que ha pasado 117 capítulos chocando con su madre, como solo dos personas con personalidades similares lo pueden hacer, ha dejado claro su profundo dolor ante lo sucedido. Pero también, que su mamá dormirá esa noche en la casa:

> Cuando las miles de mujeres, que todas las noches se acuestan sabiendo que sus esposos andan con otras, puedan botar a sus maridos a la calle… entonces pregúntame si apruebo que saques a mi madre. Tampoco es que Olimpia es una asesina. Mañana veremos qué se hace, pero esta noche Olimpia duerme en esta casa, que es tan mía como de ustedes.

Me gusta Tata y me encanta lo que acaba de decir. Es justo y necesario.

En este capítulo, la trama de los Duque se alterna con una de un secuestro que sufre la protagonista, «Kotufa». Me parece halado por los cabellos. Entiendo que es una manera de que la protagonista tenga visibilidad en un capítulo enfocado en un nudo dramático en el cual ella no participa. Pero siento que no funciona. Fastidia. Hay que dejar que el capítulo gravite sobre la debacle de esa torre que ha sido Olimpia Duque. Además, mi estudio del público indica que hace rato el público ungió como protagonistas a Olimpia y a Tata. Anoto mis reflexiones. Las escenas avanzan ante mis ojos acostumbrados a no perder la disciplina, aunque la historia me toque el alma. Es telenovela. Es sentimiento. Y, aunque no soy inmune, tengo que analizar permanentemente lo que el cuento genera y cómo lo hace. Debo detectar los descosidos y las contradicciones. A la vez, sé bien que las dimensiones emocionales de una investigación no se deben ignorar porque también son fuente de conocimiento. Por lo tanto, tengo que observar mis propias emociones, dejarlas que florezcan, pero también mantenerlas a raya.

Escena 6. Escena 7. Escena 8. Los Duque se retiran a sus habitaciones. Escena 9. Olimpia va al cuarto de huéspedes. Puedo sentir la soledad del personaje y ver la oscuridad de la casa en la que he pasado horas observando las grabaciones. Conozco sus recovecos. Sé cómo son sus noches: la verdadera y la que le construye utilería cuando es necesario. Es una de las ventajas de «haber estado allí»: visualizar mejor la escena cuando la lees. Escribo. Sigo. Escena 10.

10) INT. HABITACION DE TATA. NOCHE.
Tata está en su cama, una vez más viendo el techo, sin poder dormir. Tocan levemente a la puerta. Ella no responde, pero igual la puerta se abre. Es Olimpia.

OLIMPIA: ¿Estabas durmiendo?
TATA: ¿Tú crees que pueda dormir?
OLIMPIA (*no responde*): Pasé a… a desearte las buenas noches, aunque ya está por amanecer.
TATA: Ha sido una noche demasiado larga. ¿Dónde vas a dormir?
OLIMPIA (*sin su soberbia habitual*): En la habitación de huéspedes. Aunque no creo que pueda cerrar los ojos durmiendo en una cama extraña. Mejor me siento en la terraza…
Tata sabe que su madre está pasando por un momento de absoluta desolación.
TATA: Si quieres te puedes acostar aquí. Esta cama es grande.

OLIMPIA (*humildísima*): No quiero molestarte.

TATA (*palmea el espacio vacío de su cama*): Date sin pena. Busca algo cómodo en mi clóset y quítate ese vestido.

Estamos ante la repetición de una de las primeras escenas de esta historia: aquella en que Olimpia entró a reclamarle a Tata su presencia en la fiesta aniversaria de *Exquisita*. Mucho ha pasado entre entonces y ahora, pero ahora, como entonces, Olimpia le arregla el calcetín a Tata, mientras habla.

OLIMPIA (*sonríe*): Cuando eras chiquita, te nos metías en la cama a medianoche, a dormir con nosotros.

TATA: ¡Yo sí era cobarde de chama!

OLIMPIA: ¿Cobarde? ¡Para nada! Hay que ser valiente para caminarse esta casa de noche y con las luces apagadas. Y me pedías que te cantara…

TATA: A ver si me acuerdo…

Obliga a Olimpia a que se acueste y la abraza por detrás y empieza a cantarle al oído, despacito y con ternura, «Cambiemos el color del cielo», una canción muy naif y muy dulce. Olimpia cierra los ojos y canta con ella. Y llora, mientras los brazos de Tata la estrechan más y más. Y ahí las dejamos, los roles invertidos y Tata siendo la madre protectora de Olimpia.

La escena me ha ido nublando la mirada. El bolígrafo yace inerte en mi mano. Mi cuaderno abierto se ha quedado mudo. Lloro. No soy inmune.

5 DE MAYO DE 2009: OLIMPIA, TATA Y MANUELITA-ESCENA 2

–Yo le mandé un mensaje a Leo preguntándole si puede ser otra canción porque esa no me la sé. Y me dijo que sí, que le preguntemos a Camilo por opciones –le dice Marisa Román a Beatriz Valdés.

–Yo creo que con tal de que sea una canción infantil funciona, una que nos sepamos las dos –responde Beatriz.

De sus catálogos particulares comienzan a tararear y a mencionar canciones infantiles.

–Me gustan las de María Elena Walsh –asevera Marisa con voz nostálgica.

–*Manuelita vivía en Pehuajó...* –entona Beatriz. Y Marisa se le une:

> *...pero un día se marchó.*
> *Nadie supo bien por qué*
> *a París ella se fue,*
> *un poquito caminando*
> *y otro poquitito a pie.*

–¡Esa es, Bea! ¡Esa es! –exclama Marisa–. ¡Además, dice «París», que es a donde Olimpia se quería ir con Facundo!

«Olimpia» y «Tata» se miran, asienten y cantan al unísono el estribillo:

> *Manuelita, Manuelita*
> *Manuelita, dónde vas*
> *con tu traje de malaquita*
> *y tu paso tan audaz.*

Ambas aplauden y sonríen. Yo aplaudo también.

Marisa y Beatriz regresan al libreto.

–Aquí Tata dice: «Busca algo cómodo en mi clóset y quítate ese vestido». Pero, ¿y si más bien Tata le busca la ropa? ¿Y si te pongo una franela de las de Tata? ¿Y si yo te visto? –dice Marisa.

–Sí. Así me gusta más. Yo creo que José Luis[7] nos la comprará –responde Beatriz y se voltea hacia mí–. ¿Qué te parece a ti, Carola?

---

7 José Luis Zuleta dirigió las escenas que se grabaron ese día en la «quinta de los Duque».

–También me gusta así mucho más. Pero lo más interesante para mí es que el libreto indica que Olimpia le arregla la media a Tata como en la primera escena de ellas dos del primer capítulo. Pero eso no estaba en el libreto de ese capítulo inicial. Eso se lo metiste tú, Beatriz. Y funcionó tan bien que reaparece en esta escena.

Las tres nos reímos. Marisa se para, va a la maleta donde carga toda la ropa de Tata que ella misma ha conseguido[8] y comienza a buscar la franela que ahora necesita para la escena. No es necesario, Beatriz tiene una entre sus cosas. Yo empiezo a desear que la pauta de grabaciones avance rápido. La escena 10 está de última y hoy es la misa del aniversario de mi papá en el otro extremo de la ciudad.

Dos horas después todavía faltan cuatro escenas por grabar. Me voy desilusionada sin ver la grabación de la escena 10.

11 DE MAYO DE 2009: OLIMPIA, TATA Y MANUELITA-ESCENA FINAL

Sobre la noche del último lunes de *La vida entera* se recorta la sombra del Picacho de Galipán. Alrededor de la televisión estamos unas doce personas. La mayoría somos mujeres. Todas, menos Mariely Briceño y yo, son parte del elenco de la novela. Entre ellas están Beatriz Valdés y Marisa Román. Leonardo Padrón es uno de los pocos hombres allí. Yo estoy sentada donde pueda ver con facilidad tanto al grupo como a la TV. En la pantalla, con un melancólico solo de saxofón como música incidental, Olimpia entra a la habitación en penumbras de Tata, quien la convence de que se quede. Olimpia se sienta en la cama, le acomoda una media a su hija. Su postura denota su devastación. No hay rastros de altivez. Es una mujer derrotada. Tata va a su clóset y saca una franela parecida a la que ella misma

---

8   Arte y Vestuario en Venevisión no lograron dar con el tono tan particular que ameritaba el vestuario de Tata. Consciente de que en la construcción de todo personaje el vestuario es clave, Marisa Román se asesoró fuera del canal y logró que le prestaran algunas prendas, las cuales acompañó de lo que le proveía el canal, creando así el *look* inconfundible de Tata.

tiene puesta. Se sienta detrás de su mamá, la desviste con delicadeza
y le pone la franela, mientras le canta suavemente…

> *Manuelita vivía en Pehuajó*
> *pero un día se marchó.*
> *Nadie supo bien por qué*
> *a París ella se fue…*

Olimpia trata de cantar con ella. Las voces de ambas tiemblan
y se quiebran. Tata acuna a su madre. La besa en la cabeza, la acuesta,
la arropa y la abraza…

> *Manuelita, Manuelita*
> *Manuelita, dónde vas…*

Frente a la pantalla todos estamos mudos, conmovidos hasta
los huesos, magnetizados por lo que vemos y sentimos. La tan cita-
da frase de Cabrujas de que la telenovela es el show del sentimiento
adquiere una nueva dimensión. A Marisa, siempre con las emociones
a flor de piel, le corren las lágrimas. Tata será inolvidable para ella.
Beatriz mira con orgullo sereno. Sabe que ha logrado algo complejo: matizar a lo largo de la novela a un personaje «duro» de forma tal
que en este momento logre convocar la solidaridad del público. Yo
trato de dominar mi nudo en la garganta mientras observo a Leonardo, cuyo rostro denota una intensa satisfacción. Él aplaude y felicita
profusamente a sus dos actrices, agradecido. Apostar al talento siempre da rédito. Todos los que ven la telenovela como algo más que un
negocio lo saben bien.

Escribo febrilmente en mi cuaderno. Nadie allí se sorprende ya
de que lo haga. Pero solo yo sé que esta vez escribo para esconderme.
Para estar sin estar con ellos. Y para volver a llorar dentro de mí una
escena de telenovela que nunca olvidaré.

6 DE JULIO DE 2010: LOS CUADROS

Hoy se estrenan los decorados de *La mujer perfecta* en el Estudio 5. Llegué ayer a Caracas. Justo a tiempo. ¡Nunca he visto cuando graban por primera vez en un decorado! Y este es un arranque particularmente interesante. Estamos en un momento inédito y terrible. *La mujer perfecta* es la única novela en producción en el país y no hay ninguna otra novela venezolana al aire. Venevisión sabe que tiene que producir con rapidez y le ha dado a Carolina De Jacovo, la productora ejecutiva, tres estudios en la sede del canal en La Colina, más las instalaciones que tienen en el Centro Comercial Los Cedros.

Me tropiezo con Elena Salcedo al entrar a la oficina de producción. Nos abrazamos y me hace las preguntas de siempre:

–¿Cuándo llegaste? ¿Hasta cuándo te quedas?

–Ayer. ¡Un mes!

–¡Qué bueno! Y, ¿cómo estás haciendo con las clases?

–Es verano, no estoy dando clase. Por eso me puedo quedar tanto –digo muy sonreída.

–¿Cómo está la familia? ¿Vinieron contigo?

–Todos bien. Solo vino María Teresa por dos semanas.

Se asoma la sonrisa de Verónica[9].

–¡Por fin llegaste! –y nos abrazamos. Ella sabía también que venía.

Camino hacia donde está Carolina De Jacovo. Estoy contenta de que ella tenga el timón en esta difícil coyuntura. Tiene el pulso seguro. Nos conocemos bien. Es la tercera novela que estudio en la que ella trabaja y la segunda en la que es la productora ejecutiva. Encuentro a mi tocaya en su escritorio, doblada sobre una matriz inmensa, pautando escena tras escena en estudios y exteriores. Lo hace sin olvidar que además de los imperativos industriales del canal, están también los que imponen el libreto, los horarios de actores, directores y técnicos,

---

9   Verónica Henríquez también es *script*. Elena es su jefa. Los ojos de Verónica les han dado clases a los míos en el rubro de atención a los detalles.

los decorados, la disponibilidad de locaciones exteriores y de unidades móviles, y las dificultades propias de Caracas. Saco mi libreta y anoto lo más importante de la pauta de la semana. Mi tocaya me dicta a velocidad y ritmo de ametralladora. Sabe que conozco el código.

—Miércoles. Mañana. Barrio. Estrella. Shirley. Micaela. Miércoles. Tarde. Los Cedros. Casa Guillermo. Oficina Guillermo. Guillermo. Carmen. Miércoles. Tarde. Estudio 5. Cafetín Academia. Lucía. Carolina. Marlon. Consultorio Santiago. Gala. Santiago. Micaela. Miércoles. Tarde. Otro estudio. Penthouse Gala. Gala. Renata. Willie. Jueves. Mañana...

Ya no me sorprendo de que en el lenguaje de producción no se usen ni artículos, ni preposiciones, ni conjunciones. Termino de escribir, le echo un vistazo y me hago una idea de lo que voy a hacer a partir de mañana. La pauta no solo gobierna la producción, sino también mi trabajo de campo.

Carolina y yo bajamos para que yo conozca los decorados. El ascensor de siempre no funciona. Vamos por el que se toma frente a la entrada principal del canal. Me tengo que acordar de esto cuando vaya a salir. ¡A ver si en esta telenovela logro no perderme ni una vez dentro de este canal!

—En Los Cedros montamos consultorio y casa de Guillermo, y apartamento Lucía y Maruja —me cuenta Carolina—. En el 2-3 tenemos penthouse Gala, casa de las Gómez, apartamento Saturno, apartamento Carolina, etc. Esos ya los estrenamos la semana pasada. Déjame enseñártelos primero. Hoy tenemos allí penthouse Gala.

Entramos. Es una moderna sala con algunas esculturas y cuadros y una escalera al fondo. Aquí vive el «prota», Santiago, con su esposa, la diva Gala Moncada. El decorado va acorde con ella. Tomo nota de la disposición de los muebles y de la escalera, que será para los televidentes la señal de que el penthouse de Gala no es solo lo que vemos.

Llegamos al estudio 5 que me recibe, una vez más, con sus puertotas abiertas y su aire gélido. Palacios está en la entrada. Es la tercera novela que estudio en la que él trabaja. Ya en *La vida entera* le habían cambiado el ardiente verano de los exteriores de *Ciudad Bendita* por el invierno perenne del estudio 5.

–Hoy empezamos aquí, Carolina. ¡Llegaste en buen momento! Va a ser una tarde larga –dice con una amplia sonrisa que le retorno[10].

Me adentro con mi tocaya en el estudio. Se nos une el director de arte. Aquí están los dos decorados principales de la novela: la Academia de Modelaje de Renata Volcán y el Centro Estético Infinito. Todo está nuevo y creíble. Una vez más Carmelina De Jacovo ha hecho un gran trabajo[11]. Me gusta cómo quedó la academia. Infinito está muy bien también. Quizás hay pocos asientos en la sala de espera, tomando en cuenta que el centro tiene tres cirujanos plásticos. Quizás. ¿Lo digo? Mejor no. Entramos a los consultorios. Están muy bien logrados. Se parecen solo lo suficiente entre sí. Tomo nota de lo que veo. Regresamos a la sala de espera.

–¿Qué te pareció? –me pregunta Carolina.

–¡Está magnífico! –digo con entusiasmo–. La oficina de Renata quedó buenísima y el ambiente central de Infinito también… –respiro, me atrevo y digo–. Solo noté dos detalles. El primero es que quizás en la sala de espera debería haber más asientos, ¿no?

–Esos se pueden añadir luego –responde el director de arte con sequedad.

–Ah, okey. Lo otro es que en Infinito hay un cuadro que es igual o casi igual al que está en la sala del apartamento de Gala y Santiago.

–Hay médicos que le compran cuadros al mismo artista para su casa y su oficina –dice el director de arte con evidente molestia.

–Es verdad. El problema es que el cuadro está es en el consultorio de Daniel, no en el de Santiago. Y se parecen demasiado. Tanto que yo lo noté.

---

10 José Manuel Palacios, el coordinador, tiene una visión integral de lo que sucede frente y tras las cámaras en una sesión de grabación. Por años me ha orientado con destreza y paciencia. Aprecio su sinceridad y profesionalismo.

11 Carmelina De Jacovo es arquitecta y diseñadora de las escenografías más importantes de Venevisión. También es la hermana de Carolina. Carmelina es capaz de convertir el mismo espacio en cine, centro comercial o tienda por departamentos. Todos creíbles.

—Mmm… eso puede ser un problema de verdad –agrega mi tocaya.

El director de arte me dedica una mirada agria y se va. Me quedo pensando si debí quedarme más bien callada… Siempre dudo de si debo hablar o no cuando me parece que algo no está bien.

17 de marzo de 2009: Scrabble.

Hay algo que no está bien. Es el tablero de Scrabble. Pero no sé si decirlo. A pesar del tiempo que tengo ya observando cómo se hacen las telenovelas, todavía siento inmenso escrúpulo de decir algo en el set. Y eso que todos me han dicho que hable cuando vea algo que no está bien. Que eso ayuda. Pero, es delicado.

Todo está listo y ya los actores ensayan la escena. «Napoleón» y «Tata» están terminando de jugar Scrabble. Ella, triunfante, pone la última palabra. Jugando, Napoleón discute que esa palabra no existe. Padre e hija corretean alrededor de la mesa en una escena que solidifica ante el público la hermosa relación padre-hija de estos dos.

Pero el tablero de Scrabble no parece que fuera el de un juego que se está acabando. Apenas tiene unas pocas palabras. Esto no va a quedar bien. Bueno, de repente ni se ve. ¿Y si se ve? Yo sé bien que el público se fija en unas cosas insólitas a veces. Dudo. ¿Digo algo? ¿Dejo que salga al aire así? Finalmente, José Luis Zuleta, que está dirigiendo la escena, se para cerca de donde estoy… y me atrevo, suavecita y balbuceante:

—José Luis, mira… este… tengo una pregunta… este… ¿el tablero de juego se va a ver en la escena?

—Bueno, no pensaba hacerle un plano detalle, pero sí, claro que se va a ver. ¿Por qué? ¿Pasa algo?

—Pues, la verdad, sí –respondo ya totalmente decidida–. Es que habría que poner más fichas y más palabras para que de verdad parezca que el juego se está terminando.

—¡Ah, caramba! Yo, la verdad, nunca he jugado ese juego –dice y se queda pensando unos segundos–. Carolina, ¿tú lo arreglarías, por favor? Es que no creo que haya nadie aquí en utilería que sepa de eso.

—Sí, claro –digo sin dudar.

Tomo las fichas y armo el tablero. Marisa me quita el Blackberry de la pretina del pantalón y toma una foto. Sabe que es la primera vez que me atrevo a meter las manos en la producción.

Lo del Scrabble no nos distanció a José Luis Zuleta y a mí. Al contrario, estableció el vínculo que se crea entre dos personas que entienden que ambos quieren que el producto salga en su mejor forma posible. Espero que lo de los cuadros de *La mujer perfecta* tenga también una consecuencia favorable.

18 DE FEBRERO DE 2011: EL ÚLTIMO DÍA

En menos de un mes saldrá al aire el capítulo final de *La mujer perfecta*. Ya está escrito y hoy se lo entregaron al elenco. Yo tengo que regresar mañana a mi casa. Mis alumnos me esperan. Cuadrar un semestre universitario en los Estados Unidos, que es una de las estructuras más rígidas y planificadas del mundo, con una de las culturas más cambiantes que existen —la producción de telenovelas en Venezuela— es un acto de magia que no siempre sale perfecto. Esta vez logré estar presente para la escritura del final de la novela, pero no para su grabación y transmisión.

Trato de hacer balance de las últimas dos semanas mientras subo hacia Venevisión para aprovechar la última tarde. Enfilo el carro hacia la entrada del estacionamiento principal. Hace varias telenovelas que no me estaciono en la calle. Ahora la oficina de producción autoriza mi acceso al estacionamiento, cosa que agradezco mucho. Eso me ayuda a ganar tiempo. También es significativamente más seguro, ya que la calle del canal es peligrosa a cualquier hora. De hecho, hace unos meses, una mañana no había puesto en el estacionamiento y me tuve que parar en la calle. Caminé desde allí hasta el canal y, a la altura de la quinta Miss Venezuela, frente a sus vigilantes, un motorizado se montó en la acera, me encañonó y me quitó mi Blackberry. No le interesó nada más, gracias a Dios. Ese día Caracas me dio un zarpazo, como hace con tantos, y pasé a ser parte del grupo de los que decimos «menos mal que solo fue eso», mientras nos tratamos de sacudir la impotencia y el temblor que nos queda en las piernas de pensar que pudimos pasar a ser parte de una estadística mucho peor.

Otro cambio positivo es que ahora tampoco tengo que cargar el distintivo de «VISITANTE». Al tener acceso al estacionamiento, me dan una calcomanía con el logo de Venevisión y me la pego de la ropa. Tampoco me quitan la cédula. Todo es más fácil y rápido.

Entro al ascensor y subo rumbo a la oficina de Carolina De Jacovo. Siempre empiezo allí, en el centro neurálgico de la producción, el lugar donde le puedo tomar la temperatura al proceso, sus estrategias y complicaciones. Una vez más, transito por la rampa negra. En estos años he visto cómo aparecen, desaparecen y reordenan los rostros que decoran sus paredes. Es una interesante representación de quién es importante y cuándo, de lo efímera que es eso que llaman la fama, y de lo impredecible y cambiante que es el escalafón –si es que eso existe– del talento que vemos en pantalla.

Mi tocaya me advierte que hay retraso en la pauta. Nada nuevo allí. Sé que ella está ocupada y le digo que voy a bajar de una vez. Que hoy es mi último día y tengo que aprovecharlo.

–Vas a subir a despedirte después, ¿no?

–¡Por supuesto!

En el ascensor tomo una decisión extraña en mí. En vez de irme a los camerinos a terminar algunas entrevistas, me voy al cafetín y me siento a pensar en las constantes de mi rutina de investigación y del proceso de producción. Pero también en lo que he aprendido y en las cosas que han cambiado. Decido hacer balance. Saco la libreta y comienzo una lista.

- Sé que «pauta a las 2 pm» significa (con suerte) empezar a grabar a las 3 pm También que los actores saben a qué hora entran a grabar, pero nunca a qué hora saldrán. Que saber esperar es tan importante como saber actuar (o investigar).

- Cada escena que vemos en televisión es un pequeño milagro que oculta el número de factores que se conjugan para que suceda y la cantidad de elementos que pueden salir mal.

- Las telenovelas son un trabajo en equipo. Escritores, actores, productores, directores y ejecutivos trabajan en el producto. Sin embargo, cada uno de ellos tiene un nivel de incomprensión significativo sobre las dificultades del trabajo que realizan los que no son miembros de su gremio.

- Aunque dentro de los estudios de grabación pareciera que el tiempo no ha pasado y que todo sigue igual, no es exactamente así.

- Elízabeth Cermeño ha ido ascendiendo. Ahora es productora de estudio. No dudo que pronto será productora general. Todavía le cuesta tutearme y sigue siendo mi ángel de la guarda.

- José Luis Zuleta se ha ido ganando el respeto de los actores, quienes lo piden cuando tienen escenas que son delicadas o complejas. Todavía lo recuerdo en *Ciudad Bendita*, haciendo su transición de actor a director, pendiente de cada movimiento y decisión de César Bolívar. Y es quizás eso justamente, que también es actor, lo que ha cementado su relación con los actores que ahora le toca dirigir.

- Paredes, el camarógrafo, ahora entrena y supervisa a otros más jóvenes. Sigue pendiente de que yo siempre tenga café y un lugar cómodo donde sentarme dentro del estudio.

- Ya no tengo que preguntar dónde me debo parar en las grabaciones para no molestar… a menos que estén trabajando con la grúa…

- Sé que no es ningún pecado probar la comida de utilería. Hace unos días, después de grabar todas las escenas de las Gómez en su cocina, me invitaron a comer el pabellón de utilería con ellas. Lo mejor de todo: ¡estaba rico!

- Después del día aquel en el que comenté lo de los cuadros similares en Infinito y el penthouse de Gala, el director de arte no me ha vuelto a dirigir la palabra y se ha limitado a responder mi saludo con fría educación. Hace unos días salieron unas escenas al aire que se suponía ocurrían en Bogotá y todos los vehículos tenían placas venezolanas.

- Todavía me da pudor decir cuándo me parece que algo no está bien en la producción. Pero he aprendido que cuando no es una pequeñez, debo hablar sin miedo. El público es implacable con los detalles de producción de las novelas de talante realista, como las que escribe Leonardo Padrón. También sé que cuando la producción no interpreta correctamente la intención del libreto, lo tergiversará sin remedio.

- Ahora sé que cada vez que se termina una telenovela y su estudio, hay un luto. Le ocurre al público, a los que trabajaron en la novela y a mí, que la estudié. Es inevitable que suceda después de convivir intensamente con todos ellos —personas y personajes— por tantos meses.

- Ya no me pierdo dentro del canal. Sé a dónde va cada ascensor.

Suena mi teléfono. Es Elízabeth avisándome que están listos para empezar en el estudio 5. Guardo el cuaderno y me paro. Terminaré la lista luego.

Cuatro horas después, estoy conversando animadamente afuera del estudio 2-3 con una de las inteligencias más agudas y divertidas que conozco: Ana María Simon. Ya le colgué el letrero de «Fin» a la fase de trabajo de campo de *La mujer perfecta*. Es hora de irme. Pero antes, debo subir a despedirme de Carolina. Ana María también tiene que ir para la oficina de producción. Conversando distraídas, caminamos hacia el ascensor del fondo, el que sube directo al piso de la oficina. Cuando lo tenemos enfrente, recordamos que no funciona hace meses.

—¡Qué caídas de la mata! ¡Si no ha funcionado desde que la novela empezó! Regresemos y subamos por el otro —digo, algo horrorizada de mi distracción.

—No, vale, ¡vamos por el de carga, Carito!

—*What?* ¿Y cuál es ese?

Ana María me lleva frente a una inmensa puerta metálica que está a unos pocos metros a la derecha y toca el botón. La puerta se abre inmediatamente y yo no puedo creer el tamaño del ascensor. Es una habitación grande. Toda gris. Entro con cierto miedo.

–¿Y tú cómo sabes de este ascensor, Ana?

–Es que aquí grabábamos Jean Carlo y yo las escenas de la cava en *Arroz con leche*[12].

Nos reímos a carcajadas mientras la inmensa puerta se cierra. Como una oruga, el gran cajón se arrastra con desesperante lentitud por la pared de concreto que veo pasar ante mis ojos. Finalmente se para. Pero no se abre. Carcajadas. Síntoma de la tónica en la que estamos. Ana María le da al botón de otro piso. El ascensor raspa la pared hacia abajo. Se para. ¡No se abre! Más carcajadas. Las mías, ya con un dejo de histeria. Decidimos regresar a la planta baja donde nos montamos. Le damos al botón otra vez. Se mueve. Llega y… ¡¡no se abre!! Ana María todavía se ríe. Yo ya no. Menos mal que este cajón es tan inmenso porque ¡yo soy claustrofóbica y estoy trancada en un ascensor! Me viene el recuerdo de aquella pesadilla recurrente en la cual no podía salir de Venevisión. ¡Y yo que hace unas horas me jactaba en mis notas de que ahora sabía a dónde va cada ascensor! Pues parece que en este no voy para ninguna parte…

Ana María toca otra vez el botón del piso al que vamos. El ascensor sube. Estoy perdiendo la paciencia con su lentitud e incapacidad de colaborar con nosotras. Por fin se para y ¡se abre! Pero, no está exactamente en el piso, el cual nos queda a la altura de la cintura. Sin pensarlo, tiramos las carteras para afuera al unísono y nos encaramamos (¿escapamos?) sin ninguna elegancia. ¡Menos mal que no hay testigos de semejante maniobra! Minutos después y ante los ojos atónitos de Carolina De Jacovo, entramos en su oficina llenas de polvo y ahogadas de la risa.

---

12 *Arroz con leche* fue una telenovela original de Doris Seguí en la cual Ana María Simon hizo pareja con Jean Carlo Simancas.

La pequeña aventura es un bálsamo para las despedidas. Por primera vez dejo el trabajo de campo sonreída. Ya me pondré nostálgica mañana en el avión. También terminaré la lista que empecé en el cafetín. Ahora es que le falta. Y a este caso de estudio también. Más allá de la palabra «FIN», los personajes y sus tramas siguen viviendo en mis análisis, ponencias y publicaciones. Así que a sonreír como si todavía tuviera polvo en el *bluejean* y a mantenerme bajo los efectos hilarantes de esa inesperada montaña rusa que resultó ser el ascensor de carga de Venevisión.

(Nota mental: anotar en mi cuaderno que este ascensor no va para ningún lado.)

LA DOÑA Y LA REINA

En la ecuación global de la telenovela Estados Unidos es un término importante. Tiene una de las mayores poblaciones latinas del mundo: 53.027.708[1] (Brown, 2014) y la telenovela es la espina dorsal de la televisión dirigida hacia ese grupo[2]. Miami es hoy un núcleo de poder tan clave en la industria mundial como lo son México, Brasil y Colombia. Desde esa ciudad dos gigantes –Univisión y Telemundo– se pelean con estrategias distintas por la preferencia de la inmensa y variada categoría demográfica llamada «hispanics/latinos», que ya en el año 2010 conformaba más del 16% de la población de los Estados Unidos (*U.S. Census Bureau-The Hispanic Population: 2010*, 2011).

Las tácticas de Telemundo y Univisión, y los resultados que obtienen, son reflejo de la composición demográfica por país de origen de los latinos en EEUU. Hay una indiscutible mayoría proveniente de México que constituye el 64% de esa población total latina. Los otros subgrupos demográficos notables son el oriundo de Puerto Rico (9,5%) y el proveniente de Cuba (3,6%). Los suramericanos constituimos solo el 3,8% de los latinos y los venezolanos prácticamente no

---

1   Algunas poblaciones para comparar: Brasil=203 millones de habitantes, México=113 millones, Colombia=44 millones, Argentina=41 millones y Venezuela=27 millones. Ver: Index Mundi. (2011). Recuperado Febrero 15, 2012, de http://www.indexmundi.com/.

2   Con frecuencia se plantea la pregunta de si los latinos de segunda y tercera generación ven televisión en español y si se acercan a las telenovelas. Se trató, inclusive, de hacer una televisión «estadounidense» en español con series, películas dobladas y *sitcoms*. Pero las telenovelas continúan siendo más vistas que esa televisión. Hoy en día dominan el *primetime* de los canales hispanos y se pueden ver con subtítulos en español y en inglés.

marcamos en el radar: somos apenas el 0,5% de los latinos de Estados Unidos (López, González-Barrera, & Cuddington, 2013). Por lo tanto, no es de extrañar que Univisión gane con una programación dirigida a la mayoría de ascendencia mexicana. Gran parte de sus telenovelas provienen de la poderosa cadena mexicana Televisa. De esta manera le dan a esa población oriunda de México más del biberón con el que se alimentaron desde niños en su país natal y que parece haber sido trasladado también a buena porción de los hijos y nietos de estos inmigrantes. Hasta principios del año 2015, Univisión también coproducía con Venevision Productions novelas tradicionales realizadas en Miami como *Eva Luna*, *El Talismán* y *Cosita linda*, con un elenco encabezado por al menos un actor o actriz del mercado mexicano. Por ahora es una pantalla tradicional rosa, mayormente importada y de buena factura en cuanto a valores de producción. Esto puede cambiar en los próximos años en la medida en que su principal competidor, Telemundo, logre robarle audiencia con otras fórmulas.

Por su parte, Telemundo compite con un menú más variado de estilos de telenovelas: rosa, de suspenso, de acción, narconovelas, algunas con elementos costumbristas y otras con toques de realismo mágico. En la grilla de programación de Telemundo se observa que cada horario está destinado a un estilo de telenovela. A las 8 pm, transmite una novela que tiende al modelo clásico «rosa»; a las 9 pm, coloca historias centradas en un personaje femenino fuerte, y a las 10 pm, transmite sus tramas más arriesgadas o transgresoras. Es una pantalla producida en Miami o en coproducción con Colombia y México[3]. Ante la sucesión de *remakes* provenientes de Televisa, (dueña de los derechos de las novelas de Delia Fiallo), que transmite Univisión, Telemundo produce y emite novelas donde algunas historias son originales, pero la mayoría son *remakes* de novelas chilenas

---

3 Hay coproducciones importantes que se salen del patrón de los acuerdos con Colombia y México. Por ejemplo, la versión de Telemundo de *El clon* con TV Globo de Brasil y la adaptación de *La Reina del Sur* en coproducción con Antena 3 de España.

y brasileñas, y adaptaciones de novelas literarias, series extranjeras y hasta de películas de Hollywood.

A pesar de ser la primera productora de contenidos en español en los Estados Unidos, a Telemundo le cuesta ganarle a Univisión y, generalmente, no lo logra. Solo cuando la novela que produce tiene un fuerte tinte mexicano, como en los casos de *La Reina del Sur, Una maid en Manhattan, El señor de los cielos* y *La patrona*, logra acercarse. Sin embargo, las telenovelas de Telemundo se venden muy bien alrededor del mundo[4]. En particular en Venezuela son la fórmula que le permitió a Televén ganarle finalmente a Venevisión, una vez que la competencia en señal abierta se redujo a estos dos canales luego del cierre de RCTV en mayo de 2007. Las telenovelas de Telemundo son epítomes de que eso que llamamos «la telenovela internacional»[5] y que muchos comentan que en Venezuela ya no sabemos hacer.

En los últimos años he visto con dedicación varias telenovelas de Telemundo. Las consumí con los ojos de mi identidad dual como estudiosa del género y miembro del público (Hills, 2007). Es una perspectiva híbrida que muchos académicos evitan exteriorizar por miedo a perder su legitimidad, pero que yo asumo con responsabilidad y bajo el *leitmotiv* de este libro que es la transparencia a través de la reflexión. En este capítulo coloco mi foco sobre dos de esas telenovelas: *Doña Bárbara* y *La Reina del Sur*. Al compartir mis lecturas y vivencias con ellas, no me sitúo en una posición de superioridad con respecto a la cultura popular y al resto de los consumidores de telenovelas, ni tampoco desdeño la marca que sobre mí han dejado años de estudio y análisis.

---

4   Telemundo es la segunda productora de contenido en español en el mundo, detrás de Televisa (medido en horas producidas). Sus novelas se ven en más de 100 países, se traducen en más de 26 idiomas y se subtitulan en más de 30 lenguajes. En: Stopello, R. (2012). Conversación con Carolina Acosta-Alzuru..

5   A lo largo del capítulo colocaré la «telenovela internacional» y/o «universal» entre comillas porque, a pesar de ser términos utilizados en la industria, su definición varía de persona a persona, con el único factor común de una percepción de que la novela tiene una historia que se vendería en cualquier parte. Son términos cuyo antónimo usual es la telenovela llamada «localista».

Estas dos telenovelas tienen puntos en común: ninguna es una historia original, ambas están escritas por venezolanos y tienen como centro a un personaje femenino fuerte. Estas novelas, concebidas para el público latino de Estados Unidos, pero con la mirada puesta en las ventas internacionales, también nos dan claves sobre la trenza entre medios de comunicación, cultura y sociedad, cuando los dos últimos términos no están claramente definidos: ¿Se puede hablar de una cultura «latina/hispana» en Estados Unidos? ¿En qué se parece la cultura de los latinos en California a la de los que viven en Nueva York o en Miami? ¿Qué culturas y sociedades están representadas en estas telenovelas? ¿Qué tipo de identidades construyen? ¿Dónde ocurren sus historias? ¿Qué temas tocan? ¿Cuán aferradas están a los códigos tradicionales del género?

DOÑA BÁRBARA

«En vez de una guaricha, es más bien una valkiria», me dijo Valentina Párraga[6] un día en Caracas anunciándome que la rubia actriz mexicana Edith González había sido seleccionada para el rol protagónico de *Doña Bárbara*, la telenovela que Párraga escribía para Telemundo basada en ese hito de la literatura venezolana que es la novela homónima de Rómulo Gallegos. Un par de meses después, cuando la telenovela salió al aire yo comencé a sufrir un fuerte caso de disonancia entre la Doña Bárbara que vivía en mi mente desde que leí la obra de Gallegos en mi adolescencia y la que tenía ante mis ojos en la pantalla.

Siempre hay algo de distancia entre eso que Walter Lippmann llamó la «imagen en nuestra cabeza» (1991), producto de la lectura de un libro o de las noticias, y la imagen que está ante nuestros ojos, bien sea en la realidad, en el cine o la televisión. Negociar entre ambas imágenes hasta que aceptamos o no la que está frente a nosotros es

---

6   Semanas atrás al concertar vía correo electrónico una entrevista con Valentina Párraga, descubrimos que somos familia. Mi papá era primo segundo del padre de Valentina. Fue un descubrimiento que nos divirtió mucho y creó un lazo entre nosotras cuando apenas comenzábamos a conocernos.

un proceso por el que todos hemos pasado alguna vez. Viendo *Doña Bárbara* yo tuve dificultad con esa negociación. Y eso no era un reflejo del innegable talento de Edith González, ni de la manera como estaba escrito el personaje. Era, estrictamente, una aguda y compleja discrepancia entre mi Doña Bárbara y la de la televisión.

Dicen que las venezolanas llevamos una Doña Bárbara en nuestro corazón. La mujer que estaba ante mis ojos no era esa, ni era la «imagen en mi cabeza», la que había llegado allí la primera vez que leí la novela de Gallegos en el colegio y que había crecido conmigo. Y, a pesar de que a Edith González le tiñeron el cabello color chocolate y le inventaron un padre francés para justificar sus ojos claros y no tener que ponerle lentes de contacto, y aunque en la telenovela se había mantenido la esencia de cómo Barbarita se transformó en «la devoradora de hombres», para mí Bárbara-Edith no era Doña Bárbara. Y no es que yo no hubiera estado expuesta a otras personificaciones de la «Doña», inclusive mexicanas, como la legendaria María Félix (1943)[7]. En su caso y en el de Marina Baura, maquillada para que pareciera una mulata, en la versión escrita por Cabrujas y Garmendia (1974), yo había logrado negociar y asimilarlas como Bárbara y situarlas en el llano venezolano. Pero es que Edith González no era esa mujer proveniente de las entrañas de mi país ganadero. No se acercaba. Demasiado claros sus ojos, demasiado pálida su piel, demasiado delicada su figura, demasiado refinada su manera de vestir. Lo mío parecía un claro asunto de fenotipo.

Pronto me di cuenta de que la trama tampoco ocurría en el llano venezolano. El río se llamaba Arauca, sí, pero el lugar era un llano genérico con un pueblo genérico en un país genérico que tenía una ciudad a la que el generador de caracteres identificaba como «la capital». En esos ambientes, y en una época difícil de definir con precisión porque la hicieron indefinida[8], convivían los personajes de Gallegos

---

7   Una película anterior a mi nacimiento, pero que era transmitida con cierta regularidad en la televisión.

8   Visualmente, la novela era hermosa y de magnífica factura. Pero, la indefinición de la época en la que ocurría generaba inconsistencias importantes de utilería y producción. Esto, reconozco, hacía «ruido» en mi lectura.

con muchos otros, producto de la mente de Valentina Párraga y sus escritores. Eran absolutamente necesarios. Después de todo, la escritora enfrentaba la nada envidiable tarea de convertir una novela de unas 400 páginas, que no es particularmente romántica ni generadora de acción, en 130 horas de telenovela, que terminaron siendo 191.

La vi completa. Poco a poco sus personajes y tramas, incluyendo a Bárbara, comenzaron a ocupar un espacio en mi mente y en mi corazón. No era que se superponían a la versión que siempre había estado allí, sustituyéndola. Más bien comenzaron a coexistir al lado de ella. La telenovela *Doña Bárbara* era un cuento paralelo que se parecía al de Gallegos, pero no era el de Gallegos. Aquí la Doña tenía acento mexicano, Santos Luzardo lo tenía peruano y el acento de Marisela era la más fiel metáfora de la novela «internacional»: un híbrido entre cubano, colombiano, mexicano y venezolano que se puede calificar como «mayamero». No eran acentos fuertes, todos estaban suavizados en un intento de hacerlos sonar tan genéricos como el llano y la época en los que ocurría la historia. Es parte del código «universal» de la telenovela «internacional»: el acento «neutro» que no logra serlo.

Edith González y Valentina Párraga lograron una protagonista-antagonista excepcional. No era «mi Doña Bárbara», pero era, sin duda, un gran personaje. Fuerte, con una femineidad particular y definitivamente sexy, esta Doña conocía y ejercía la crueldad y el ardor con la misma intensidad. Que sus contradicciones tuvieran dos claras razones —la violación sufrida de adolescente y su pasión por Santos Luzardo— la humanizaban ante mis ojos y hacían digeribles sus paradojas.

Había un química brutal entre Bárbara y Santos. Ellos y Marisela, más que estar envueltos en la toma de poder entre la barbarie y la civilización que ha sido la lectura tradicional de la novela de Gallegos, eran un triángulo madre-hija-hombre fenomenal. Un gran ejemplar de una de las fórmulas más exitosas del género de la telenovela. Al enfrentar a la pareja amorosa con una de las relaciones más sagradas —madre e hija—, la tensión dramática era continua e intensa. Además, ese triángulo contaba realmente tres historias de amor y desamor. En este caso: Bárbara-Santos, Marisela-Santos y Bárbara-Marisela.

El triángulo caló tanto que el público se polarizó entre los dos personajes femeninos. En la web hubo una batalla campal entre los grupos autodenominados las Barbaritas y las Mariselitas. Cada bando clamaba apasionadamente porque Santos se quedara con quien el grupo consideraba su heroína (Telemundo, 2009). Y en la fragua, cuando no ocurría el acercamiento que deseaban entre su favorita y el protagonista, estos televidentes volcaban su frustración sobre la escritora acusándola, entre otras cosas, de traicionar o no entender la obra de Gallegos.

El capítulo final utilizó las herramientas propias del género de la telenovela para justificar la resolución de las tramas y recordarnos por qué el final nos debe importar tanto: *flashbacks*, elipsis de tiempo, personajes hablando directo a la cámara y eventos especiales, como la boda de Pajarote y Genoveva. Santos y Marisela hicieron una familia y tuvieron una bebé con la mirada de Bárbara, cuyo nacimiento trajo de regreso a ese signo asociado con la Doña: los rebullones. La imagen final fue la que yo esperaba: un bongo, el Arauca hacia el infinito, y Doña Bárbara y sus muertos más queridos. Es una Bárbara redimida por una nueva vida más luminosa y por sacrificarse, finalmente, por la felicidad de su hija.

La palabra «FIN», sin embargo, no trajo un cese de hostilidades en foros y páginas web. Al contrario, la tormenta arreció y hubo comentarios agresivos sobre el final. Las «Barbaritas» estaban enfurecidas porque Santos y Marisela quedaron juntos. Pero las «Mariselitas» estaban fuera de sí ante el final de Bárbara, al que veían como una suerte de glorificación de «una psicópata» (Carmencita, 2009).

Por su parte, Valentina Párraga me escribió una carta reflexionando sobre el complejo proceso de escritura de *Doña Bárbara* y el furor que se había desatado en la web por la novela:

[…] Aunque la obra original apenas bordeaba el triangulo madre-hija-galán, ese solo atisbo me sirvió para la historia que debía recrear… Al fin y al cabo había precedentes exitosos: escritores como los venezolanos Cabrujas,

César Miguel Rondón y Leonardo Padrón en novelas como *Señora*, *Kaína* y *Ciudad Bendita* habían usado el *plot*. También en novelas como la brasileña *Lazos de familia* y la colombiana *Sin tetas no hay paraíso*… En todas ellas la mecánica del triangulo había funcionado con un gran suceso… […]

Lo que nunca medí fue la inmensa simpatía que iba a levantar la historia de amor de la trágica Doña con Santos, producto del carisma de la maravillosa pareja de Edith y Christian. Una gran cantidad de público comenzó a pedir contra toda lógica que ellos quedaran juntos. Querían una mágica transformación moral y espiritual en el carácter de la Doña para hacerla digna de ese amor… Mientras tanto… otro sector del público se identificó con Marisela-Génesis, se llamaron a sí mismas las «Mariselitas» y detestaron la relación Bárbara-Santos, al que calificaron de pelele por hacer sufrir a la chiquilla… A medida que fue transcurriendo el drama, las «Barbaritas» calificaron a Santos de traidor cuando este dejó a la Doña al entender que el objeto de su amor era una asesina sin posibilidades de redención. No le perdonaron al protagonista su viraje hacia la hija. Sí, lo confieso, me metí en un tremendo lío, porque al final Bárbara, Santos y Marisela resultaron inmersos en un triangulo eternamente complejo en el amor y en el odio. Tan fuerte y pasional como lo sería en la vida real. Una vez mas se cumplió el adagio: *Traduttore-traditore* es este caso *adaptadora-traidora*. […]

En efecto, por internet se me ha acusado de traicionar la obra original. Se me ha llamado inmoral, desagradable, loca y otras lindezas… Bien. Vale. El público tiene todo el derecho de estar en desacuerdo… Pero me asombra que los foristas pasen tanto tiempo de su vida protestando para defender el purismo de una obra de 450 páginas convertida en una telenovela de 7.420 páginas… cuando tenían en las manos el arma contra todo ese desagrado… el control remoto. Podían apagar la TV… o cambiar de canal, punto. Si esa deserción hubiera ocurrido en masa… te aseguro que yo no hubiera seguido por tanto tiempo «cometiendo desafueros» contra el clásico… y los ejecutivos hubieran salido de mí. Cosa que no ocurrió.

[…]

Pero pese a todo esto, o mejor dicho, gracias a ello, *Doña Bárbara* fue una maravillosa e irrepetible experiencia… este año y medio de intensa convi-

vencia con mi monstruosa y amada Doña me enseñó más sobre el melodrama de lo que he aprendido en tantos años de experiencia en TV… […]
agradezco a ese público que se emociona, ama y odia con la misma intensidad que la obra que los inspiraba. […] Especialmente a los que me odian,
pero que siguieron fieles a la historia que tanto los mortificaba. Yo prefiero
pensar que en alguna masoquista medida, disfrutaban viendo la novela tanto
como yo al escribirla. Solo puedo justificar mi sadismo diciéndoles que creo
en la catarsis tal y como la entendían los griegos: esas lágrimas y esa rabia que
vertieron durante tantos meses por unos personajes imaginarios son muy
sanadoras para el alma cuando entendemos que nuestra vida real es mucho
más sana y más feliz… Y es entonces cuando sonreímos livianos de carga.
Así al menos me pasó con ese último y triste capítulo final… Lloré tanto al
escribirlo… porque me fue imposible hacer un *happy ending*… Ni siquiera
para la pareja triunfal… Sí, Marisela y Santos se amaban, y serían felices
de vez en cuando. Pero los recuerdos de esa mujer única los perseguirían a
través de los ojos y el corazón salvaje de esa bebé por quien los rebullones
habían vuelto al Arauca. Y ella, la trágica guaricha… tenía que morir sola
como tantas veces le fue vaticinado, para que su alma indomable se perdiera
en las vastas regiones de esa Latinoamérica tan amada por el maestro. Puse
la palabra «fin»… y después de un buen rato al fin sonreí… porque entendí
que los escritores somos unos dioses menores y crueles a quienes nos encanta cegar a los héroes a los que queremos perder, solo para que puedan
vivir como leyendas en el corazón del resto de los mortales (Párraga, 2009).

Publiqué la carta en mi blog con el permiso de Valentina, generando
gran número de comentarios, extensos y de todo tenor (Acosta-Alzuru,
2009). Una vez más comprobé que, en lo que a telenovelas se refiere,
el consenso es una quimera. Y que una de las razones por las cuales es
imposible predecir con certeza cómo será la recepción de una telenovela
es que el consumo de este género es profundamente emocional.

Meses después, Televén comenzó a transmitir *Doña Bárbara* en
Venezuela. No hubo confrontación en el público respecto al triángulo
principal. Y, para mi sorpresa, casi no hubo comentarios en la prensa

y en los foros alusivos a la selección de Edith González como Bárbara, ni se planteó la comparación entre la obra de Gallegos y la telenovela. Todo eso sucedió fuera de las fronteras venezolanas, en el ámbito de la telenovela «internacional». Y en mi cabeza.

LA REINA DEL SUR

> Voy a cantar un corrido, escuchen muy bien mis compas,
> para la Reina del Sur, traficante muy famosa.
> Nacida allá en Sinaloa, la tía Teresa Mendoza.
> Los Tigres del Norte

No me gustan los corridos mexicanos. Pero tampoco es que soy como el narrador en *La Reina del Sur* de Arturo Pérez-Reverte que comienza diciendo «siempre creí que los narcocorridos mejicanos eran solo canciones, y que *El conde de Montecristo* era solo una novela» (Pérez-Reverte, 2002, p. 13). Yo estudio telenovelas. Sé bien que la novela de Alejandro Dumas es una de esas historias eternas y arquetípicas que reaparecen aquí y allá. También que los corridos conforman un género musical épico–narrativo que ha generado un respetable cuerpo de literatura académica (Castañeda, 1943; Vicente T. Mendoza, 1985; Vicente T. Mendoza, 1997; Raat & Beezley, 1986). No obstante, repito, no me gustan los corridos. Ni siquiera me llaman la atención. En el año 2011, sin embargo, el corrido *La Reina del Sur* se me metió adentro, lo cargué en mi iPod y me lo aprendí de memoria. Fue solo uno de los síntomas de que la telenovela donde lo escuchaba a diario me había enganchado totalmente.

Yo había disfrutado leer *La Reina del Sur* de Pérez-Reverte. Tiene una gran protagonista y está cargada de acción y de escenarios interesantes. Es una novela muy cinematográfica, como me hizo caer en cuenta el director venezolano Luis Alberto Lamata. De hecho, en el año 2008, la historia parecía caminar con paso firme hacia su versión fílmica, dirigida por Jonathan Jakubowicz y con Eva Mendes en el rol protagónico de Teresa Mendoza, la mexicana (Goldstein, 2008; Munín González, 2008). Sin embargo, en el 2009 supe que Telemundo había firmado con Pérez-Reverte para llevar la novela a la televisión y, al poco tiempo, Jakubowicz declaraba que había decidido no hacer la película «como consecuencia de la situación de violencia que impera en algunos puntos de México» («Jonathan Jakubowicz no quiere llevar al cine *La Reina del Sur*», 2009). De Telemundo viajaron a España Roberto Stopello y Valentina Párraga a presentarle a Pérez-Reverte la visión que tenían sobre la adaptación de su obra. Por mi parte, decidí volver a leer la novela, esta vez con ojos analíticos y una pregunta: ¿Cómo funcionaría *La Reina del Sur* como telenovela?

El asunto no era sencillo. Teresa Mendoza, quien se transforma de inocente muchacha en mujer poderosa y multimillonaria, no es precisamente «Simplemente María». Esta *prota* es una narcotraficante que bebe tequila, se mete de vez en cuando sus pases de cocaína y fuma cigarrillos aliñados con hachís. Para complicar las cosas aún más, no tiene una, sino tres historias de amor. Algunos dirán que cuatro. Todas turbulentas y sin final feliz. Ah… y su mejor amiga y socia es una bisexual drogadicta con quien se da un significativo beso en algún momento de la trama. ¿cómo leería el público latino de Estados Unidos, mayormente mexicano y bastante tradicional, a Teresa, la mexicana dentro del género de la telenovela?

Otro posible bemol eran las exigencias de la historia a nivel de producción y dirección. Culiacán, Málaga, Melilla, Gibraltar y Marbella son solo algunas de las ciudades de los tres continentes donde se desarrollan los acontecimientos. Entre las muchas secuencias de acción de la novela hay varias emocionantes cacerías nocturnas de planeadoras transportando droga en el estrecho de Gibraltar:

> Teresa se situó otra vez detrás de Santiago, las manos en sus hombros para prevenirlo sobre los movimientos del helicóptero y la turbolancha, derecha e izquierda, cerca y lejos; y cuando le sacudió cuatro veces el hombro

izquierdo porque la pinche Hachejota era ya un muro siniestro que se abalanzaba sobre ellos, Santiago levantó el pie del pedal para quitarle de golpe cuatrocientas vueltas al motor, bajó el *power trim* con la mano derecha, metió todo el volante a la banda de babor, y la Phantom, entre la nube de su propio aguaje, describió una curva cerrada, padrísima, que cortó la estela de la turbolancha aduanera, dejándola un poco atrás en la maniobra. Teresa sintió deseos de reír. Órale. (Pérez-Reverte, 2002, pp. 185-186.)

Una de estas persecuciones termina en un accidente terrible y espectacular en el que muere el segundo amor de Teresa, y mi favorito, el gallego Santiago Fisterra. Me preguntaba si Telemundo contaría con el necesario músculo presupuestario y el equipo técnico para que la producción no le restara credibilidad, acción y vistosidad a la historia.

También pensaba en el elenco. La novela tiene personajes mexicanos, españoles, marroquíes y hasta un ruso. Todos estupendos en el libro. ¿Quiénes los personificarían? ¿Me parecerían reales cuando los viera? Y, después de mi experiencia con Doña Bárbara, la pregunta que más me inquietaba era: ¿quién haría de Teresa Mendoza?

Esta vez no hubo disonancia. Kate del Castillo era «mi Teresa». No solo en fenotipo, sino también en su personificación de las aristas del personaje. Del Castillo logró los matices y todas las transiciones de «la mexicana» con igual aplomo y una alta dosis de verdad. El resto del elenco, salvo las inevitables excepciones, estuvo bien escogido e incluía a actores de varias nacionalidades. Y, muy importante, al contar también con el primer actor mexicano Humberto Zurita como el villano Epifanio Vargas, la novela tenía en él y Kate del Castillo dos puntas de lanza con suficiente cartel para que fuera atractiva para esa mayoría de origen mexicano que determina el *rating* de los canales hispanos en Estados Unidos.

Para mí era particularmente importante el *casting* de aquellos personajes más cercanos a Teresa: Su socia Pati O'Farrell, el ruso Oleg Yasikov, el fiel gatillero Pote Gálvez y, por supuesto, Santiago Fisterra. Todos me gustaron. No tuve mayores quejas como espectadora. Volví a amar a Santiago como cuando lo leí, y, una vez más, sufrí su muerte y me volví a molestar con Pérez-Reverte por matarlo. Pero el consumo de textos mediáticos pasa siempre por el filtro de la identidad –de la propia y de la que el personaje crea–. Así que aunque el actor español Iván Sánchez era «mi Santiago», sonreí cuando leí la lectura de la página española de telenovelas, Todotnv, sobre la selección del actor:

> No entiendo cómo no han buscado un actor con acento gallego, le llaman el gallego y tiene un acento castizo que te matas. ¿No hay actores gallegos para el papel? (C., 2011).

Yo, por supuesto, no notaba la diferencia.

De lo que sí me daba cuenta era que algunos personajes doblaban sus parlamentos. Supongo que no lograban dar con el acento español o mexicano con la naturalidad y calidad necesarias. Era un recordatorio de que aun en la telenovela más cuidada y costosa, la imperfección es endémica.

El presupuesto de esta *Reina* fue 2,5 veces el de otras novelas de Telemundo (Stopello, 2012) y casi el quíntuple del de las telenovelas venezolanas recientes. Eso se notaba en la calidad de la producción, en el predominio de los exteriores[9] y en los alardes de dirección de las escenas de acción. En particular, las de las persecuciones marítimas, que se hicieron en el propio estrecho de Gibraltar con el apoyo del piloto de helicópteros Javier Collado, con quien Pérez-Reverte había vivido «muchas noches de caza nocturna persiguiendo planeadoras en el estrecho» (Pérez-Reverte, 2002, p. 523). Las grabaciones de estudio se hicieron en Colombia y hubo filmación en exteriores en la misma Colombia, México y España.

En la escritura también se veía el presupuesto. Después de años observando cómo los escritores que trabajan en Venezuela lo hacen con dos camisas de fuerza puestas –la Ley Resorte y las limitaciones de

---

9   De principio a fin la novela mantuvo una proporción 90%-10% de exteriores-estudio. Lo usual en las telenovelas de Telemundo es que comiencen con una proporción 70%-30% y terminen con esos números invertidos: 30%-70%.

producción–, yo sentía la libertad de las plumas que escribían *La Reina*. Eso no significa que la adaptación no fuera un gran reto. Pero, al menos, podían escribir con la soltura de saber que no tenían que escatimar en exteriores, ni en realismo. También contaron con otra ventaja: la longitud de la serie sería la mitad o menos de otras telenovelas: 63 capítulos. Eso la hizo no tener baches en cuanto al movimiento de la trama, ni estiramientos, producto de su éxito o de las condiciones de producción de la novela que la sustituiría. *La Reina del Sur* es una telenovela trepidante, donde pasan cosas todo el tiempo. Y ese es el sueño de todo el que escribe en este complejo género de consumo masivo.

Todo esto fue posible gracias a un convenio entre Telemundo, Antena 3 de España y RTI Colombia que reunió presupuestos y el talento a nivel actoral, de dirección y de producción que la novela requería. El acuerdo incluía hacer dos ediciones finales del material: una telenovela de 63 capítulos que se transmitiría a diario en Estados Unidos (Telemundo, 2011) y una serie de 13 episodios a ser transmitidos una vez a la semana en España (Antena 3, 2011). Era empaquetar el material de dos maneras distintas para dos públicos disímiles cuyas expectativas sobre la adaptación televisiva eran significativamente diferentes. En otras palabras, utilizar lo grabado bajo dos códigos distintos tanto de formato como de recepción. Hacer esto no es sencillo. Hay otras consideraciones más allá de la edición. Por ejemplo, el lenguaje. ¿Habría que adaptar el de los personajes de Pérez–Reverte para el público latino de Estados Unidos? Y, si así fuere, ¿lo aceptaría el público español?

La Reina del Sur, la telenovela, fue un éxito tanto en Estados Unidos, donde le dio a Telemundo sus mejores números hasta ese momento[10] (Gorman, 2011), como en la mayoría de los países en los que se vendió

---

10 Posteriormente la novela ha sido retransmitida dos veces más en Estados Unidos con resultados positivos para Telemundo. En su segunda retransmisión obtuvo el segundo lugar a nivel nacional en el «Stickiness Index», un agregado de las mediciones de audiencia tradicionales y de la actividad en las redes sociales relacionadas a la transmisión del programa. Ver: Rentrak. (2014). *Rentrak Reports TV Viewing Engagement & Broadcast/Cable Telecasts' Social Media Metrics for Week Ending Feb. 16, 2014.*

como telenovela. En muchos de ellos generó la controversia de si era una apología al narcotráfico y a la violencia, o si más bien era una reflexión al respecto. Pero no hubo indiferencia en el público hacia ella. Todo lo contrario (Aguirregomezcorta, 2011; Cueva, 2011; «La Reina del Sur», 2011; ‹La Tayson› no tumbó a ‹Reina del Sur›», 2012). Gracias a la telenovela, la novela de Pérez-Reverte se convirtió en el libro de ficción en idioma español más vendido en Estados Unidos en febrero-marzo de 2011. Alfaguara, inclusive, sacó una edición nueva con el afiche de la novela como portada (Alfaguara, 2011). Oficialmente Teresa Mendoza, la de Telemundo, era ahora *La Reina del Sur*.

En España, a pesar de lograr buenos números, la reacción al primer capítulo de la serie fue menos auspiciosa. Hubo críticas al nivel técnico y al elenco. Algunas tenían un dejo de superioridad europea:

> En primer lugar, la primera parte centrada en México. Parece que el hecho de ser una coproducción ha significado el reparto del trabajo y el equipo que ha rodado en América no ha sido el mismo que lo ha hecho en España. Es la única explicación que se me ocurre después de ver esos minutos en el que en ocasiones el sonido era lamentable y **la banda sonora solo servía para tapar parte de los diálogos**. Pero también el montaje y las transiciones entre los planos nos dejaba con el pensamiento de que la ficción contaba con una realización de dudosa calidad.
>
> Todo ello unido al inevitable acento de sus protagonistas (que me perdonen pero había expresiones que ni entendía), hizo que los temores se volvieran realidad. Estábamos ante una novela más que bien podría haberse emitido en la tarde de Nova. **¿Nos habían dado gato por liebre?** (énfasis en el original, Díaz, 2011).

Otros comentarios, la mayoría, dejaban ver que al ser escrita como telenovela, su edición como serie no había sido afortunada. Tenía demasiados vacíos e hilos sueltos. La recepción no había gozado de mejor suerte. Veintidós años después de que España se obsesionara, para su propio asombro, con la telenovela venezolana *Cristal*[11], la serie *La Reina del Sur* no logró sacudirse la etiqueta y el estigma de «culebrón». Un indicativo del papel determinante que juegan los códigos del género en la lectura de los contenidos mediáticos de entretenimiento. En general, editar y volver a empaquetar esos contenidos no es suficiente para cambiar los lentes a través de los cuales el público los asimila.

El más vocal de los críticos de la serie transmitida en España fue el propio Pérez-Reverte, quien escribió una serie de tuits manifestando su disgusto y rechazo hacia el producto emitido por Antena 3:

> La versión española, reducida de corta y pega, ha sido un disparate infumable. Y me sorprende que haya tenido una audiencia de espectadores más que razonable.
>
> Un culebrón clásico con los topicazos del género, para 63 capítulos, no puede presentarse como serie de *prime time* y supuesta alta calidad.
>
> Eso es un fraude a los telespectadores y a la obra misma. No digo a la novela, sino al culebrón original mismo.
>
> Si contar errores y detalles que en América dan igual, pero que en España chirrían y enfurecen. Ignorancias, tergiversaciones, acentos, etc.
>
> Resumiendo: la versión española ha sido una bazofia como el sombrero de un picador (@perezreverte, 2011b).

Los comentarios del escritor no se limitaron a la serie, también tocaron a la telenovela en general como género televisivo, mostrando un cierto desdén:

> Otra cosa es la versión americana: culebrón largo, canónico, con las limitaciones, defectos, virtudes y eficacias de un género allí clásico.

---

11 *Cristal* se emitió en España en 1989-90 alcanzando una audiencia de más de 8 millones de espectadores y logrando que un mercado tradicionalmente arisco con las telenovelas se convirtiera en uno de los importadores más significativos del género en los años 90, ver: Amado, M. I. (1992, Octubre 25). La audiencia de todas las telenovelas es similar a la de '*Cristal*' hace dos años. *El País*. Recuperado de http://elpais.com/diario/1992/10/25/radiotv/719967601_850215.html, Vicente, I. (1993, Mayo 3). El secreto de los «culebrones». *El País*. Recuperado de http://elpais.com/diario/1993/05/03/radiotv/736380001_850215.html.

El culebrón allí es lo que es. Su público, amplio, diverso, a veces de cultura limitada. Hacerle llegar algo requiere tratamientos elementales.

Allí da igual cómo vaya vestido un guardia civil, la honradez de un policía o la casa de un mafioso ruso en Marbella.

En un culebrón americano todo es (debe ser, por canon) más burdo, elemental y eficaz. Son las reglas del género. De siempre.

En ese sentido, *La Reina* en versión completa, americana, es un culebrón perfecto.

Extraordinariamente eficaz pese a sus muchísimas limitaciones y errores inevitables.

Además, ha impulsado de nuevo allí la lectura de la novela. Y lleva la historia de *La Reina del Sur* a gente que jamás leería nada (@perezreverte, 2011b).

Ese menosprecio hacia las telenovelas y su público ya lo había manifestado Pérez-Reverte previamente y con menos elegancia. Tres meses atrás, defendiendo su decisión de dar los derechos de su novela a Telemundo, había escrito en Twitter:

Imaginen lo que supone un culebrón en la vida de una pobre mujer analfabeta de un pueblito de Bolivia o de Venezuela.

Que me «lea» en imágenes doña María, señora iletrada de un pueblecito colombiano. Aunque no sepa quién soy yo.

Recordando siempre de qué hablamos. Dónde se ha hecho y para qué público está destinada originalmente (@perezreverte, 2011a).

Más allá del evidente subtexto en las palabras del escritor español, de las costuras culturales que se asoman en ellas y del estigma de «melodrama sudaca» que exudaron los comentarios de la serie en España, se me imponía una pregunta: ¿Es *La Reina del Sur* de Telemundo una telenovela?

Para mí sí lo es. Al ser transmitida a diario y tener 63 capítulos, es fácil decodificarla como una telenovela corta. Tiene un personaje central femenino que no es una heroína tradicional, pero que tiene sus historias de amor entrelazadas con el contexto del narcotráfico. Esas historias de amor no están montadas sobre la estructura clásica del triángulo. Pero sí tienen la tradicional serie de impedimentos y el despliegue de pasión y romance que la telenovela requiere. Algunos de los obstáculos son tan graves que acaban con la posibilidad del amor. Teresa Mendoza es una mujer irremediablemente sola. Ella lo sabe desde el primer momento cuando suena el celular anunciándole que han matado al Güero Dávila, su primer amor. Y la soledad como destino genera mucha tela a ser confeccionada en el telar de los sentimientos y el melodrama.

El final de *La Reina del Sur* tampoco es clásico. Pero para mí sí tuvo el elemento de eternidad y trascendencia de todo final de telenovela. Esa cualidad que hace que después del «FIN» los protagonistas sigan habitando en nuestro imaginario personal y social. También, hay que decirlo, se ajustó al libro:

> De Teresa Mendoza nunca más se supo. Hay quien asegura que cambió de identidad y de rostro, y que vive en los Estados Unidos. Florida, dicen. O California. Otros afirman que regresó a Europa, con su hija, o hijo, si es que llegó a tenerlo. Se habla de París, Mallorca, Toscana; pero en realidad nadie sabe nada (Pérez-Reverte, 2002, p. 522).

En la pantalla de Telemundo, Teresa termina sola, embarazada con el hijo de su último amor, Teo Alfaraje, el que la traicionó y a quien ella mandó a matar. «La mexicana» está en un lugar no identificado y sereno, rodeada de agua. En su rostro, por primera vez en 63 capítulos, vemos algo parecido a la paz.

Hay personajes que nacieron para estar en un corrido mexicano. Y Pérez-Reverte lo sabe bien. Después de todo, fue el corrido *Camelia la Texana*[12] (*contrabando y traición*) el que le plantó la semilla de la historia de su *Reina* («*La Reina del Sur*-Entrevista Pérez-Reverte», 2002). Y

---

12 En febrero de 2014 Telemundo estrena la telenovela *Camelia, la Texana*, basada en ese corrido de Los Tigres del Norte. La telenovela no tuvo éxito.

es con el deseo (¿o la seguridad?) de que Teresa se convierta en corrido como termina su novela:

> El mío iba a ser, qué remedio, un corrido de papel impreso y más de quinientas páginas. Cada uno hace lo que puede. Pero tenía la certeza de que en cualquier sitio, cerca de allí, alguien estaría componiendo ya la canción que pronto iba a rodar por Sinaloa y todo México, cantada por los Tigres o los Tucanes, o algún otro grupo de leyenda. [...] La historia de la Reina del Sur. El corrido de Teresa Mendoza (Pérez-Reverte, 2002, p. 522).

Ese, que una telenovela me inoculó en el año 2011:

> *Era la reina del sur*
> *Allá en su tierra natal*
> *Teresa la mexicana, del otro lado del mar*
> *Una mujer muy valiente, que no la van a olvidar.*
> (Los Tigres del Norte)

QUERIDA MICAELA

Playa Azul, 14 de junio de 2011

Micaela Gómez
Telenovela *La mujer perfecta*
Caracas, Venezuela

Querida Micaela:

Sé que suena raro, escandaloso inclusive, pero yo presencié el momento de tu concepción.

Fuiste una hija buscada y planificada cuidadosamente. Y así como hay personas que toman hierro y ácido fólico preparándose para un posible embarazo, Leonardo Padrón, quien es tu papá y tu mamá, se nutrió de toda la información posible sobre el autismo y el síndrome de Asperger antes de traerte al mundo.

Y yo con él.

No sé si te acuerdas de mí. Nos conocimos hace algún tiempo en el estudio 3 de Venevisión. Me llamo Carolina Acosta y tengo muchos años estudiando las novelas de Leonardo. Cuando él te iba a concebir, me permitió que lo acompañara en su proceso creativo como si fuera su propia sombra. Una sombra con quien pensaba en voz alta. Una sombra que estaba teniendo el privilegio que todo investigador cualitativo desea: caminar en los zapatos de su objeto de estudio.

Así que Leonardo y yo leímos material científico para aprender lo que se sabe y no se sabe sobre Asperger y autismo. Recordamos una novela de Mark Haddon que habíamos leído un par de años atrás, *El curioso incidente del perro a medianoche,* y nos dimos cuenta de que el protagonista *tenía* que tener Asperger, aunque en la historia jamás nos dieran una explicación de por qué ese niño procesaba la realidad de esa manera tan particular[1]. Releímos la novela bajo esa nueva luz. Nos empezamos a tropezar con el tema por todas partes. Nos llenamos de libros[2], cine[3] y televisión[4]. Y empezamos a manejar el vocabulario y las diferencias entre los «NT=neurotípicos», como nosotros, y los «Aspies», como tú.

Armado con un mes de investigación y de conversaciones conmigo, en febrero de 2010, Leonardo entrevistó a la Dra. Lilian Negrón de Sovenia[5] y conversó con personas que son Asperger. Ellos compartieron su ADN contigo y, por lo tanto, son parte de tu familia y uno de tus soportes más importantes, querida Micaela.

Quizás te estés preguntando el porqué de tanta investigación previa a tu concepción. Después de todo, ¿no y que las telenovelas son siempre la misma historia? ¿No se han escrito ya decenas de protagonistas de telenovelas que tienen algún problema físico que se cura antes del final feliz?

---

1   A pesar de que Mark Haddon ha dicho en repetidas oportunidades que no se considera un experto en el tema y que su novela fue escrita con la única intención de mostrar el mundo desde el punto de vista de un *«outsider»*, reconoce que no es sorpresivo para él recibir frecuentes invitaciones para que hable sobre autismo y Asperger. Ver: Haddon, M. (2009, Julio 16, 2009). Asperger's & autism Recuperado Junio 1, 2011, de http://www.markhaddon.com/aspergers-and-autism.

2   Autobiografías de personas con autismo: Grandin, T., & Scariano, M. M. (1986). *Emergence: Labeled Autistic.* Novato, CA: Arena. Grandin, T. (1995). *Thinking in Pictures and Other Reports from My Life with Autism.* New York: Doubleday, Nazeer, K. (2006). *Send in the Idiots: Stories from the Other Side of Autism.* New York: Bloomsbury.

3   Desde *Rain Man* (1988) hasta películas más recientes como *Mozart and the Whale* (2006), *Snow Cake* (2006), *Adam* (2009), *Mary and Max* (2009), *My Name is Khan* (2010) y *The Girl with the Dragon Tatoo* (2009).

4   *Parenthood,* una serie donde hay un niño con Asperger, y *The Big Bang Theory,* una comedia de situaciones en la cual el protagonista tiene características Asperger, aunque el síndrome nunca ha sido mencionado o asumido en el show.

5   La Dra. Negrón, fundadora de Sovenia, (Sociedad Venezolana para Niños y Adultos Autistas), era reconocida mundialmente como pionera en el estudio y tratamiento del autismo en Venezuela. Su labor en pro de la incorporación social de las personas con autismo y síndrome de Asperger les cambió la vida a miles de familias venezolanas. La Dra. Negrón murió en noviembre de 2010, antes de que finalizara *La mujer perfecta.* Ver: Bejarano Delgado, E. (2010, Noviembre 13). Falleció Lilian Negrón pionera en los estudios sobre autismo. *El Universal.* Recuperado de http://www.eluniversal.com.ve/2010/11/13/ten_ava_fallecio-lilian-negr_13A4726571.shtml, SOVENIA. SOVENIA. Recuperado Enero 30, 2010, de http://www.sovenia.com.ve, ibid.

Más aun… ¿pasaría Delia Fiallo meses investigando las diferentes causas de la ceguera antes de escribir *Esmeralda*?…

El caso es que tú necesitabas venir al mundo con todo el apoyo posible en lo que se refiere a investigación y talento actoral porque sabíamos que nacerías en un momento crítico. Resulta que la telenovela venezolana tenía rato resbalando por una pendiente encebada con el contexto político de un país cuyo gobierno pretende controlarlo todo. Nuestras producciones habían perdido terreno no solo a nivel internacional, sino también en el mercado doméstico, donde las novelas de Telemundo habían logrado apoderarse del primer lugar a través de la pantalla de Televén. Leonardo sabía que tenía que escribir una historia que lograra sortear en lo posible la camisa de fuerza de la Ley Resorte y las restricciones de presupuesto y del control de cambio. Y, sobre todo, que hiciera que los venezolanos se reconectaran con la producción nacional. Y tú, Micaela, eras la piedra angular de la telenovela que él pergeñaba.

No podemos olvidar, por supuesto, que eres hija de un autor que trabaja en el rango del realismo y cuyas telenovelas, aunque no desdeñan los códigos del género, sí los transgreden a veces en aras de generar procesos de identificación y reflexión en el público. Si Leonardo iba a escribir una protagonista con síndrome de Asperger, lo iba a hacer de la manera más realista posible dentro del ineludible corsé que le imponen los códigos de la telenovela como género dramático.

Hubo momentos de grandes dudas. Siempre los hay. Pero contigo, Micaela, fueron particularmente importantes.

Yo tiendo a escribir mujeres fuertes. Pero este personaje es, mas bien, muy frágil. ¿Será buena idea escribir algo tan complejo en este contexto tan complicado que tenemos ahorita? (Padrón, 2010a).

Cada vez que mi protagonista tenga que procesar una emoción, tendré que investigar cómo lo hace un Asperger. También me parece que lo que le suceda al personaje puede convertirse en repetitivo y sin versatilidad visual. En fin, que siento a veces que el síndrome que tiene mi *prota* se me puede convertir en un lastre, en una suerte de morral de piedras (Padrón, 2010b).

Cada duda de Leonardo generaba un proceso de análisis y conversaciones que ocasionalmente aumentaban el peso de su morral de piedras. Pero, la mayoría de las veces, mas bien lo aligeraba. Y, aunque los temores de tu escritor eran muy válidos, los aspectos positivos de crear una protagonista con Asperger eran indiscutibles también.

Como tú bien sabes, así como no hay dos seres humanos idénticos, tampoco hay dos Asperger iguales. Hay inmensa variación en el grado de intensidad de las particularidades que definen el síndrome y en la manera cómo se manifiestan estas. Eso hacía posible que tu carga genética incluyera tanto esa forma de autismo leve como las características que te harían funcionar como protagonista de una telenovela. Ser Asperger, Micaela, te permitiría ser un personaje simultáneamente tierno, conmovedor y divertido. Leonardo te podría inyectar una buena dosis de uno de sus fuertes: la poesía. Y tú le darías la oportunidad a él de hablar sobre el tema de la exclusión en un país cuyo gobierno ha hecho de esa palabra un pretexto para generar exclusiones de todo tipo. Sin embargo, a pesar de tus ventajas como personaje, era necesario estar en permanente estado de alerta ante dos riesgos: que ridiculizaras o caricaturizaras a los Asperger, y que el público no te entendiera.

A principios de abril, el reloj biológico de tu nacimiento se aceleró. El estreno de la telenovela *Harina de otro costal* no fue bien recibido por el público. Finalmente, la novela fue cancelada y ocurrió algo inédito en nuestra TV: estuvimos tres meses sin ninguna telenovela nacional en pantalla. Eso precipitó el proceso de construcción y preproducción del microcosmos donde vivirías: *La mujer perfecta.* Leonardo le puso el pie al acelerador y terminó de darles forma a sus tramas y personajes:

Esta es la historia de seis mujeres que luchan por convertirse en lo que todo hombre sueña: la mujer perfecta. [...] Y es la historia de un país en el cual ser la mujer perfecta se ha convertido en la mayor de las obsesiones (Padrón, 2010c).

De esas seis mujeres, tú serías la más peculiar, Micaela. Tú, que nunca te habías sometido al bisturí y que jamás te habías enamorado, descubrirías los síntomas del amor al conocer a Santiago Reverón, un famoso cirujano plástico casado con una diva de cuerpo y rostro intervenidos hasta la perfección. Y Santiago se enamoraría de ti, la mujer más extraña que había conocido. Porque, hay que decirlo, a ti todos te encontraban tan rara que algunos hasta te decían «La Frita». Entre tus singularidades está que procesas lo que escuchas de manera literal. No comprendes los matices del lenguaje verbal, ni del corporal. Por lo tanto, no entiendes de metáforas, ironías y chistes. Tampoco sabes mentir porque careces de filtros sociales al hablar. Eres brillante, con una inteligencia superior al promedio y una memoria fotográfica. Puedes disertar sobre algunos temas en los que eres particularmente docta. A la vez, tienes una suerte de presbicia emocional que se traduce en tener dificultad al decodificar las emociones: las propias y las de los demás. Eres rutinaria y metódica, y sufres ante cualquier alteración de tu rutina o medio ambiente. Tu lenguaje corporal confunde también a los que te rodean: te cuesta mirar a los ojos y, en general, no te gusta que te toquen. Nadie, ni tú misma, sabía que eres así porque posees síndrome de Asperger, una condición que está en el espectro del autismo. Pero esa condición no impediría que ocurriera «una historia de amor a contracorriente entre un artista del bisturí y una autista del corazón» (Padrón, 2010c).

Ahora que ya existías «en el papel», Micaela, lo próximo era darte corporeidad. Eras un personaje que, sin duda, marcaría un hito en la carrera de quien te interpretara. Leonardo tenía meses con una actriz en mente que tiene el calibre actoral para personificarte. Cuando se escribió el primer capítulo a principios de mayo, tú todavía tenías el rostro de ella. Pero hubo cambio de planes. La gerencia del canal hizo un enroque entre esa actriz y Mónica Spear. Y, aunque el talento y carisma de Mónica son incuestionables, esas no fueron las razones para el intercambio. La razón fue de tipo estético. La gerencia pensaba que Mónica y Ricardo Álamo, quien personificaría a Santiago, se «veían mejor» que Álamo y la actriz para la cual se había escrito el rol. Y que el público solo se creería que Santiago dejaría a su esposa Gala (personificada por Ana Karina Manco) por ti, si Mónica eras tú. Era una vuelta que no dejaba de ser irónica en una telenovela diseñada justamente para criticar el énfasis en la perfección física de la sociedad venezolana, pero que también decía mucho de los cánones que rigen la industria de la telenovela.

Yo me preocupé mucho por ti. Estaba consciente de lo crucial que era la escogencia de la actriz para que tu personaje fuera no solo creíble, sino que también se entendiera. Pronto supe que mi preocupación era innecesaria. Mónica hizo un trabajo precioso y comprometido. Ella también investigó en Sovenia, te imprimió su candor y terminó de construir tu mirada esquiva, tu incapacidad para manejar estímulos sensoriales fuertes, tu perplejidad ante el comportamiento del resto de los seres humanos y tu tono de voz mecánico cuando hacías gala de tu erudición de Asperger.

Y así como estuve en el largo proceso de tu concepción, así también te conocí antes que la prensa y el público. Un día de julio llegué al gélido estudio 3 de Venevisión y allí estabas sentada en un cuarto de interrogatorio. ¿Te acuerdas? Revisabas metódicamente la mesa y hasta la olías. Era la escena 25-1 del capítulo 4:

25-1) INT. OFICINA DE INTERROGATORIO. DÍA
Micaela está solita. Sentada. Viendo todo alrededor... toca la mesa y la huele... En eso, entra Santiago. Ella se tensa. Él camina lento, cauteloso... toma una silla... y se sienta frente a ella. De inmediato, Micaela le esquiva la mirada, concentrándose en algún imperfecto de la mesa.

SANTIAGO: ¿Cómo te fue en el interrogatorio?

MICAELA (*sin verlo; natural*): Usted sabe, doctor. Estuvo escuchando todo el tiempo a través de ese vidrio. El unilateral. (*señala*) Ese mecanismo fue inventado por Arnold Gesell, psicólogo y pediatra estadounidense, para observar la conducta en niños sin ser perturbados... Por eso a estos cuartos de interrogatorios se les llama la Cámara Gesell...

Finalmente, te tenía frente a mí. Se me humedecieron los ojos. Personificabas una de las experiencias de investigación más interesantes que me haya tocado vivir. Pensé en los mensajes sobre el Asperger, la exclusión, la perfección y la naturaleza del amor que le llevarías al público, y acto seguido sentí un nudo en la garganta. Te quería proteger. Buen síntoma. Porque si yo sentía eso, quizás el público lo sentiría también, y tú y *La mujer perfecta* lograrían abrir la necesaria trocha que llevaría a nuestra telenovela de regreso al corazón de la teleaudiencia venezolana.

El lunes 30 de agosto, Venevisión presentó *La mujer perfecta* a la prensa. Los primeros 31 capítulos estaban escritos y había unos 20 grabados en su totalidad. Después de varias rondas de edición, Leonardo y los ejecutivos estaban contentos con el primer episodio que se presentaría esa noche. Era el final de la etapa silenciosa de producción en la cual el público solo está constituido por los gerentes y los que escriben y producen la novela. (Porque, ¿sabes?, ni siquiera los actores ven el material grabado con anterioridad.) Y era el comienzo de la decisiva etapa pública de la novela. La verdad, Micaela, no había sido fácil llegar hasta allí contigo. Al equipo de escritores de Leonardo le había costado un poco aprender a escribirte. Al principio, casi no te ponían parlamentos. Parecía como si tu Asperger también fuera un lastre para ellos. Afortunadamente eso fue superado en los dos primeros meses de escritura. También hubo que repetir tus primeras escenas. Y Mónica y Ricardo, comprometidos hasta los tuétanos con el éxito del proyecto, le pidieron una reunión a Leonardo para entender mejor los efectos que el síndrome tenía sobre la dinámica de sus personajes.

Por su parte, tu autor, que al principio pensaba que tu diagnóstico como Asperger ocurriría «más o menos a mitad de novela» (Padrón, 2010a), había decidido acelerar este evento, colocarlo en el capítulo 22 y así disminuir el tiempo en el que el público pudiera hacerse una idea errónea sobre ti, sin sacrificar el realismo de la trama al reflejar que muchos Asperger pasan años sin ser diagnosticados correctamente y, mientras tanto, sufren de incomprensión y exclusión. En la misma línea de pensamiento, pocos días antes de la presentación a la prensa, Leonardo tomó una segunda decisión: anunciar en ese evento lo de tu síndrome antes de que los periodistas vieran el primer capítulo. De esa manera, inmunizaba a su novela de una posible lectura equivocada que luego podría trascender en la prensa del espectáculo:

> Este es un país que vive ahorita distintos tipos de exclusión: la política, la social, la exclusión de género. Quise emblematizar en la pareja central la metáfora de la exclusión a través de un personaje muy particular, que es el que encarna Mónica Spear: Micaela Gómez. Es un personaje que sufre de síndrome de Asperger, una forma de autismo leve, que hace que tenga una relación difícil con el mundo de las emociones (Padrón, 2010d).

El capítulo fue muy aplaudido. Te cuento, Micaela, que eso, realmente, no dice mucho. He aprendido que la prensa aplaude en la *première* y luego escribe sus verdaderas impresiones. Más que tranquilizarse con esos aplausos, es importante observar a los periodistas mientras ven el capítulo y entablar conversación con los asistentes al evento. Esa noche sucedió algo notable. Cuando hablé con los otros escritores de telenovelas presentes, todos te ponderaron mucho como personaje. Les parecía que tenías todo lo que necesita una protagonista de telenovela para que el público se enamorara de ti.

En los días siguientes, la prensa subrayó el difícil momento que vivía la telenovela nacional y cómo *La mujer perfecta* parecía tener los ingredientes para iniciar la tan necesitada recuperación de la industria. En cuanto a ti, Micaela, resulta que aunque Venevisión les entregó material de apoyo a todos los periodistas con el fin de informarlos sobre personajes, tramas y elenco, ellos te interpretaron de diversas maneras, algunas más acertadas que otras:

> Micaela, una chica particular, pues sufre del síndrome de Asperger, este aspecto hace que su personaje intente buscar la lógica de todo lo que la rodea, así como explicar cada duda que puedan tener las personas cercanas a ella (Echandía Túpano & López Balbi, 2010).

> El «patito feo» del melodrama será quien se convierta al final de la historia en «La Mujer Perfecta», nos referimos a Mónica Spear, protagonista del culebrón y como dice un harto conocido refrán: «La suerte de las feas, las bonitas la desean». Ella encarna a Micaela Gómez, una joven que sufre del síndrome de asperger (sic) (Ortiz, 2010).

El primero de septiembre a las 10 pm, salió al aire el primer capítulo de *La mujer perfecta* y el resto de los venezolanos finalmente te conoció:

> MICAELA (OFF): Alguien me dijo ayer que yo era una muchacha extraña. Mi familia me ha dicho eso toda la vida. Pero hasta ahora ningún médico ha dicho qué es lo que tengo.
> A mí me parece que la gente es la que es rara. Dicen buenas noches cuando llegan a una funeraria. ¿Qué tienen de buenas si alguien ha muerto?
> O buenos días cuando un fiscal los detiene por exceso de velocidad.
> Cuando están tristes, ponen música. O lloran cuando se ríen demasiado.
> Mucho menos los entiendo cuando para explicar que están enamorados dicen que sienten mariposas en el estómago. Es imposible que las mariposas vuelen en el estómago de la gente. No tienen suficiente espacio… ¿O será que yo nunca me he enamorado? (Capítulo 1).

La reacción fue positiva. Y los números de la primera semana fueron contundentes. En el horario de las 10 pm, Venevisión pasó de estar en tercer lugar con un 21,3% de *share* al primer lugar con 32,3%[6]. La mayoría de las personas del público que participaban en mi estudio manifestaban que eras su personaje preferido y querían saber más sobre ti. Y varios miembros de la comunidad Asperger (personas con la condición, sus seres queridos, terapistas y educadores) me escribieron sus impresiones en la página de Facebook Síndrome de Asperger Venezuela-Retos y Esperanzas (Síndrome de Asperger Venezuela-Retos y Esperanzas, 2010)[7]:

Hola Carolina, mi niña está dentro del Espectro Autista (de alto funcionamiento) el 22 de este mes ya cumple sus 9 años. Te puedo decir que estoy muy contenta con la telenovela en especial con la actuación de Mónica, me parece muy buena!!!… tanto que se me hace inevitable ver a mi hija en Micaela, para serle sincera nunca me imagine llegar a ver en mi país una telenovela que tocara dicho tema y mucho menos que la protagonista tuviera la condición, esto es un paso bien importante para toda nuestra comunidad Autista por lo cual agradezco enormemente al Sr. Leonardo Padrón por tal iniciativa!!.

hola carolina, quisiera hacer hoy un comentario sobre la actuación de la madre de micaela, yo particularmente me veo reflejada en ella , es así ,esa manera de ella protegerla que nadie entiende, como la va encaminado, por ejemplo cuando la convence de ir a el estreno de la película, como con esa sutileza y haciéndose de su preferencia por las cotufas logra que le acompañe, así es el día a día de una madre asperger, vamos poco a poco y logramos mucho!!!

Sra. Carolina, la escena de anoche donde Elba Escobar (Estrella) y Ricardo Álamo (Santiago) hablan de Micaela…. sobre su particular forma de ser estuvo MARAVILLOSA me fui en lagrimaaaaaas!!!!…..me sentí muuuuy

---

6   El *share* de un programa es el porcentaje de los hogares que lo están sintonizando, relativo al total de hogares que tienen la TV encendida. En otras palabras, es el reparto del encendido entre todos los canales, expresado en porcentaje. El 32,3% de los hogares cuya TV estaba encendida a las 10 pm estaba viendo *La mujer perfecta*.
7   Comparto, sin ediciones y sin añadir tildes, los tuits y comentarios escritos en redes sociales, y los mensajes recibidos por correo electrónico.

identificada con Estrella....cuantos sentimientos afloraron en mi, como madre le digo que esa escena me llego al alma!!!!!!!!!!.

Lo mejor de la manera como ha transcurrido la sub-trama de Micaela en «La Mujer Perfecta» es la misma que muchos Aspergers hemos tenido en nuestras vidas. Nadie sabe lo que tiene, algunos no se toman la molestia de comprender y prefieren la salida fácil de la burla y el chalequeo destructivo, otros caminan en la oscuridad pero se maravillan ante la luz que reflejamos, no somos normales pero tampoco especiales sino que vamos en una cuerda floja, ningún Asperger es parecido a otro... en fin, Leonardo Padrón no solo se documentó profundamente sobre el tema, sino que además que llegó al meollo del asunto: la lucha por la aceptación de cada personalidad (y no solo la de los Aspergers) como valiosa, única e irrepetible. Sigamos conversando!!!!

Algunas personas mostraron su temor de que la telenovela no fuera el mejor medio para concientizar sobre el síndrome y que el retrato de los Asperger fuera más dañino que beneficioso:

Saludos!!!!!!!!no sé.......... no me termina de convencer la interpretación... ....,es un tema tan complicado!! Insisto en la educación y la información como herramienta para vencer la ignorancia sobre el síndrome. En el contexto de una novela se pierde la esencia de lo que verdaderamente buscamos, lo que luchamos para la integración de nuestros muchachos a ser parte de una sociedad en igualdad de condiciones y sin discriminación. Bueno insisto es solo mi opinión, ojala el guionista lea esto y lo tome en cuenta para el desarrollo del personaje!

Ese recelo también lo expresó la mamá de un niño Asperger de 6 años en una carta que le dirigió a Leonardo al día siguiente del estreno:

Le escribo porque el día de ayer vi su novela nueva, y viendo el personaje que hace la señorita Mónica de inmediato me di cuenta que es un caso de Asperger , claro yo no había leído nada de la novela antes, esto quiere decir que el trabajo de ella esta hasta AHORA va bien. […] mucho me gustaría que se tratara con delicadez ese tema ya que como madre, sé que usted también es padre y los hijos duelen MUCHO, no lo vayan a tratar de forma de burla o que la gente termine menospreciando a los SA, también me parece excelente que se toque el tema ya que en esta sociedad la gente desconoce lo que es el SA.

Estos puntos de vista no eran sorprendentes, Micaela. Ya los habíamos anticipado y Leonardo, sus escritores y Mónica trabajaban con diligencia para que nunca se hicieran realidad los temores de estas personas.

La prensa te dedicó bastante centimetraje. Desde amplios e informativos reportajes sobre Asperger y autismo (Ferrer, 2010; «Mundo Asperger», 2010; Rodríguez, 2010) hasta las consabidas críticas hacia ti y la novela. Por ejemplo, en *Últimas Noticias*, el periodista Jesús Bustindui[8] desaprobó que a tu edad no hubieras sido diagnosticada correctamente todavía:

En la novela *La mujer perfecta*, la mamá de Micaela conversa con el doctor Santiago y le dice que desde niña a la muchacha la han revisado no menos de 17 médicos. Lo insólito es que ninguno descubrió que padece el síndrome de Asperger (Bustindui, 2010, p. 2).

Para Alexis Correia de *El Nacional*, había una contradicción importante en tu comportamiento:

Cuando Guillermo (Eduardo Serrano) reveló a Micaela (Mónica Spear) que es una paciente con síndrome de Asperger, el psicólogo le dice: «Las personas como tú no tienen capacidad para comprender chistes, metáforas y frases con doble sentido», y ella corrobora: «Sí, doctor, a mí me pasa eso». Para analizar esta respuesta quizás necesitaríamos la ayuda de un especialista, pero ¿no resulta extraño que una persona que carezca de malicia para entender metáforas sea capaz de tener plena conciencia de su propia limitación? (Correia, 2010, p. 2)

8　Jesús Bustindui, periodista de larga trayectoria en la fuente de espectáculos, falleció el 27 de enero de 2011.

Jhonatan Ugueto, quien tiene Asperger como tú y mantiene la página de Facebook Síndrome de Asperger-Retos y Esperanzas y el Twitter @Aspergerven, respondió a Bustindui y Correia:

Hay periodistas y cronistas de farándula que han criticado algunos aspectos de la telenovela relacionados con el síndrome de Asperger. Al menos, la gran mayoría han puesto el inciso en que deberían consultar a un especialista. Jesús Bustindui, de *Últimas Noticias,* se pregunta que cómo es posible que Micaela haya pasado por tantos psicólogos y ninguno le haya mencionado siquiera lo del síndrome de Asperger; tengo una respuesta para el señor Bustindui: yo pasé por una experiencia similar, los psicólogos que me atendieron no sabían cómo definir mi condición tan peculiar, lo más cerca que han llegado es a hablar de «autismo leve», algo no muy específico que digamos. A otro cronista, Alexis Correia, de *El Nacional,* le intriga saber cómo Micaela puede tener cierta noción de su condición si al mismo tiempo le cuesta entender metáforas, chistes de doble sentido y otros detalles complejos de la comunicación humana. Al señor Correia le digo que no todos los Asperger son iguales, algunos pueden entender ciertos chistes y metáforas pero en otros apartes de la vida cotidiana, como cumplir órdenes, trabajos, pueden llegar a ser demasiado literales, hacen lo que se les ordena, pero no se toman la molestia de buscar otras perspectivas para cumplir el trabajo de manera más rápida y eficiente; ese es mi caso. Por lo tanto, no solo los especialistas, cualquier Asperger medianamente claro con su condición puede hablar de eso y más y confirmaría que Leonardo Padrón se documentó lo suficientemente bien sobre el tema, en el sentido de que el Asperger es una condición neuroquímica cerebral demasiado compleja y aún no está tan exhaustivamente estudiada (Ugueto, 2010).

En los siguientes meses, las tramas de *La mujer perfecta* avanzaron y la lucha por la preferencia del público se convirtió en una batalla cerrada. Los números, tan positivos en la primera semana, se nivelaron. Parecía que eso de pasar del tercer al primer lugar había sido demasiado bello para ser verdad. En octubre el *share* promedio de la novela fue 30,1%, mientras que el de *El clon* en Televén fue 30,6%. En noviembre, *La mujer perfecta* recuperó el primer lugar, 30,6% a 28,9%. El 9 de diciembre la novela fue mudada al horario de las 9 pm. En las próximas siete semanas, *La mujer perfecta* nunca salió al aire los seis días de la semana. Los juegos de béisbol profesional, cadenas presidenciales y las fiestas navideñas se encargaron de interrumpirla una y otra vez. Inclusive, la última semana de enero, la novela solo salió al aire un día. Esto se reflejó en sus números. Después de todo, la telenovela es hábito. Si el público no encuentra «su» novela, busca otra distracción y se pierde una de las claves de la adicción que producen estos dramas: el consumo diario. Y, a pesar de que en enero logró empatar en *share* con *Aurora* de Televén (24,2%), el *share* agregado de todos los canales de cable fue mayor (27,6%). En febrero, *La mujer perfecta* recuperó su regularidad y, con ella, el primer lugar, ganándole a Televén 27,2% a 21,2%. Finalmente, en marzo, la novela arrasó con 31,6% frente a 19,4% de *Aurora*, dejándole el terreno abonado a su sustituta *La viuda joven*, original de Martin Hahn, quien arrancó con clara ventaja frente a la noqueada *Aurora*. La telenovela venezolana, de la mano de *La mujer perfecta*, había regresado de la muerte.

A lo largo de la difícil batalla por los números, nunca hubo dudas respecto a tu aceptación por parte del público, Micaela. Así lo indicaban tanto mi estudio como las investigaciones hechas por Venevisión. Te cuento que eso no siempre es así. Yo he estudiado varias telenovelas exitosas donde la protagonista, por diferentes razones, queda eclipsada por otra trama o personaje. La telenovela es un albur y su enganche con el público, como es de naturaleza mayormente emocional, tiene elementos de azar y misterio.

A pesar de la aceptación y reconocimiento del público, debo mencionar que en esa gran plaza pública que es Twitter se podían encontrar todas las noches comentarios salteados sobre ti, que eran sintomáticos de cómo la sociedad lee a aquellos que, como tú, son diferentes:

Jajajajajaja biiiien buena la enjabonada que le dio Gala a la mongolica esa!!!!
Viva @akmanco la verdadera @lamujerperfecta

Micaela es MONGOLICAAAA.. Normalmente pero borracha parec Retrasada mental..

A mi me parece que micaela de @LaMujerPerfecta es burda de mentepolla

y la protagonista es mongolica..!! @lamujerperfecta

discuipen si no sabia que la mongolica no era mongolica sino que tiene es asperger!

Inclusive, un psicólogo clínico cuyo perfil en Twitter advertía que «aquí no ejerzo, hago catarsis. Twiteo cosas sin sentido, no me paren», pero cuyo blog decía ser «ideado con el fin de tocar temas cotidianos, desde una perspectiva psicológica pero comprensible. Igualmente sirve de bitácora de lo que escribo diariamente en twitter», escribió muchos tuits sobre ti a lo largo de los meses que la novela estuvo al aire. Entre ellos:

La mujer perfecta es un conglomerado de una loca, una estupida, una arribista y una amargada.

Ok, Mikaela no es asperger. LO QUE ESTA ES LOCA E BOLA¡¡¡¡¡

Mikaela no solo es Asperger, es suicida. Bicha pa loca¡¡¡¡ @lamujerperfecta

Y, aunque se podría argumentar que el psicólogo tuiteaba en plan de broma, el hecho de que use su autoridad profesional en una buena porción de sus otros tuits[9], le daba un peso específico a sus apreciaciones públicas sobre ti.

---

9 Algunos ejemplos: «Tengo varios temas en mente que iré desarrollando a lo largo de esta semana. Por ahora vamos con uno». «Ser grande no implica mirar a la gente hacia abajo, más bien supone mirarlas de igual a igual. Reconocer la grandeza en los demás».

En contraste, Sovenia publicó en su Twitter:

> @lamujerperfecta Excelente la actuación de Mónica como Micaela, han enviado email adultos que se están autodiagnosticando como Asperger.

También varios especialistas en autismo y Asperger, incluyendo a la Dra. Negrón, te alabaron a ti y al realismo de tu trama, en un programa radial dedicado al tema (Escobar, 2010). Estos profesionales, con amplia experiencia en autismo, subrayaron los aspectos de servicio público de tu historia. Algo que el propio canal nunca pareció entender[10].

Es que así como tu concepción fue esmerada, así también cada momento clave de tu vida fue cuidadosamente investigado, escrito y actuado. Mientras tanto, yo le tomaba el pulso al público. A través de tu manera literal de ver el mundo y de tu honestidad sin tamices, el público repasó «los síntomas del amor»[11], vivió contigo el proceso de tu diagnóstico, la primera vez que Santiago te besó, la primera vez que hicieron el amor, tu boda, tu perplejidad ante el hecho de estar embarazada y tu decisión de convertirte en una activista en pro de la inclusión de las personas con autismo y Asperger. A lo largo de cientos de escenas enamoraste al público con tu ausencia de malicia, tu memoria prodigiosa,

---

10 Conatel (Comisión Nacional de Telecomunicaciones) había «exhortado» a los canales a sacar las narconovelas del aire. Ver: Valery, Y. (2010, November 3). Venezuela contra las «narconovelas». BBC Mundo. Recuperado de http://www.bbc.co.uk/mundo/noticias/2010/11/101102_narconovelas_suspension_venezuela_en.shtml. También el presidente Chávez culpaba a las telenovelas de algunos de los males sociales, ver: Canaán, N. (2010, Enero 12). «Todas las telenovelas plantean lo mismo». *Panorama.*, Gómez, A. R. (2010b, Enero 12). «La telenovela socialista será el asesinato en serie del género». *El Universal.* En ese contexto, Venevisión pudo haber protegido a *La mujer perfecta* de posibles medidas y ataques similares, realizando campañas de servicio público utilizando a Micaela para informar y concientizar sobre el autismo y el Asperger. El canal tampoco aprovechó las subtramas sobre violencia de género y cáncer de seno que tenía la novela para dar mensajes institucionales.

11 «Los síntomas del amor son muchos, pero en general se evidencian cuando... eres feliz recordando las cosas que hacen o hicieron juntos... cuando una mirada o una caricia son más ardientes que un volcán... cuando sientes que esa es la persona que puede devolverte las esperanzas que perdiste... cuando por miedo maquillas el amor con rabia, pero solo piensas en la última vez que lo viste... cuando tu amor es tan grande que hasta permites que te usen, y aún así seguir amando... cuando sientes que si pierdes a esa persona no encontrarás nada que se le parezca... cuando cuentas las horas que faltan para volver a ver a esa persona... cuando sabes cuántos pasos hay entre tu casa y él. Y cuando ninguna medicina te puede quitar las mariposas del estómago» (Micaela, Capítulo 13).

tu lucha por aprender a decodificar el mundo y tu amor por Santiago. En particular, la comunidad Asperger estaba complacida y agradecida:

@Leonardo_Padron Gracias, en nombre de mi hijo por mostrar a los venezolanos que el autismo existe, la sensibilizacion es necesaria

@Leonardo_Padron hoy mi alumno q tiene Asperger estaba contento xq «por fin en la TV trabaja gente como él» aludiendo a la @lamujerperfecta

@lamujerperfecta en mi familia hay un caso como el de micaela, y ver su personaje, nos ayuda a enfrentar con esperanza su caso!

@Leonardo_Padron @F_FASPERGERV @lamujerperfecta @SOVENIA desde que esta la novela, la gente habla de asperger, genial
Porque @lamujerperfecta es la única que nos dio importancia a los Asperger. Le dio a conocer a Venezuela que existimos.
Gracias a @lamujerperfecta he aprendido a entender a alguien muy cercano a mi flia, quien stoy 100% segura q padece el Sindrome de Asperger

@Leonardo_Padron me encanta su novela, tengo un hijo con asperger y me parece magistral la actuación de Mónica!!!

@Leonardo_Padron @beavel_86 yo soy Terapeuta del Lenguaje y me encanta la actuacion de Monica tambien, se la comio! que vivan los aspergers

Micaela es la primera Asperger venezolana famosa… así se trate de un personaje.

Contigo, Micaela, yo continué mi aprendizaje de los resortes socio-culturales de mi país. Estudiar el consumo de una telenovela siempre es una ventana para entender a una formación social, sus tabúes y mecanismos. Un día importante en mi investigación fue el día que hiciste el amor por primera vez. Una vez más Leonardo se había asesorado. Como Asperger, tú eres «defensiva táctil». Eso quiere decir que tienes hipersensibilidad sensorial y no te gusta que te toquen. Por lo tanto, hubo que orientar a Santiago al respecto[12]. Él debía utilizar el «tacto profundo», toques con presión y masajes, en vez de caricias superficiales. Por tu parte, tú procesarías tu primera experiencia sexual desde las características de tu condición: leyendo previamente, describiendo sin inhibiciones lo vivido, y si te resultara placentero, queriendo repetirlo:

7) INT. HABITACIÓN DE HOTEL. NOCHE

Santiago y Micaela han hecho el amor. Ella está recostada sobre su pecho, con la sonrisa más plena que ha tenido en su vida.

MICAELA (*asombrada*): Yo no sabía que esto era así. No sabía que el corazón podía latir tan rápido y sentirse tan… bien. Fue como si me hubieran dado un corrientazo de diez mil voltios!!

SANTIAGO (*sonríe*): Sí, es una buena comparación. ¿Te sentiste bien?

MICAELA (*sincerísima*): Uff, buenísimo!! Aparte de ese pequeño momento de dolor…después todo fue perfecto, me sentí muy cómoda, como grande, como si estuviera creciendo de repente, como Alicia en el país de las maravillas… (*se toca*): y sentí cada parte de mi cuerpo, y también del suyo…! Era como si me fuera a explotar el cuerpo de mariposas…!

16) INT. HABITACIÓN DE HOTEL. NOCHE

Ya Santiago y Micaela terminaron de comer y conversan, sentados en la cama. Micaela revisa el reloj de la mesa de noche cada tanto tiempo.

SANTIAGO: …y yo más bien quiero algo funcional, de dos cuartos, que sea cómodo y fácil de mantener. Daniel quedó en pasarme el dato de una inmobiliaria.

MICAELA (*ve la hora*): Y también puede buscar en los clasificados. Así fue cómo yo lo conocí a usted…!

SANTIAGO (*ríe*): Eso sonó raro, pero es verdad… Pero sí, estuve hojeando los clasificados y ya marqué par de opciones que me gustaría ver contigo.

---

12 En *La mujer perfecta* había un psicólogo, Guillermo Toro, quien había diagnosticado a Micaela como Asperger. Él se encargó de explicarle a Santiago el tipo de contacto táctil que Micaela podía tolerar.

MICAELA (*salta al ver la hora*): ¡Por fin: Ya pasaron 45 minutos!

SANTIAGO (*la ve, ponchado*): ¿Y pasa algo con eso?

MICAELA (*se incorpora*): Es que, ya pasaron 45 minutos… (*lo besa*) y yo quiero… (*lo besa*): otra vez.

SANTIAGO: ¿Otra vez… qué!?

MICAELA (*obvia*): Sexo. Shirley me dijo que muchas veces se puede esperar un rato, unos 45 minutos o una hora, y volver a hacer el amor… ¡Y ya pasaron 45 minutos! (Capítulo 54).

¿Una mujer pidiendo sexo? Peor aún, ¿una protagonista de telenovela llevando la iniciativa sexual? Las reacciones en Twitter fueron inmediatas y generalmente polarizadas dependiendo del género del que escribía. A las mujeres les pareció la secuencia tierna y divertida. Muchos hombres, en cambio, hicieron comentarios procaces llamándote prostituta de todas las maneras posibles. Y un periodista de la fuente del espectáculo escribió sin ambages:

Micaela no es autista! Es tremenda NINFÓMANA Le gusta más que un plato de comida #lamujerperfecta.

La lectura del público de tu primera vez había puesto al descubierto las maneras como hombres y mujeres ven el deseo sexual femenino. El hallazgo, te confieso, no me sorprendió. Hacía rato ya que me había dado cuenta de que tu sinceridad Asperger era un papel tornasol que me permitía leer el pH de la composición química de nuestras percepciones sociales.

El 14 de marzo de 2011 salió al aire el capítulo final de *La mujer perfecta*. Terminó con el mismo formato con el que había empezado 120 capítulos atrás: un monólogo tuyo. Pero esta vez, el monólogo lo comenzó tu hija de cuatro años:

NIÑA (*voz en off*): Alguien me dijo ayer que yo era una niña extraña. Pero no lo soy, soy simplemente Asperger. Así como alguien tiene el cabello amarillo o la piel morena, yo soy Asperger. Mi mamá dice que en realidad nadie es muy normal ni muy perfecto que digamos.

Tu mensaje de inclusión llegó y lo podía leer en los resultados de mi estudio y en las redes sociales:

Amé el discurso de Micaela, en este mundo cabemos todos y debemos aceptarnos tal cual somos y respetarnos mucho.

Micaela su belleza interior y reflexión sobre la tolerancia y aceptación al semejante, tal cual como es me hicieron reflexionar.

A mí el personaje que me dio más fue Micaela, ciertamente la exclusión es algo espantoso el ser diferentes es algo que muchos niños son víctimas en colegios y hasta por sus propias familias no necesariamente por tener un síndrome en especifico, quizás por ser obesos, de color, bajitos y como bien dice la sabiduría popular maltratar al niño es dañar al hombre.

No habrá novela que supere EEEL mensaje que dejo **@lamujerperfecta** BRAAVOO @leonardopadron.

@lamujerperfecta la novela trato de situaciones reales y lo mejor fue que se toco el tema del Asperger que no era muy conocido. Felicidades!

La prueba más difícil para un texto mediático es si las personas que están representadas en él aprueban el retrato que de ellos se ha dibujado. Por eso, los escritos de las personas con Asperger que te seguían fueron particularmente importantes:

La representación del Síndrome de Asperger en la novela fue sencillamente EXTRAORDINARIA!!!!! La interpretación de Mónica Spear me parece súper conmovedora y pertinente. Por supuesto, que la actitud de Micaela no va a ser jamás la misma de muchas personas con esta condición, sean mujeres u hombres, por que cada persona con Asperger es un mundo en sí mismo, unidos por diversas características, pero este servidor, quien vive con esta condición, doy por aprobada dicha representación.

La representación del Asperger me ha parecido perfecta, porque es la primera telenovela venezolana que pone como protagonista a una persona afectada por el síndrome de Asperger. De verdad hizo saber a Venezuela lo que es el síndrome, y bueno a lo largo de la novela pude ver que Micaela era muy inteligente y muy buena en los números y logro adaptarse a la sociedad, y el comportamiento de los que la rodean también cambió después de que se le diagnosticó con Asperger.

@lamujerperfecta termina hoy ☹ y ahora quién será mi guía en la comprensión del Asperger?

Cinco días después de finalizar la novela, Leonardo recibió el premio Rafael Ángel García, mención escritor del año, de manos de Cecodap, organización social que se dedica a la promoción y defensa de los derechos de niños, niñas y adolescentes, por «su versatilidad como escritor y sensibilidad al abordar en las novelas contenidos de interés social que redundan en la visibilización y sensibilización de temas como la NO-discriminación, violencia de género, cáncer de mama, entre otros» (Cecodap, 2011). Y en el Día Mundial de Concientización del Autismo, el Centro de Evaluación y Diagnóstico Integral de las Alteraciones del Desarrollo (Cediad) le hizo un homenaje público a Leonardo porque «abrió su corazón al autismo y permitió que los venezolanos tuvieran un nuevo punto de vista con respecto a las personas con Trastornos del Espectro Autista (T.E.A)» (Cediad, 2011).

Había un lugar importante, sin embargo, en el cual el mensaje que tú eras y tu construcción cuidadosa y dedicada no habían sido entendidos. Te parecerá mentira, Micaela, pero ese lugar era Venevisión. El domingo 20 de marzo, días después del capítulo final, el programa humorístico *A que te ríes* puso al aire la tradicional parodia de la novela y la tituló *La mujer choreta* (Cerutti, Martínez, Valenotti & Díaz, 2011). Hacer un remedo de un personaje como tú es delicado. Al ser emblema de los Asperger, las representaciones que se hicieran de ti los personificarían a ellos también. El humor del show, grueso e irrespetuoso inclusive para con el propio talento del canal, trabajó con eficiencia en contra de lo logrado por *La mujer perfecta*.

A lo largo de la novela, se había conseguido que la palabra Asperger tuviera no solo *recall*[13] en el público, sino también que se entendiera que es una condición, no una enfermedad. Y mucho menos una enfermedad mental. En *A que te ríes*, en su primera escena, Micaela dice con la mirada totalmente perdida, la boca abierta y meciéndose: «Me dijeron que usted es médico». A lo que Santiago responde: «Sí, pero yo no opero ese tipo de locas». Antes, Micaela le había dicho: «Yo no estoy loca, todos creen que yo estoy loca, pero no. Yo lo que tengo es una cosa rara que llaman *espárrago*». Este gag se repitió en la parodia dos veces más usando «espanto» y «Volkswagen» en vez de decir la palabra Asperger.

La mujer choreta también te representó como una mujer obsesionada por el sexo, mientras asociaba contigo, con insistencia, dos palabras: enferma y loca. En una escena, Micaela está sentada sobre las piernas de Santiago e intenta besarlo infructuosamente:

MICAELA: ¿Qué pasa, doctor? ¿No me quiere dar unos besos?

SANTIAGO: No, sí, sí quiero.

MICAELA: ¿Y por qué no me los da? ¿Porque soy una enferma? ¿Por eso?

SANTIAGO (*con gesto de grima*): No, lo que pasa es que… ¡me da cosa!

En otras dos escenas Santiago exclama: «Tú no eres loca, ¡tú lo que eres es tremenda locota!» Y en la escena que imita la primera vez de

---

13 *Recall* es una métrica que se utiliza en publicidad para medir si una imagen/concepto/producto es recordado por el público luego de una campaña publicitaria.

Santiago y Micaela, el «protagonista» dice: «¡Esta sí que es la mujer perfecta! ¡Es loca, gafa y lo que está es bien buena!» (Cerutti et al., 2011).

La prensa de espectáculos ofreció escasos comentarios negativos sobre *La mujer choreta*, resaltando mas bien la molestia de Leonardo y del elenco, criticándolos por lo que calificaron como ausencia de sentido del humor:

Y hablando de humor, me asombro ante las reacciones vía Twitter que ocasionó la sátira de *La mujer perfecta* en el espacio *A que te ríes*. No entiendo cómo han desbordado tanta hiel, pues parodiar es eso, y en lo particular pienso que hubo mucho ingenio en ese programa **atinadamente** titulado *La mujer choreta*, pero me informan que los ¡alaridos! de algunos «dolientes» fueron tales que en *Portada's* de los lunes siempre hablan del espacio y esta vez hicieron como el Benemérito: «¡Chiiito!». Es que hasta la que pintaba de popular en el seriado del poeta se engrinchó. Alguien me dijo: «Sepul, lo que ocurre es que las verdades duelen». No sé si se dijeron «mentiras verdaderas», pero la producción estuvo bien cómica, es más, me atrevería a ser exagerado y admitir que estuvo «**mejor**» que el capítulo final de la novela (Sepulturero, 2011).

–¿Será verdad que **Leonardo Padrón** presionó a **Venevisión** para que no repitieran en *Portada's* fragmentos de *La mujer choreta*, versión humorística de *La mujer perfecta*, transmitida por ese mismo canal?
–¿Pese al humor chabacano, carente de inventiva, de no pocos aspectos de *La mujer choreta*, era necesaria tal muestra de intolerancia?
–¿Dónde está el sentido del (mal) humor del escritor? (Mata, 2011).

Te imaginarás, Micaela, que la comunidad Asperger no recibió el show con beneplácito:

Terrible enfoque del Asperger en la parodia de la Mujer Perfecta, transmitida por Venevisión esta noche en su programa A que te ríes, muy lamentable, después que habían realzado la condición de nuestros hijos.

Es una falta de respeto poner una parodia de Micaela en la mujer perfecta acerca del síndrome de Asperger, ya deberían sacar del aire esos programa por ofender a personas con esta condición!!

Es q los de venevisión son unos hipócritas nunca se solidarizo con el síndrome de asperger ni siquiera entendieron los conceptos sobre esa condición!!

Yo lamentablemente me encuentro fuera de vzla, pero sería muy bueno que todos los que estamos involucrado con el tema: Sovenia, los amigos de este grupo , el mismo LEONARDO PADRON hagamos público nuestro disgusto, pienso que si lo dejamos así, permitiremos que cualquiera se sienta con derecho a burlarse y eso es inaceptable.

Totalmente de acuerdo con lo antes expuesto. Con este tipo de parodias van a aumentar la percepción de que las personas con Asperger son unos «loquitos». Una cosa es sentido del humor y otra muy distinta denigrar de personas que no pueden defenderse. Quiénes estén dispuestos a elevar una carta de protesta ante Venevisión, cuenten con mi firma.

Me pregunto qué hubiera pasado si este grupo, o Sovenia, hubiesen mandado esa carta de protesta al canal. ¿Les habrían pedido disculpas?[14].

---

14 La pregunta es relevante. En el capítulo 93, Micaela, en una de sus frecuentes demostraciones de erudición, dijo refiriéndose al yogurt que comía un personaje: «Para eso introducen bacterias en la leche, generalmente usan dos o más para lograr una fermentación más completa. Esas bacterias utilizan como fuente de energía la lactosa o azúcar de la leche, y liberan ácido láctico como producto de desecho. En fin: que el yogurt es como el excremento de las bacterias». Con anterioridad, en el capítulo 92, otro personaje que se estaba recuperando de un infarto es regañado por su hija por estar comiendo un sándwich «con la mayonesa que juega garrote». Ante estos dos textos, un anunciante productor de mayonesa y yogurt protestó en el canal. La gerencia se disculpó y le dijo a Leonardo Padrón que tenía que incluir en capítulos posteriores textos positivos sobre estos productos. Sin embargo, el canal no pareció darse por aludido cuando la comunidad gay protestó por un personaje de la novela que les parecía que representaba a los homosexuales de manera estereotipada. ¿Habría pasado lo mismo con una carta de los Asperger?

Más allá de la innegable preeminencia de lo comercial sobre la responsabilidad social de la televisión venezolana, de las mezquindades de alguna prensa y de los dobleces de la condición humana, tu presencia en nuestra pantalla, Micaela, fue una extraordinaria noticia. Así que termino esta carta, mi querida, con otra carta. Una que recibí de un papá cuya hija de seis años es Asperger como tú. Te la regalo, agradeciendo que existieras en la televisión venezolana y en mi mesa de disección de investigadora académica:

Como padre de una niña de 6 años con síndrome de Asperger agradezco mucho esta idea de hacer una novela con su protagonista bajo esta condición. Antes de la novela se nos hacía muy difícil a mi esposa y a mí explicarlo. Siempre cargo conmigo fotocopias de una guía rápida acerca del síndrome. Mi hija ha sido víctima del rechazo que causa la ignorancia pero después de la novela todo empezó a cambiar, incluso dentro de la familia cercana empezó un acercamiento al entender mejor su manera de ver y entender el mundo, se abrieron las mentes de a quienes no les gusta leer o informarse. La información transmitida por medio de la novela ya sea por el personaje o por el psicólogo sirvió de mucho.

Mi hija está en terapias desde muy pequeña. Al principio era tratada como autista leve, pero con su crecimiento fue demostrando las características del síndrome y desde los 3 años y medio recibe sus terapias respectivas como Asperger. Ya desde hace un año solo recibe terapia ocupacional–lenguaje con la Lic. Soledad Alberdi de Proyecto Creces en Barquisimeto. Los avances desde que sus maestras, primas y primos, tías, abuelas y abuelo empezaron a seguir La mujer perfecta han sido inmensos. Antes o la sobreprotegían demasiado al punto de creer que no era capaz de entender órdenes cotidianas o era excluida de una fiesta o reunión porque pensaban que no iba a estar cómoda. En mi caso siempre trataba de explicarles que ella debía ser tratada como cualquier niño para que se adaptara al mundo real pero por una mezcla de amor–temor esto no era posible, hasta que apareció el maravilloso personaje de Micaela interpretado muy bien por Mónica Spear. Mi hija ha avanzado tanto debido al rompimiento de paradigmas que hizo

La mujer perfecta que este año fue la reina de carnaval y se dirigió al público. En diciembre pasado participó en el baile de navidad y busca hacer amistades. Es muy raro cuando se aísla. Ya para culminar, hay algo muy curioso que ella no me ha podido explicar, no sé si alguien se lo dijo o ella lo vio así porque también veía la novela. Es que se autocataloga como una mujer perfecta, siempre dice «yo soy una princesa, soy una mujer perfecta».

Nelson Suárez

Hasta siempre, Micaela. Te abrazo como lo hice desde el primer momento en que supe de tu posibilidad y pude imaginar el hermoso mensaje que serías para todos los venezolanos, con o sin Asperger,

Carolina

–Posdata–

Athens, 8 de febrero de 2014

Micaela fue el último personaje que realizó Mónica Spear en Venezuela y el trampolín para la internacionalización de su carrera. En Telemundo entró por la puerta grande y brilló como protagonista de *Flor salvaje* y *Pasión prohibida*, las cuales seguí día a día. Con su talento, dulzura y carisma, a Mónica la esperaban otros personajes e historias. Pero el 6 de enero de 2014 se le hizo de noche para siempre en una carretera venezolana donde fue asesinada junto a Henry Berry, frente a la pequeña hija de ambos.

Una ola expansiva de horror y consternación cubrió a Venezuela. El caso, emblemático de la ruleta rusa en la que se ha convertido el país por sus altos niveles de inseguridad, tuvo resonancia mundial. Para la comunidad Asperger en Venezuela la pérdida fue particularmente dolorosa. Mónica no solo había personificado con talento y entrega a la primera protagonista de telenovela con síndrome de Asperger, sino que se había mantenido vinculada a las personas con diversidad funcional aun después de finalizada *La mujer perfecta*. Era madrina de la Fundación Asperger de Venezuela y embajadora de Asodeco[15]. Pero, sobre todo, Mónica era una mujer determinada a comunicar amor, paz, tolerancia y no discriminación. Es un mensaje imprescindible y una encomienda que todos debemos asumir en su honor.

---

15 Asodeco prepara y asiste a personas con discapacidad para la inclusión en el trabajo.

MATINÉ EN LOS ÁNGELES

You can't handle the truth![1]

Jack Nicholson como «Col. Jessep» en *A Few Good Men.*

Estaba amarilla. Mi cocina también. Olía a Navidad y a la cocina de mi mamá. Había un milagro en progreso: afuera era invierno y adentro era Caracas. La profesora no estaba. Las telenovelas tampoco. La mesa era un alarde de organización: bolas de masa amarilla, un ollón de guiso y una fila de platos hondos con aros de cebolla, tiras de pimentón, trozos de pechuga, pasas, aceitunas, almendras. En mi cuello colgaban los pabilos y mis manos amarillas trabajaban con orden. Tiendo, lleno, envuelvo y amarro. Tiendo, lleno, envuelvo y amarro. Un observador pensaría erróneamente que trabajaba sola. En realidad estaba con todas las mujeres de mi familia que me precedieron o que alguna vez me acompañaron en ese rito que es hacer hallacas. Las podía ver y oír. Y es que hacer hallacas en Athens es un trabajón y una experiencia casi mística.

Un sobresalto. Era el ring del teléfono rompiendo la magia. Tomé el auricular con la mano envuelta en un paño y una voz masculina me preguntó:

—*Good afternoon, may I speak with Dr. Carolina Acosta-Alzuru?*[2]

—*This is her* —contesté algo molesta por la interrupción y la incomodidad de mis manos grasosas.

—Mi nombre es Don Kelly, soy abogado en el estado de California y creo que usted es la persona que necesito —dijo en inglés—.

---

1   ¡No puedes manejar la verdad!

2   Buenas tardes, ¿podría hablar con la Dra. Carolina Acosta-Alzuru?

Tengo un caso entre manos para el cual necesito un testigo experto en el área de telenovelas y, por todo lo que he leído, usted es la persona que busco.

Mi cerebro emitió un incrédulo «*What?!*». La profesora regresó. Y las telenovelas también.

Mes y medio y muchas conversaciones después, en el Día de San Valentín del año 2009, Mr. Kelly me recibió en el Aeropuerto de Los Ángeles, a donde fui a dar mi «*deposition*» (declaración jurada) como testigo experto en el caso Malena Fernández vs. Ann Roberts (no son sus nombres verdaderos). Malena, la cliente de Mr. Kelly, es una actriz colombiana que a los 34 años se lesionó gravemente una rodilla en un accidente de tránsito en el que Ann Roberts, una adolescente, ignoró una señal de «*stop*». La actriz fue sometida a cirugía y a meses de fisioterapia. Ella es la parte acusadora en una demanda por daños y perjuicios contra Ann debido a que el accidente le interrumpió la carrera de tres maneras: no pudo hacer una película que resultó un éxito y para la cual tenía contrato firmado, no pudo participar en *castings* para telenovelas en un período de dos años, y no pudo mantener su figura en el gimnasio, como suelen hacer las actrices. Mr. Kelly me contrató para que diera mi testimonio experto sobre la industria de la telenovela en general y mi evaluación de la carrera de Malena antes y después del accidente. Del lado de la defensa estaba la compañía de seguros de la adolescente representada por su abogado, Mr. Dawson. El caso se ventiló en California, donde había ocurrido el accidente cuatro años atrás.

Estudiar telenovelas me ha enseñado a caminar constantemente en el borde entre la ficción y eso que llamamos la realidad. Es una frontera borrosa de cambiantes coordenadas. Sé bien que la ficción que es toda telenovela está impregnada de la realidad individual de todos los que la hacen y de mi propia realidad como estudiosa. He observado también cómo la realidad de cada persona del público colorea su recepción de las telenovelas que ve día a día. El episodio que viví en Los Ángeles, crudo e híper realista, nunca dejó de estar mediatizado por la ficción –novelas, películas, series, telenovelas y *soap operas* que han utilizado las escenas de juicios como eventos dramáticos por excelencia–. Después de todo, y como la mayoría de la gente, mi experiencia con juicios, jueces y testigos era a través de la literatura y de la cultura popular. De hecho, en el vuelo Atlanta-Los Ángeles me tocó la película *Flash of Genius,* que cuenta la historia real del hombre que inventó el limpiaparabrisas intermitente y su larga lucha legal contra la Ford Motors Co., que le había robado su creación. Y, por supuesto, el evento climático es el juicio y uno de los momentos claves es cuando el testigo experto está sentado en el banquillo. Pocas horas después era yo la «testigo experta» a quien le grababan su testimonio para luego mostrarlo en el juicio.

El salón de conferencias del bufete de Mr. Dawson fue el escenario. El lugar es cerrado, pero con un ventanal de pared a pared. Está a la vista de todo el que entra al lujoso *lobby* de la firma, en un edificio del centro de Los Ángeles. Me sentaron de frente al ventanal, desde donde la vida real y yo cruzamos miradas algunas veces durante esa larga tarde. Cuando llegué con Mr. Kelly ya estaban allí dos personas: 1) el videógrafo, un muchacho de unos 25 años que ya tenía listos todos los equipos donde quedaron grabados la imagen y sonido de mi testimonio; 2) la *court reporter*, ese personaje que vemos en todas las películas gringas donde sale un juicio y que transcribe en una maquinita extraña y silenciosa todo lo que se dice en la sesión. Esta era una mujer de unos 40 años con facciones que sugerían unos ancestros centroamericanos.

Después de madrugar y de un vuelo de cinco horas, llegué lo más profesoral y fresca posible: pantalón y chaqueta azul marino, camisa de cuello de rayas blancas y azules, y la cantidad justa de maquillaje. Sustituí mis zarcillos y pulseras de plástico por clásicas perlas. Y en vez de mi acostumbrado morral, llevé mis papeles y *laptop* en un maletín ejecutivo de mujer. Era la estampa clásica de la académica y en mi apariencia no habían vestigios ni de mi informalidad ni de mi temperamento apasionado.

A la 1 pm en punto entró Mr. Dawson, fue directo a donde yo estaba sentada y, dirigiéndose a mí en tono fuerte y frío, me dijo sin ningún preámbulo:

–Entrégueme su archivo del caso, que por ley tengo derecho a fotocopiarlo.

Yo, muy hija de Mercedes Acosta, me paré, sonreí, le extendí mi mano y le dije:

–*Good afternoon, Mr. Dawson, it's very nice to meet you*[3].

Sin estrechar mi mano y sin decir palabra, tomó mi archivo y se lo llevó para que le hicieran fotocopias. Así empezaron las cuatro horas y media que estuve en ese salón de conferencias, donde no me ofrecieron ni un vaso de agua.

Me lo habían advertido. Dos colegas que han fungido como testigos expertos me dijeron que el único objetivo del abogado de la defensa iba a ser sacarme de mis casillas a fuerza de atacarme y tratarme mal. El abogado de la actriz también había mencionado que Mr. Dawson es un hombre duro que trataría de descubrir los botones que detonan mi parte emocional. Y así fue.

Durante dos horas ininterrumpidas, Mr. Dawson atacó mi credibilidad como académica con ironía, sorna y utilizando posturas efectistas que quedaron plasmadas en mi memoria y en el guion de esa tarde, la transcripción de la sesión:

MR. DAWSON: Diga su nombre.

LA TESTIGO: Carolina Acosta-Alzuru.

MR. DAWSON: ¿Cuál es su ocupación?

LA TESTIGO: Soy profesora asociada en la Universidad de Georgia.

MR. DAWSON: Hable despacio que usted tiene un acento difícil de entender.

COURT REPORTER: Sí, tiene un acento gruesísimo y no le entiendo el inglés.

---

3   Buenas tardes, Sr. Dawson, encantada de conocerlo.

LA TESTIGO (*sonrío*): Hablaré más despacio.

COURT REPORTER: Empiece por deletrear su nombre y su lugar de trabajo.

LA TESTIGO: C-A-R-O-L-I-N-A. Otra palabra: A-C-O-S-T-A. Guion. Otra palabra: A-L-Z-U-R-U. Trabajo en U-N-I-V-E-R-S-I-T-Y. Otra palabra: O-F. Otra palabra: G-E-O-R-G-I-A.

MR. DAWSON: ¿Ud. ha publicado sobre telenovelas?

LA TESTIGO: Sí.

MR. DAWSON (*con mi currículum en la mano*): ¿Qué ha publicado?

LA TESTIGO: Un libro, cuatro capítulos en libros académicos y siete artículos en revistas académicas.

MR. DAWSON: ¿Sobre telenovelas?

LA TESTIGO: Sí, sobre telenovelas.

COURT REPORTER (*interrumpiendo*): Deletree esa palabra que dijo [Mr. Dawson la había dicho ya dos veces y ella nunca le pidió que la deletreara].

LA TESTIGO: T-E-L-E-N-O-V-E-L-A-S.

MR. DAWSON (*con sorna*): ¿Un libro? (*mira el currículum*). Ah… ya lo veo… (*con asco*) es… en español. Diga el título de su libro en inglés.

LA TESTIGO: «Venezuela is a telenovela».

MR. DAWSON (*puñetazo en la mesa y considerable subida de tono y volumen*): ¡LE DIJE QUE ME DIJERA EL TÍTULO EN INGLÉS, NO QUE REPITIERA EL TÍTULO EN ESPAÑOL!

LA TESTIGO (*haciendo un gran esfuerzo por sonar calmada*): Lo dije en inglés, señor. «Venezuela IS a telenovela». Esa es la traducción de «Venezuela ES una telenovela».

MR. DAWSON: ¿Y el libro tiene un subtítulo?

LA TESTIGO: Sí. «Melodrama, realidad y crisis». En inglés, «melodrama, reality and crisis».

MR. DAWSON/COURT REPORTER (*al unísono*): *WHAT*??

LA TESTIGO: M-E-L-O-D-R-A-M-A. R-E-A-L-I-T-Y and C-R-I-S-I-S.

MR. DAWSON: ¡Vamos a tener problemas hoy con ese acento suyo!

COURT REPORTER: *Yes, we will!*

MR. DAWSON: Además, ¡usted habla rápido!

COURT REPORTER: *Yes, she does!*

Aun teniendo que deletrear todos los títulos de las telenovelas donde Malena había trabajado y los nombres de sus compañeros de elenco, y aun bajo ese tipo y tono de escrutinio comencé a imaginar que Mr. Dawson era un villano de telenovela (hasta levantaba la ceja y todo), de esos que hacía Carlos Cámara padre en México y Miami. Pero como hablaba en inglés me empezó a cuadrar mejor Jack Nicholson —*You can't handle the truth!*— en el papel. Y si Jack Nicholson lo hacía a él, ¿quién me hacía a mí? Decidí que tenía que ser Meryl Streep. Obvio. La escogí por admiración y porque entendí que había que cuidar todos los detalles del rol: desde mi postura corporal hasta mi tono de voz. Además, si mi acento era tanto problema, pues que la reina de los acentos hiciera mi parte. De tal manera que me senté derechita, mantuve mis manos debajo de la mesa, sonreí invariablemente ante todas las preguntas antes de responderlas y utilicé un tono lo más uniforme posible.

MR. DAWSON: Entonces, ¿usted estudia las telenovelas de distintos países porque hay diferencias entre países?

LA TESTIGO (*sonriendo*): Hay diferenc—

MR. DAWSON (*interrumpiendo*): ¿Eso es un sí o un no? ¿Hay diferencias entre las telenovelas de México y las de Colombia o Venezuela?

LA TESTIGO (*sonriendo*): Sí, hay diferenc—

MR. DAWSON (*interrumpiendo de nuevo y subiendo el tono*): ¿SÍ O NO?

LA TESTIGO (*sonriendo, controladita*): Sí, señor. Por tercera vez: sí.

¡Dios! ¡Qué esfuerzo! ¡Yo NO soy así! Por mi mente, como en una marquesina electrónica pasaban todas las groserías y epítetos, nada académicos, que le quería decir tanto al coño de madre de Mr. Dawson como a la caraja a quienes los *taxpayers* del estado de California le estaban pagando para que transcribiera y no para que opinara sobre mi acento. Y aunque la experiencia era absolutamente intensa y agotadora, y yo estaba en todo mi derecho, me juré a mí misma NUNCA pedir pausa, ni descansos. No quería dar ningún síntoma de debilidad. Así que, prohibido tener sed o necesidad de ir al baño. Cero fisuras en la armadura.

A las dos horas, la *court reporter* pidió descanso. Tuvimos un receso de 10 minutos, en el cual el abogado de la actriz me confirmó lo que ya me era obvio: la *court reporter* es escogida por el abogado de la defensa y está encompinchada con él. Por eso las mil interrupciones de ella cuando yo hablaba, sus suspiros y expresiones ante mi «terrible» acento en inglés (nunca antes había recibido quejas por mi acento, el cual ha sido calificado por mis colegas y alumnos como «slight»[4]). Era su contribución para desconcentrarme y sacarme de mis casillas. Y no es simplemente que el Primer Mundo también puede ser tercermundista, es que la naturaleza humana es una cosa seria.

Después del corto receso, Mr. Dawson empezó, por fin, a hacerme preguntas sobre la actriz y su carrera. Una hora más de esgrima. Él con su tono y yo con mi esfuerzo. Ahora su intención era demostrar que yo no sé más de telenovelas que cualquier persona del público. Así que soy incapaz de juzgar la carrera de Malena Fernández.

MR. DAWSON: ¿Cuánto tiempo tiene usted estudiando telenovelas?

LA TESTIGO: Diez años.

MR. DAWSON: ¿Ha visto cómo se hacen?

LA TESTIGO: Sí.

MR. DAWSON: ¿Ha visto cómo se escriben?

LA TESTIGO: Sí.

MR. DAWSON: ¿Conoce a algunos actores?

LA TESTIGO: Sí.

MR. DAWSON: ¿Usted enseña actuación?

LA TESTIGO: No, ¡jajaja! Yo he observado de cerca el proceso actoral. He entrevistado a fondo a innumerables actores. También he sido observadora en dos talleres dictados por un miembro del Actor's Studio.

---

4 Ligero.

MR. DAWSON: Entonces su opinión sobre la carrera de Malena Fernández está basada básicamente en el hecho de que usted ha sido una fan de las telenovelas la mayor parte de su vida y que ha visto miles de episodios de telenovelas en televisión. ¿No es cierto?

LA TESTIGO (*sonriendo, controlando a duras penas la furia que hacía ebullición dentro de mí*): Esa no es una interpretación correcta de lo que yo acabo de decir y de mis respuestas a sus preguntas.

MR. DAWSON: Yo creo que su respuesta es subjetiva.

LA TESTIGO: Al igual que sus preguntas, ¿no?

Mi colección de esfuerzos aumentaba. Me propuse recordar en todo momento que este proceso NO era sobre mí. Y que si Mr. Dawson me hubiera conocido en un coctel, sería probablemente un hombre distintísimo. Así que este salón de conferencias seguía siendo un set de cine. Él seguía siendo un malvado personaje de película interpretado por Jack Nicholson y yo no era yo, sino Meryl Streep en el rol de una profesora educadísima y siempre en control de sus emociones. Por lo tanto, continué con mis manos bajo la mesa y seguí sonriendo antes de responder cada pregunta, a pesar de que fueron muchas las veces en que fui interrumpida tanto por Mr. Dawson como por la *court reporter*, al tratar de responder una pregunta diseñada con el único fin de ser utilizada en mi contra. Era importante sonreír mientras caminaba por la alfombra de vidrios rotos que Mr. Dawson iba tendiendo hábilmente frente a mí. Noté que eso los sacaba de quicio tanto a él como a su *court reporter*, quien me aseguró que yo era su «*worst case ever*»[5] y una pesadilla. La miré sonriendo.

Como toda buena película que tenga un juicio, hubo un momento «*Perry Mason*» cuando Mr. Dawson trató de minimizar los dos premios que la actriz ha ganado:

---

5   Peor caso en la historia.

MR. DAWSON: Yo creo que los premios a los actores no tienen importancia sino para el que los recibe, ¿no cree usted?

LA TESTIGO: No, no estoy de acuerdo.

MR. DAWSON: ¿Y a quién le importa un premio? Hay actores que se ganan el Oscar y más nunca sabemos de ellos.

LA TESTIGO: Se dan casos, pero una cosa no implica la otra. Los premios quedan en el currículum del actor y eso es leído por productores, escritores y directores. Un premio es una distinción.

MR. DAWSON: A nadie le importan, dígame, ¿quién se ganó el Oscar como mejor actriz hace tres años?

LA TESTIGO: Hillary Swank por *Million Dollar Baby.*

MR. DAWSON: Moviéndonos para otro tema…

Yo no sabía con seguridad si Hillary Swank se había ganado ese premio tres años atrás (se lo ganó cuatro años antes), pero él tampoco sabía y lo que quería era usarme a mí para probar algo. Y no lo logró. En consecuencia, punto para LA TESTIGO y cambio de tema a:

Que la carrera de un actor en el mercado latinoamericano del entretenimiento no tiene diferencias con la carrera de un actor en el mercado de Estados Unidos. ¡Tan etnocentrista él! Tuve que explicar lo obvio: que está comparando un país contra un grupo de países que muestran variaciones, que ningún país latinoamericano tiene una industria del cine o una televisión tan desarrollada como la de Estados Unidos, y que la escena teatral puede ser bastante pobre en algunos países de la región. Por lo tanto, no se pueden comparar las oportunidades de trabajo y estudio que tiene un actor en Estados Unidos con las de nuestros países. Esa y otras explicaciones fueron dadas en pequeñas capsulitas que logré pasar como si fueran un contrabando peligroso, entre preguntas diseñadas con el único fin de que yo no pudiera decir eso.

MR. DAWSON: Ella empezó su carrera en México, ¿no?

LA TESTIGO: Sí.

MR. DAWSON: ¿Cuándo se fue a Colombia?

LA TESTIGO: 1999.

MR. DAWSON: Entonces en ese momento dejó México y se fue a Colombia.

LA TESTIGO: Sí.

MR. DAWSON: ¿Y ha vivido en Colombia desde ese momento?

LA TESTIGO: No.

MR. DAWSON: ¿Ha ido a otros países?

LA TESTIGO: Sí.

MR. DAWSON: ¿Dónde?

LA TESTIGO: Ha vivido en los Estados Unidos.

MR. DAWSON: ¡Por favor! ¡Yo no le pregunté dónde ha vivido ella, sino dónde ha trabajado!

LA TESTIGO: No, usted me preguntó si ha vivido en Colombia desde 1999. Y yo le estoy respondiendo que no.

…

MR. DAWSON: ¿Ella ha buscado trabajo en otro país que no sea Colombia?

LA TESTIGO: Mr. Dawson, varios de sus trabajos no son para productoras puramente colombianas. Esas son coproducciones con Estados Unidos.

MR. DAWSON: ¡A mí no me importa la locación! ¡ES UNA PRODUC-CION COLOMBIANA! ¿Ella ha buscado trabajo en otro país que no sea Colombia?

LA TESTIGO: Mr. Dawson, es—

MR. DAWSON: ¿Ha buscado trabajo en otro país? ¡Conteste la pregunta!

LA TESTIGO: Mr. Dawson, esos trabajos fueron negociados en Estados Unid—

MR. DAWSON: ¡CONTESTE LA PREGUNTA!

LA TESTIGO: Mr. Dawson, no puedo responder porqu—

MR. DAWSON: Eso responde mi pregunta.

LA TESTIGO: No, Mr. Dawson.

MR. DAWSON: Doctora, yo hago las preguntas. Responda la pregunta. Y discutiremos eso en otro momento.

LA TESTIGO: Mr. Dawson…

MR. DAWSON: *Excuse me! For God's sake, would you please stop?*[6] ¡Estamos tratando de crear un documento legal y usted no ayuda!

Luego de tres horas de interrogatorio, finalmente Mr. Dawson le dio el turno a Mr. Kelly, quien me hizo preguntas con el fin opuesto al de su contrincante: establecer mi experticia y estatura académica. Me relajé un poco al pensar que esta era la parte fácil de la tarde. Pero en la tercera pregunta:

MR. KELLY: ¿Ha recibido usted suficiente información como para hacerse una opinión sobre la carrera de Malena Fernández?
MR. DAWSON: *Objection! Calls for speculation!*
MR. KELLY: *We'll follow up on it.*[7]

Silencio. Todos me miraban. Mi cerebro trataba de decodificar:

¿Cómo que «objection»? ¡Pero si este no es el juicio! ¡Pero si aquí no hay juez! En las películas, «objection!» solo pasa en el juicio y el juez dice «ha lugar»… o algo así. ¿Y qué significa lo que contestó Mr. Kelly? ¿Y por qué todos me miran?

MR. KELLY: Puede contestar la pregunta.
LA TESTIGO: ¿Puedo? ¿Y la objeción?
MR. DAWSON: Sí, puede responder. Cuando yo hago una objeción, la hago para que quede documentada. En lo que yo termine, responda. Y si se le olvida la pregunta, pídale a la *court reporter* que se la lea.
LA TESTIGO (*dirigiéndome a la* court reporter): Por favor, ¿me puede leer la pregunta?

---

6   ¡Por Dios! ¡Pare ya, por favor!
7   MR. DAWSON: ¡Objeción! ¡Da a lugar a especulación!
MR. KELLY: Le haremos seguimiento.

COURT REPORTER (*me mira con odio y busca en la larga tira de papel con obvio desgano*): ¿Ha recibido usted suficiente información como para hacerse una opinión sobre la carrera de Malena Fernández?

El 70% de las preguntas de Mr. Kelly fueron objetadas por Mr. Dawson. Con todo y eso, la parte «fácil» de la tarde solo duró media hora y estuvo aderezada con algunas repeticiones de los ataques de Mr. Dawson contra mi experticia:

MR. KELLY: ¿Cuál es su opinión sobre el tipo de actriz que es Malena Fernández?

MR. DAWSON: ¡Objeción! ¡Sin fundamento! El hecho de que ella es una fan y ve muchas telenovelas no la califica como experta de nada.

LA TESTIGO (*mirando a Mr. Dawson y sonriendo*): Pienso que Malena Fernández…

Al terminar Mr. Kelly, Mr. Dawson tomó el mando una vez más y me hizo eso que llaman el «*cross examination*»: una hora más de preguntas que no perseguían aclarar mi testimonio, sino continuar con la misma estrategia de tres puntas: intimidarme, probar que yo no sé nada y subrayar que lo único notable en mí es mi problemático acento. Finalmente, el videógrafo dijo las palabras que pensé que nunca iba a escuchar:

—*This concludes the video deposition of Dr. Carolina Acosta-Alzuru*[8].

Eran las 5:30 pm. Una vez más extendí mi mano para despedirme de Mr. Dawson con educación. Esta vez me la dio. No así la *court reporter*, quien nunca se salió del personaje. Los abogados salieron a conversar y yo comencé a recoger mis papeles y lo que quedaba de mí. El mundo real, más allá de la carrera y accidente de Malena Fernández

---

8   Esto concluye la declaración jurada de la Dra. Carolina Acosta-Alzuru.

y de la película de esa tarde, comenzó a materializarse. El videógrafo, sonriente y amable, me dijo que quería llegar ya a su casa a contarle a su mamá, quien consume varias telenovelas al día, que hoy había conocido a una experta en telenovelas.

«Experta»... qué significará esa palabrita...

El abogado de la actriz me llevó a mi hotel. En el camino me felicitó profusamente por no haber perdido nunca mi mesura y porque lo había hecho muy bien. Me costaba creer su evaluación de la tarde. Es posible que yo hubiera ganado el *match* de compostura, pero me sentía como esos boxeadores que ganan una pelea cerrada y se presentan en la rueda de prensa posterior con lentes oscuros para taparse unos ojos que no pueden abrir a causa de los hematomas. Mr. Kelly no me veía así. Él me veía entera. Todavía sobria y serena.

Entré a mi habitación en el Hotel Radisson del aeropuerto y fui directo al espejo. Sí, estaba entera, con mi pinta de profe intacta y sin morados aparentes. Era la Carolina que había mostrado por encima de la mesa del salón de conferencias, la que interpretó Meryl Streep. Pero la uña de mi pulgar derecho tenía el esmalte completamente raspado, signo inequívoco de lo que mis manos habían estado haciendo debajo de la mesa.

¿Dónde estaba la línea entre la ficción y la realidad? ¿Entre el personaje «testigo experto» y Carolina Acosta? No lo sé. Solo sé que el maltrato había ocasionado un daño que era interno. Porque en ese momento sentí hambre, náuseas, sed, dolor de cabeza, asco y agotamiento. Todo a la vez. Me bañé. Pedí *room service*. Apenas toqué la comida. Traté de recuperar mi rutina y mi normalidad. Llamé a Guillermo. Casi no le pude contar. Me esperaban dos capítulos nuevos de *La vida entera*, la telenovela que estaba estudiando. Tampoco los pude tocar. Y eso que quería. Desesperadamente. En mi Blackberry mis amores más cercanos demandaban saber cómo me había ido. A todos les respondí lo mismo:

—Estoy bien. Agotada. Fue híper fuerte. Mañana te cuento.

Me acosté mirando el techo sin verlo. Traté de entender. La analista que vive dentro de mí no podía dejar de recorrer la película de la tarde tratando de desentrañar por qué había sido todo tan fuerte. *Play. Fastforward. Stop. Play. Rewind. Play. Pause.* ¿Qué había pasado allí? Si yo estaba consciente de que realmente el caso no era acerca de mí, ¿por qué me sentía tan exhausta y aporreada? ¿Por qué sentía que esta película era absurda?

Más allá de que me hubiera logrado mantener bajo control, de que creo que Mr. Dawson nunca logró dejarme como una ignorante o improvisada, ¿cómo es eso de que él, quien no tiene ni siquiera conocimientos básicos sobre telenovelas, pudiera pasar cuatro horas cuestionando hasta mi manera de hablar? Había un contraste inmenso entre esas horas y mi experiencia en congresos y en el salón de clase donde nunca he recibido otra cosa que no sea respeto y admiración. Me había malacostumbrado a estar bien considerada.

Pero el contraste mayor, el que creo que fue determinante en mi malestar y posterior estupor venía dado por el formato del interrogatorio que era el polo opuesto de lo que yo practico. Tengo como ley relacionarme con todos los seres humanos de igual a igual y estoy obsesionada con borrar cualquier diferencial de poder que pueda haber en una conversación o entrevista, sea con quien sea. Por ello, me agacho para ponerme a la altura de los niños cuando hablo con ellos, llamo «participantes» y no «sujetos» a todos los que colaboran con mis estudios y he luchado para que ninguno de ellos sienta jamás que yo estoy en un plano distinto. Creo que el conocimiento siempre se construye con base en colaboración y tengo tatuado en la frente un juramento hipocrático de no hacer daño. Pero esa tarde en Los Ángeles, yo pasé cuatro horas y media en una situación de absoluta desigualdad, con un diferencial de poder brutal, en el cual yo nunca pude preguntar, comentar, aclarar o repreguntar, y en el cual fui obligada a responder preguntas 100% tendenciosas. Algo totalmente reñido con los parámetros de la construcción del conocimiento humano. Cuatro horas en las que el control absoluto lo tenía un interlocutor al cual se le dan derechos plenos para intimidar, minimizar y burlar. Es un juego de posturas. Un *modus operandi* que no tiene nada que ver con los individuos involucrados, sino con eso que en inglés llaman «*role playing*»[9]. Y mi sentido de justicia no ha logrado entender qué tiene que ver eso justamente con la justicia. Y aunque dicen que en esta película el villano no logró salirse con la suya y Meryl Streep estuvo creíble, es preocupante lo que aprendí sobre la naturaleza del sistema de justicia norteamericano y sobre el concepto y búsqueda de eso que llamamos «la verdad». Y esto no tiene nada que ver ni con una actriz llamada Malena Fernández, ni con una «testigo experta» llamada Carolina Acosta. Pero tiene mucho que ver con la construcción de un melodrama.

Una semana después llegó un grueso sobre de Los Ángeles conteniendo el guion de la película de aquella tarde: la transcripción de mi *deposition*. Venía con una carta con instrucciones para que lo leyera, corrigiera y firmara. Lo fotocopié completo y lo encuaderné. Allí estaba la película con todos sus detalles. Doscientas dos páginas donde encontré, sin embargo, 25 errores, sin contar todas las veces que escribieron «Columbia» en vez de Colombia y «Columbian» en vez de «Colombian». Eso sí, «T-E-L-E-N-O-V-E-L-A» estaba bien escrito siempre. Era un pequeñísimo triunfo.

En abril me llamó Mr. Kelly a contarme que habían perdido el caso debido a que el médico que contrataron también como testigo experto se exasperó en su declaración, y que la actriz ahora quería demandar al propio Mr. Kelly por mala praxis. Sentí una vez más la fuerte sensación de absurdo que me había dominado en Los Ángeles. Busqué el guion de mi película, pero no estaba en mi archivo. Esa noche lo encontré en un lugar extraño: el desordenado estante de la cocina donde pongo todo lo que no sé bien dónde voy a guardar. Al tomarlo se cayeron unos papeles que estaban debajo del grueso tomo. Era la receta de las hallacas de mi mamá con una que otra huella digital amarilla.

---

9 Juego de roles.

¿POR QUÉ EL SHOW DEBE CONTINUAR?

¿Por qué el show debe continuar?
No puede ser que sea tan indispensable.
Para mí no tiene sentido
actuar el rol estelar,
mientras luchas contra esas lágrimas que no puedes controlar.
NOËL COWARD[1]

La telenovela es entrometida. Con o sin permiso se cuela por cualquier puerta o rendija que abramos. Y no entra sola. Trae consigo a los que la escriben y ponen en escena. Muchos de ellos no tienen rostro, están detrás de las cámaras. Salvo algunas excepciones, no sabemos nada de sus vidas, o muy poco. En cambio, los actores y sus personajes se nos hacen cercanos. Los vemos casi todos los días. Creemos que los conocemos. Con ellos se desdibujan las fronteras entre la ficción y la realidad, y lo público y lo privado. A pesar de ese fenómeno, la telenovela, como todo espectáculo, debe lucir imperturbable ante cualquier incidente que ocurra en la vida privada de sus hacedores. El show debe continuar. Siempre. Y con él, también deben proseguir mi investigación y mi aparente impavidez de estudiosa. Pero la vida hace cabriolas y, a veces, da saltos en el vacío. ¿Qué pasa entonces cuando ocurre algo tan grave que repercute en el espectáculo? ¿Qué sucede cuando se desvanece de golpe la línea entre lo público y lo privado? ¿Cómo me afecta eso a mí en lo académico y en lo personal? ¿Qué nos dice todo esto sobre la relación entre el espectáculo y la formación social? ¿Por qué el show debe continuar?

---

1 *Why must the show go on?/ It can't be all that indispensable./ To me, it really isn't sensible on the whole,/ To play a leading role,/ While fighting those tears you can't control.* –NOËL COWARD.

DANIELA

21 de enero de 2007, 10:40 am. El Blackberry vibró en el momento de la elevación del cáliz. Jamás me asomaría a ver por qué en ese lugar. En misa me porto bien, aunque no soy ni remotamente una católica modelo. Sin embargo, sentí una urgencia, una puntada de desasosiego. El sacerdote bajó el cáliz y saqué el BB de su estuche. Se abrió en un e–mail de Leonardo Padrón. La mala noticia saltó de inmediato:

> Querida amiga, ayer no te quise escribir porque vi que ibas para una fiesta y no te la quería amargar, pero el día de ayer amaneció con una pésima noticia… por fin se descubrió lo que tiene Daniela Bascopé: cáncer… linfoma… (Padrón, 2007).

Me salí de la misa. Daniela tenía semanas hospitalizada con «algo en los pulmones». No la podía imaginar en una cama clínica, sino vibrante con su melena ensortijada y el vestuario *avant garde* de Fedora, su personaje en *Ciudad Bendita*. Sin embargo, yo sí sé que es posible pasar de la estampa de la salud a un diagnóstico de cáncer. Lo viví en el consultorio de un neurólogo en Athens cuando le dijo a Guillermo, mi esposo, un día de otoño de 1997: «*You have a brain tumor*». Ahí se te vacía el estómago, las piernas te fallan y más nunca vuelves a conjugar el verbo vivir de la misma manera.

Fue Marisa Román quien me presentó a Daniela Bascopé en la *première* a la prensa de *Ciudad Bendita*. Ellas son compañeras de colegio, aventuras y vocación por las artes escénicas. Pero realmente a Daniela la conocí fue a los pocos días cuando en un pasillo del canal me tropecé con ella y con sus dudas sobre la construcción de Fedora. Daniela tiene la sensibilidad y la percepción aguda de los actores. Es, además, inteligente y determinada. También es polifacética, la actuación no es su único talento. Esa mañana comenzamos una amistad hermosa.

Me llené de preguntas mientras releía el e–mail de Leonardo Padrón en la gélida acera del Catholic Center de la universidad. Un linfoma, ¿de qué tipo? ¿Cómo acompañarla desde lejos? ¿Cómo decirle que aquí estoy para lo que necesite? ¿Cómo estará de verdad? ¿Estará en buenas manos médicas?

¿Por qué la vida es tan frágil?

Al llegar a mi casa le escribí una carta con la esperanza de que Marisa se la leyera en la clínica. En ella le conté mi muy personal historia de esperanza: Guillermo conmigo años después de un diagnóstico aterrador. Le aseguré que lograría superar el momento y la enfermedad: «Yo sé para dónde ibas antes de este tropiezo, y sé que sigues yendo para allá» (Acosta-Alzuru, 2007a). Un tiempo después recibí su respuesta. Tenía la determinación intacta después de semanas de médicos y clínicas, y procesaba la experiencia escribiendo: «He vivido tanto en estos dos meses que mejor te invito al bautizo de mi libro en año y medio. [...] Es como una certeza de que esto es solo un período y que voy a salir adelante… y así será…» (Bascopé, 2007).

Venían, al menos, seis meses de quimioterapia. ¿Qué hacer con Fedora? A *Ciudad Bendita* le quedaban dos, quizás tres meses, al aire. Muchos recomendaron eliminar –«matar»– al personaje. Es lo que se hace en casos de ausencia repentina y prolongada del actor. Pero Leonardo Padrón entendió que mantener a Fedora viva era darle vida a Daniela también y mandó al personaje de viaje con una explicación argumental algo tenue. En situaciones límite no hay coherencia que valga. Las circunstancias ya son una inmensa incoherencia. Pronto, el público supo a través de la prensa la verdadera causa del viaje de Fedora.

Daniela comenzó la quimioterapia y continuó documentando su experiencia. En marzo fui a Caracas y la encontré delgadísima, con una variada colección de pelucas, la escritura adelantada y la determinación incólume en sus inmensos ojos. Leonardo Padrón escribía ya los capítulos finales de la novela y estaba considerando que Fedora reapareciera, aunque fuera en un par de escenas. Me pidió que evaluara la situación e, inclusive, que le preguntara a Daniela qué le parecía la idea. Al verla me di cuenta de que era imposible meterla en un helado estudio de televisión. Las escenas tendrían que ser grabadas allí en su propia casa. La delgadez se podía disimular con vestuario y maquillaje. Y así se hizo. La noche que Fedora regresó a *Ciudad Bendita* recibí innumerables mensajes de texto y correos electrónicos de las personas del público que participaban en mi estudio de la novela. Estaban reconfortados al ver a Daniela Bascopé. Les gustaba también que Fedora quedara feliz con «Cachete». Era un final de telenovela.

Pero a Daniela ahora era que le faltaban meses de tratamiento. En junio el MD Anderson, uno de los mejores hospitales de cáncer del mundo, la recibió para el último y complejo paso: un trasplante de sus propias células madre. Y así, el 23 de julio de 2007, Daniela Bascopé volvió a nacer en Houston, a pocos kilómetros de donde había nacido la primera vez 25 años atrás: Brian, Texas.

Seis meses después me mandó el primer borrador del manuscrito de su libro para que lo leyera. La primera lectura la hice totalmente atravesada por las lágrimas. Eso pasa con el cáncer: hermana a todo el que toca. Y yo lloraba por la mamá de Daniela, por su papá, hermanas y abuelos. Sobre todo por el abuelo. Sin haberlo conocido, y solo por la lectura del libro, sentía su experiencia muy cerca de la mía con Guillermo. Podía adivinar que a él también le había tocado ir adelante abriendo con un machete la selva espesa de información y desinformación médica para que Daniela transitara decisiones y tratamientos hasta ese claro que es la recuperación. Finalmente me puse mis ojos de analista y releí con gran cuidado el texto valiente y bien escrito. Allí descubrí que la escritura también está entre los muchos talentos de Daniela Bascopé.

En marzo de 2008, se sentó conmigo y su manuscrito bajo la pérgola de La Ghiringhella en Caracas. Tenía el cabello cortísimo, iba encaminada hacia su peso normal y blandía la sonrisa de los victoriosos. Pusimos el libro sobre la mesa y lo analizamos con miras a hacerlo mejor. Salí de allí convencida de que pronto lo vería impreso.

María Victoria Pereyra de Editorial Santillana me escribió en octubre: «Para invitarte a escribir el texto de contraportada ya que Daniela te escogió con mucho cariño y le encantaría contar contigo para estas palabras» (Pereyra, 2008). Acepté conmovida. Estoy segura de que de todos mis textos, este es el que ha sido leído por más personas, porque *Vencer y vivir* (Bascopé, 2008*)* se convirtió en un *best seller* vendiendo más de 20 mil copias en menos de un año.

Un mes después, días antes de la presentación oficial de *Vencer y vivir*, Daniela y yo nos reencontramos de nuevo en la *première* a la prensa de una novela: *La vida entera*. Nos sentamos juntas. Ella regresaba a la televisión como Natalia, una periodista risueña que Leonardo Padrón le había escrito respetando su deseo de no abordar, por el momento, un personaje donde prevaleciera el sufrimiento. Cuando aparecieron su imagen y nombre en los créditos iniciales, nos miramos con los ojos llenos de lágrimas. Daniela Bascopé, la actriz, estaba de regreso. La mujer nunca se fue.

> *Pasa la vida que se va y que se nos pasa.*
> *Pasa la vida que de pasar se trata*
> *Paso y me decido: paso la prueba.*
> *Pasan los recuerdos y las heridas*
> *Paso la página.*
> *Mami, ¿ya pasó?*
> *«Pasa Daniela, ya estás en tu casa…!»*
> Daniela Bascopé, Houston, 2007 (Bascopé, 2008, p. 110).

YANIS

24 de abril de 2007, 8:30 am. Mis mundos paralelos iban raudos hacia sus respectivos finales de capítulo. En Caracas se grababan las últimas escenas de *Ciudad Bendita,* cuyo final saldría al aire al día siguiente. En Athens mis alumnos en *«business attire»* se alistaban para su presentación final en *Public Relations Campaigns*, la clase que dicto casi todos los semestres y que es eso que llaman en inglés el *capstone course*: la última materia que toman los estudiantes antes de graduarse, la que los redondea para ejercer la profesión. Allí crean una campaña

de relaciones públicas para un cliente real. Es un trabajo exigente y estos alumnos lo habían realizado con pasión y asertividad.

Faltaban 20 minutos para la llegada de la junta directiva de nuestro cliente, la Athens Downtown Development Authority. Salí del salón de clase y entré a mi oficina. Miré el monitor de mi computadora donde había dejado abierta la página del foro TVVI («TVVI-Televisión Venezolana e Internacional», 2007). Fue ahí donde leí la noticia con incredulidad: «Elba Escobar acaba de confirmar en su programa de radio la muerte de Yanis Chimaras».

¿Cómo?

Levanté el teléfono y llamé a Leonardo Padrón. «Es verdad. Fue esta mañana tempranito cerca de su casa en Guarenas. Lo mataron. Iba camino a grabar su última escena». Me eché a llorar. Ya no quería estar en Athens, necesitaba estar en Caracas. Una de mis ciudades, la que se despierta preciosa casi siempre, se había llevado a Yanis Chimaras esa mañana temprano. Caracas es criminal.

…Él estaba tan feliz con su «Puro Mercado»…

Miré el reloj. El cliente estaba a punto de llegar y mis alumnos me necesitaban. Retoqué mi maquillaje con un cuidado inusual en mí. Por única vez en mi vida asumí a «Dr. A» como un personaje. Dicen que hay un actor en todo educador, pero a mí siempre me ha costado verlo así. Sin embargo, esa mañana lo hice: actué. Inmensamente triste, desplegué mi mejor sonrisa y les di a mis estudiantes lo que era de ellos: mi confianza en su trabajo de todo un semestre: «*Knock their socks off! You've done amazing work, show it off. Today is a happy day!*»[2]. Funcionó. Mis alumnos brillaron, el cliente quedó satisfecho y maravillado, y nadie supo de mi luto. Fue mi mejor actuación.

Dos horas después me monté en mi carro y lloré hasta mi casa. ¿Cuándo se convirtió mi país en una lotería de la muerte?

Y empezó la película. De las gavetas de mi memoria salieron los muchos rostros de Yanis Chimaras a lo largo de mi vida como

---

2   ¡Impresiónenlos! Muestren el estupendo trabajo que han hecho. ¡Hoy es un día feliz!

espectadora de telenovelas. Y los tres personajes que estuvieron en mis estudios: Raymond, el *manager* de la ambiciosa Pamela Rey en *El país de las mujeres*; Juancho, el opositor *light* que se enamora de la oficialista radical «La Chata» en *Cosita rica,* y Guaicaipuro («Puro») Mercado, el machista rey de la línea blanca a quien le gustaban las mujeres gordas en *Ciudad Bendita.*

Conversar con Yanis siempre era una oportunidad para reflexionar. En su vida personal había pasado por diversas etapas –algunas oscuras– que le daban una sabiduría y una manera de apreciar los buenos momentos que me impresionaba. Él sabía de aspectos de la vida de los cuales yo no tenía idea. Conocía el negocio televisivo a la perfección. Sabía bien dónde están las praderas y también las arenas movedizas. Políticamente coincidíamos en lo que queríamos para Venezuela, pero no en el camino para llegar allí. No había estridencia en nuestras diferencias, sino disposición a entender el porqué del otro. Por ejemplo, cuando le tocó interpretar a Juancho en *Cosita rica,* un personaje que estaba en la acera política opuesta a la de él, me dijo:

> Yo no cuestiono a mis personajes. Además me parece muy interesante un personaje que no me sea fácil de hacer. Que me produzca una reflexión. Yo no lo cuestiono a él, pero sí me dejo cuestionar por Juancho. Yo tengo una posición como revolucionario que es que yo creo que el hombre revolucionario tiene que ser revolucionario de verdad. Y tiene que ser un hombre que juegue con el amor, con el respeto, con la tolerancia y con la verdad. Así mismo debe comportarse un opositor. Y así es Juancho (Chimaras, 2004).

Nunca vi a Yanis tan contento como con su personaje de *Ciudad Bendita*: «'Puro' es puro lomito» (Chimaras, 2006), me dijo un caluroso mediodía en La Yaguara mientras me enseñaba lo último que le había agregado a la construcción del personaje: una correa cuya hebilla era una minimarquesina electrónica que anunciaba las ofertas del momento en la tienda de «Puro»:

::LAVADORAS::SECADORAS::NEVERAS::LLÉVESE SU CHACA-CHACA::LAVADORAS::SECADORAS::NEVERAS::LLÉVESE SU

«También le estoy escribiendo un tema musical… ¡shh!… no digas nada», agregó sonriente.

Mes y medio después Yanis Chimaras, vestido de «Puro», abrió la edición del programa matutino *Portada's* dedicada al lanzamiento de la novela estrenando «El chaca-chaca». El elenco bailó al ritmo del pegajoso tema. Fue un momento feliz. Todavía no había *rating*, sino la esperanza de él. Afortunadamente, *Ciudad Bendita* superó las altas expectativas de todos, el carismático «Puro» pegó en el público y «El chaca-chaca» se convirtió en uno de los mejores recuerdos que tengo de Yanis:

> Por eso me llaman Puro, oye, así me conoce la gente
> Siempre ando con mi tumbao y en el barrio quedé sembrado
> Ese es Guaicaipuro Mercado,
> Ese sí que tiene, tiene melao.
> [...]
> Dime que te gusta el chaca-chaca
> Oye como suena el chaca-chaca
> Mira como baila el chaca-chaca
> Todo el mundo goza el chaca-chaca
> [...]
> No es licenciado viene de barrio abajo,
> Crece como la espuma, dejando la vida dura
> Él sabe lo que quiere, nadie lo detiene
> El rey de la zona, Puro manda ahora

Ciudad Bendita logró números que no hemos vuelto a ver en las telenovelas venezolanas[3]. Lo hizo compitiendo con RCTV de principio

---

3   En su capítulo final, *Ciudad Bendita* logró 20 puntos de *rating* y 65% de *share*. Ver: AGB de Venezuela. (2007). *Ciudad Bendita*. En tiempos más recientes, la exitosa telenovela de Martin Hahn, *La viuda joven*, alcanzó 15 puntos de *rating* y 60% de *share* en su último capítulo. Ver: Venevisión. (2011). *La viuda joven*. Ambas cifras de *share* incluyen a los canales por suscripción.

a fin. Pero la novela tuvo que terminar sin Yanis Chimaras. No hubo fiesta, ni alegría final. En mi correo electrónico derramaron parte de sus lágrimas los que trabajaron en la novela: «Todo quedó paralizado en ese pasillo de Venevisión donde me avisaron». «La escena del coctel en la disquera se nos convirtió en llanto y tristeza». «La vida es una casualidad hoy en este país». «Esto es una locura llena de repulsión y dolor». «Se llevaron a Yanis, un hombre que regresó del infierno, lleno de luz y conociendo su sombra… encontrando su camino, espiritualmente elevadísimo». «Lo despedimos con la certeza de que será una referencia».

Una cinta negra en la esquina superior izquierda de la pantalla durante el capítulo final indicó el luto de Venevisión. Como estaba planeado, Leonardo Padrón grabó el audio de cierre de la novela: «¿Y qué pasó con Ciudad Bendita? Por fin consiguió crecer como se merecía [...] Allí la vida comenzó a ser más digna y menos ruda [...]». En la voz del escritor quedaron la marca inocultable del dolor del momento y la consternación ante una de las actuaciones menos benditas de la ciudad que le había inspirado esa telenovela. No hubo posibilidad de disimulo.

Más allá del «FIN», una foto de «Puro» cerró la novela con un mensaje:

> Yanis, toda
> Ciudad Bendita
> te dice bendiciones
> siempre bendiciones.
> Hasta siempre, ¡amigo!

✳✳✳

«El show debe continuar» es la frase que resume la persistencia del espectáculo. Todos los días se suben en el escenario y se paran frente a las cámaras actores que están enfermos o que acaban de sufrir una pérdida grave. Todos los días se escriben y graban escenas aun con malestar físico o emocional. También ocurren accidentes, embarazos y disputas laborales que modifican al show de alguna manera. Pero la línea del espectáculo es continua y de apariencia perfecta. La de la vida no: está llena de altibajos e interrupciones. El espectáculo tiene que procesar cualquier perturbación que ocurra en la línea de vida, por más grave que esta sea. Debe adaptarse. Planchar la arruga para que no se note. Seguir.

Ciudad Bendita continuó sin una actriz. Fedora se tuvo que ir de viaje y regresó para mostrar a una luchadora llamada Daniela Bascopé. Ella es solo una más del ejército de más de 32.000 venezolanos que iniciaron su batalla contra el cáncer en 2007 (Capote Negrín, 2008). *Ciudad Bendita* terminó con «Puro» en pantalla porque ya no tenía a Yanis Chimaras. El hampa se lo llevó de un zarpazo junto a 13.156 personas más que murieron asesinadas en Venezuela en el año 2007 (Burgos, Briceño León, Ávila & Camardiel, 2009).

La vida coloca sus cartas sobre la mesa en la que todos, sin excepción, jugamos. Por ende, Yanis Chimaras no es el único miembro del mundo del espectáculo que ha sido víctima del hampa. Ni Daniela Bascopé la única artista que ha luchado contra el cáncer u otra enfermedad grave o crónica. Cada vez que ocurren casos como los de ellos, la sociedad tiene momentos de reflexión. Puede que no sean tan duraderos como quisiéramos, pero son, sin duda, valiosos. Ocurren justamente porque la persona en cuestión trabaja en el espectáculo. No es que ellos valgan más que otros, pero la visibilidad que tienen los convierte en emblema de triunfos, luchas y tragedias. Su voz personal se amplifica porque son figuras públicas. Y si trabajan en telenovelas, entran a diario en millones de hogares. Por eso sentimos que los conocemos. Con ellos personalizamos el incidente, la mala noticia y la lección, si es que la hay. Y el quiebre momentáneo de la ilusión que es el espectáculo nos hace conscientes de nuestra propia y frágil humanidad.

Los que estudiamos la telenovela, o cualquier arista del espectáculo, tampoco estamos exentos de esos comportamientos y reflexiones. Cuando se borra la línea entre la realidad y la ficción, también se esfuma la frontera entre lo personal y lo académico. Dada nuestra condición privilegiada de *insiders*, vivimos la experiencia de cerca, desde adentro. Participamos en ella, a la vez que analizamos todo. Hasta nuestro propio dolor. Y así como nuestra presencia modifica lo que investigamos, el estudio y sus participantes también hacen mella en nosotros.

El show debe continuar. La investigación también. Pero ya no somos los mismos. Yo ya no soy la misma. Y me pregunto: ¿cuánto de la vida se nos hace más real porque llega por la vía de esa construcción que es el espectáculo? El pensador francés Guy Debord nos ofrece una respuesta: «El espectáculo no es un conjunto de imágenes, sino una relación social entre personas mediatizada por imágenes. [...] Todo lo que una vez fue vivido directamente se ha convertido en una mera representación» (1967/2008).

Vida y espectáculo. Son inseparables. Por eso el show debe continuar.

MELODRAMA, REALIDAD Y CRISIS EN LA VENEZUELA BOLIVARIANA

> Para un gobierno en pie de guerra, los medios son un instrumento
> de guerra que necesita ser controlado.
>
> BRUCE JACKSON

> Si el artista se preocupa de si será libre mañana, entonces ya no es libre hoy.
>
> SALMAN RUSHDIE

La relación Gobierno-medios de comunicación es tanto sintomática como constitutiva de la realidad de un país. En el caso de Venezuela, la historia del gobierno revolucionario de Hugo Chávez y de su sucesor, Nicolás Maduro, no puede escribirse sin prestar atención a su relación compleja y turbulenta con los medios en una nación donde la polarización política sigue definiendo el día a día.

Es un tema que ha preocupado a muchos dentro y fuera de Venezuela: periodistas, políticos, analistas y ciudadanos. También ha ocupado a académicos y comunicólogos, quienes se han enfocado mayoritariamente en el nivel macro de la convivencia medios-Gobierno[1].

---

1 Los temas principales que han ocupado a los comunicólogos han sido: a) la Ley Resorte promulgada en diciembre de 2004, ver: Cañizález, A. (2005). ¿Retaliación política contra los medios? - Venezuela: una ley punitiva. *Chasqui*, 89, Ramírez Alvarado, M. d. M. (2007). Escenarios de comunicación en una Venezuela polarizada: del Grupo Cisneros a la Ley Resorte. *Zer*, 22, 283-300.; b) los medios como actores políticos y la polarización del contenido mediático, ver: Avila, K. (2010). La instrumentalización del delito: política, empresas de comunicación e inseguridad. *Cuaderno Venezolano de Sociología*, 19(2), 397-329, Cañizález, A. (2004). La prensa en el referendo venezolano. *Chasqui*, 87(Septiembre), Dinges, J. (2005). Letter from Caracas: Soul search. *Columbia Journalism Review*(July/August), 52-58, Gottbert, L. D. (2004). Mob outrages: Reflections on the media construction of the masses in Venezuela (April 2000-January 2003). *Journal of Latin American Cultural Studies, 13*(1), 115-135, Hawkins, E. T. (2003a). *Conflict and the Mass Media in Chávez's Venezuela*. Ponencia presentada en la Latin American Studies Association. ; c) la no renovación de la licencia de RCTV y el cierre/no renovación de otros medios de posición opositora, ver: Bisbal, M. (2007). Los medios en Venezuela. ¿Dónde estamos? *Cuaderno Venezolano de Sociología*, 16(4), 643-668, Cañizález, A. (2007a). Después de RCTV: El servicio público como coartada. *Chasqui*, 99(Septiembre 2007), 14-19, Cañizález, A. (2007b). Medios y pluralismo en Venezuela. *Chasqui*, 98(June), 4-9, de Pablos Coello, J. M. (2007). RCTV

Pero, hay que decirlo, Chávez polarizaba a todo el que lo observaba y la academia no es inmune. También se polarizó. Las conclusiones y diagnósticos de los estudiosos tienden a asumir dos posiciones opuestas que son un espejo de los polos políticos: 1) los derechos de información y comunicación de los venezolanos han estado bajo permanente amenaza durante la llamada «era Chávez» debido al marco legal y la censura, y 2) la mayoría de los medios venezolanos están dominados por la oposición y no están censurados.

En tantos años estudiando telenovelas yo también he considerado el tema. La relación Gobierno-medios marca el contexto en el que trabaja la televisión venezolana y en el cual nuestra telenovela sobrevive con un nivel creciente de precariedad. En mis estudios me he tropezado con las consecuencias de esa difícil relación en la cotidianidad de la escritura, producción, consumo y regulación de las telenovelas. Este capítulo se centra en el nivel micro del día a día que ha eludido a buena parte de la investigación académica. A través de los cinco casos de estudio/telenovelas que han marcado mi itinerario de investigadora, visito los temas y eventos que han dejado su impronta en el tema «medios» durante la Venezuela bolivariana y detallo los cambios que

---

en el tejado. *Revista Mexicana de Comunicación*(Agosto–Septiembre), 22-45, de Pablos Coello, J. M. (2008). El frenesí comunicativo como desinformación. *Comunicar*, XVI(31), 173-179, Edwards, D. (2007). Chávez and RCTV: Media enemies at home and abroad. *Nacla Report on the Americas*(September-October), 51-52, Hellinger, D. (2007). Media reform or grab for power in Venezuela. *St. Louis Journalism Review*(February), 29-31, Pasquali, A. (2007a). Dos apostillas a la libertad de expresión. *Chasqui*, 100, 14-15., el estado de las libertades de expresión y de prensa Correa, C. (2009). La trama de la libertad de expresión en Venezuela. En M. Bisbal (Ed.), *Hegemonía y Control Comunicacional* (pp. 241-270). Caracas: Alfa, Pasquali, A. (2007b). La libertad de expresión bajo el régimen chavista. *Signo y Pensamiento*, 50, 265-275., y d) el uso de Chávez de los medios y la estrategia gubernamental conocida como «hegemonía comunicacional»: Bisbal, M. (2009a). La comunicación masiva como política del gobierno de Hugo Chávez Frías. En M. Bisbal (Ed.), *Hegemonía y Control Comunicacional* (pp. 23-60). Caracas: Alfa, Cañizález, A. (2009). La era Chávez: notas para una historia política del periodismo venezolano. En M. Bisbal (Ed.), *Hegemonía y Control Comunicacional* (pp. 219-240). Caracas: Alfa, Cañizález, A., & Lugo, J. (2007). Telesur: Estrategia geopolítica con fines integracionistas. *CONfines*, 3(6), 53-64, Hernández Díaz, G. (2009). Comunicación gubernamental en Venezuela durante el período 1999-2008. En M. Bisbal (Ed.), *Hegemonía y Control Comunicacional* (pp. 85-118). Caracas: Alfa, Leary, J. P. (2009). TV Urgente. Social Text, 27(2), 25-53, Venezuela-Reporters without borders. (2011, March 11, 2011). from http://www.rsf.org/venezuela-venezuela-11-03-2011,39770.html.

han producido en la industria televisiva. Las cinco telenovelas estudiadas fueron escritas por Leonardo Padrón para Venevisión (ver capítulo «Itinerario» en este volumen). Lo variable es el contexto político. Cada una de estas producciones ocurrió en un momento definitorio en la relación Chávez-medios: luna de miel (*El país de las mujeres*, 1999), medios privados en la oposición (*Cosita rica*, 2003-2004), pos-Ley Resorte (*Ciudad Bendita*, 2006-2007), pos-cierre de RCTV (*La vida entera*, 2008-2009), y censura manifiesta y reducción drástica de la producción nacional (*La mujer perfecta*, 2010-2011).

1999-2000: *EL PAÍS DE LAS MUJERES*

Cuando Hugo Chávez tomó posesión como Presidente el 2 de febrero de 1999, su gobierno y los medios de comunicación estaban de luna de miel. Casi todos los medios privados lo habían apoyado en su carrera hacia la Presidencia (Cañizález, 2009; Hawkins, 2003b); en particular, los Cisneros de Venevisión y los Otero del diario *El Nacional* (Cañizález, 2009; Marcano & Barrera Tyszka, 2004; Zapata, 2000). Chávez estaba consciente del rol crucial que habían jugado los medios en su meteórico ascenso hacia la Presidencia: le habían dado amplia cobertura desde que entró en el escenario político siete años antes como el líder de un fallido golpe de Estado.

Ese mismo año Venevisión transmitió *El país de las mujeres*, una telenovela centrada en seis mujeres que batallan el precepto tradicionalista de que la mujer está definida por el hombre que la acompaña. La trama incluía un personaje conectado tenuemente a la política: Arsenio, machista impenitente, era un exministro de Sanidad cuyo comportamiento estaba marcado por la corrupción. El personaje es asesinado por una de sus amantes al final de la novela.

En mi estudio de *El país de las mujeres* nunca me tropecé con el tema de la relación Gobierno-medios. No fue parte de la conversación en ninguna de las entrevistas que realicé. Arsenio fue leído bajo la luz del machismo, y no como una posible representación del Gobierno. Esto era congruente con la intención del escritor cuando diseñó y escribió al personaje (entrevista con Leonardo Padrón, mayo 20, 2012). La codificación y decodificación de Arsenio era también un reflejo del breve periodo de luna de miel del Gobierno con los medios.

2003-2004: *COSITA RICA*

Tres años después Venezuela era otra.

Los medios de comunicación se habían convertido en actores políticos. Televisoras, radios y publicaciones privadas, desencantadas y preocupadas por la proclamada «Revolución Bolivariana» del Presidente, se habían colocado claramente en la oposición. A la vez, los medios controlados por el Gobierno emitían el distinguible aroma de propaganda política y el Presidente había impuesto su presencia periódica, a veces diaria, en radio y televisión[2].

El 11 de abril de 2002, en un capítulo de nuestra historia que los venezolanos no terminamos de esclarecer en su totalidad, Chávez fue derrocado brevemente luego de una serie de protestas masivas en contra de su gobierno. Cuarenta y ocho horas después regresó a la Presidencia y purgó a las Fuerzas Armadas de cualquier sombra sospechosa de traición. En diciembre de ese año la oposición orquestó un paro general que incluyó a la industria petrolera y que tuvo como objetivo debilitar al Gobierno. El Presidente, sin embargo, sobrevivió la crisis y despidió a todos los empleados de la industria petrolera que habían participado en la huelga. Luego de estas estrategias fallidas, la oposición tomó finalmente la ruta constitucional: un referendo revo-

---

2 Desde 1999 hasta el 1º de mayo de 2011 el Presidente estuvo en 2.125 cadenas para una duración total de 1.464 horas. Estos números no incluyen su show dominical *Aló, Presidente*, ver: Petkoff, T. Writer (2011). «Chávez y las cadenas» [TV]. En Globovisión, *Con Teodoro*. Venezuela.

catorio (Constitución de la República Bolivariana de Venezuela, Art. 72). El difícil camino hacia el referendo, que comenzó en noviembre de 2003 y culminó con el triunfo de Chávez el 15 de agosto de 2004, compartió el escenario nacional con una telenovela de alto *rating* que era tanto espejo como comentario de la realidad: *Cosita rica*.

Padrón estaba determinado a «analizar el poder y sus miserias» (entrevista, 18 de junio de 2003). El autor desarrolló su tesis a través de Olegario Pérez y su comportamiento como presidente del ficticio Consorcio Luján, una metáfora de Venezuela. Olegario era un presidente que no tenía educación formal, entrenamiento o experiencia como gerente. Era un hombre resentido, autocrático y carismático. De temperamento autoritario y con el personalismo exacerbado, Olegario estaba obsesionado con el poder, del cual abusaba a diario alienando a todo el que no estuviera de acuerdo con él. Era un presidente que hablaba mucho y hacía poco. Olegario era, sin dudas, una metáfora de Hugo Chávez de tinte opositor (Acosta-Alzuru, 2007b, 2011).

Olegario y Chávez tomaron rumbos paralelos explícitos cuando en la telenovela un personaje que se oponía a Olegario en el Consorcio Luján activó un estatuto que permitía a los empleados de la empresa participar en un referendo revocatorio de su presidente. El 1º de julio de 2004, cuatro semanas después de que el CNE activara el proceso del referendo revocatorio de Chávez, el Consorcio Luján comenzó su propio camino hacia la posible revocación de Olegario como presidente.

La ficción y la realidad, que venían transitando rutas paralelas, comenzaron a cruzarse. Un mes antes del referendo de Chávez, el ministro de Información y Comunicación se reunió con el entonces presidente de Venevisión, Víctor Ferreres, y exigió que el referéndum de Olegario no tuviera lugar en televisión antes que el de Chávez en la realidad. La televisora no solo obedeció sino que también comenzó a autocensurarse a través del chequeo de los libretos que hacía su propio departamento legal. Durante el último mes de *Cosita rica*, Padrón tuvo que reescribir varios diálogos y situaciones:

Debo confesar que el último mes fue muy delicado, ya que el Gobierno perdió la tolerancia y comenzó a presionar haciendo una supervisión minuciosa de cada libreto; fue cuando empezaron a censurar los libretos y los personajes. En esa oportunidad te puedo decir que por primera vez sentí el peso de la censura (Leonardo Padrón citado en Torres Rivero, 2005).

Los difíciles últimos treinta días de *Cosita rica* estuvieron precedidos por dos importantes eventos. Primero, el Gobierno allanó una propiedad del Grupo Cisneros ubicada en la misma manzana donde queda Venevisión y reportó haber encontrado armas y material de insurrección. Ferreres negó con vehemencia la presencia de ese armamento y sugirió que había sido «plantado» como parte de «un esfuerzo del Gobierno para desacreditar al Sr. Cisneros» («Statement by Venevision President Víctor Ferreres on Government Raid», 2004, mi traducción). Días después Gustavo Cisneros se reunió con Chávez en un cónclave no anunciado que fue negociado por el expresidente de los Estados Unidos, Jimmy Carter, quien también estuvo presente («Carter reunió a Chávez y a Cisneros», 2004). Luego de esa reunión, Venevisión implementó los mecanismos de autocensura ya descritos y comenzó a moderar su línea política[3]. Unos meses después, el contenido de Venevisión ya no tenía rasgos opositores.

Olegario, como Chávez, ganó su referendo en el capítulo final de *Cosita rica* que salió al aire el 30 de agosto de 2004. Siete meses después, en marzo de 2005, entró en efecto la Ley de Responsabilidad Social en Radio y Televisión, conocida comúnmente como la Ley Resorte. Esta ley reguladora de contenidos incluye normas estrictas en cuanto al lenguaje e historias que se pueden presentar en las telenovelas, e impone penalidades severas a aquellos medios que no las cumplan. Desde entonces, una telenovela como *Cosita rica* pasó a ser una imposibilidad en Venezuela.

---

3   Por ejemplo, las noticias de la mañana y los espacios de comentario y análisis político fueron suplantados por programas dedicados a la astrología y el tarot.

2006-2007: *CIUDAD BENDITA*

La llegada de la Ley Resorte movió la relación de confrontación Gobierno-medios al ámbito legal. En febrero de 2005, el Fiscal General interrogó a la periodista Tamoa Calzadilla luego de que ella publicara una serie de artículos que exponían a una red de extorsión relacionada con el asesinato del fiscal Danilo Anderson. El Fiscal General presionó a Calzadilla para que revelara sus fuentes, pero la periodista no cedió. Se desencadenó entonces un debate en la prensa, ya polarizada, sobre la santidad de las fuentes en casos como el de Anderson (American-Embassy-Caracas, 2006). Este homicidio, por cierto, sigue sin resolverse al momento de escribir estas líneas.

Para el año 2006 había 63 procesos judiciales contra periodistas y editores, casi todos pertenecientes a los medios de comunicación privados (Calderón & Correa, 2007). Y en marzo de ese año, contradiciendo uno de sus más repetidos argumentos –«en Venezuela no hay periodistas en prisión» (Cañizález, 2009, p. 233)–, el Gobierno detuvo a Ibéyise Pacheco y Gustavo Azócar y los envió brevemente a la cárcel. Mientras, la pantalla de cada televisora era reflejo fiel de la línea editorial de su gerencia: Venevisión y Televén habían eliminado todos los contenidos críticos al Gobierno, y RCTV y Globovisión habían endurecido su línea opositora, convirtiéndose en blancos de los ataques verbales del presidente Chávez.

Fue en este contexto que Padrón escribió la telenovela *Ciudad Bendita*, con el propósito de generar una reflexión sobre la vanidad y la obsesión con la belleza física. El entorno de la historia era un mercado de buhoneros, lo cual le permitiría a Padrón hablar de la economía informal y su relación con la cultura venezolana.

El primer capítulo de *Ciudad Bendita* salió al aire el 25 de julio de 2006. El departamento legal de Venevisión había revisado tanto los libretos como algunos de los capítulos grabados, asegurándose de que cumplían con la Ley Resorte. Algunas palabras fueron cambiadas, escenas que tenían algo de violencia fueron atemperadas y ningún contenido político evidente fue permitido. Por ejemplo, una escena donde dos niños tienen una conversación no política mientras caminan por una calle fue eliminada porque se grabó frente a una pared que tenía pintado a modo de grafiti un eslogan usado por la oposición.

Padrón había decidido incluir un tema que, en la mente de muchos venezolanos, está asociado con Chávez: las invasiones a la propiedad privada, ante las cuales el Gobierno parecía hacerse la vista gorda. Inclusive, el propio Presidente había estimulado a los pobres a tomar para sí propiedad «no productiva» (Kraul, 2011). La trama se presentó en el primer mes de *Ciudad Bendita* cuando, en la telenovela, un incendio devastó los humildes hogares de muchos buhoneros y algunos de ellos se dejaron convencer de invadir un edificio que estaba en construcción. Otros damnificados del incendio se negaron argumentando que la propiedad privada es un derecho que no se debe violar. Al día siguiente que se transmitió el capítulo en el cual algunos buhoneros invadían el edificio, Padrón fue notificado por la gerencia del canal que había que abortar la historia. Todas las escenas de esa trama fueron eliminadas y en la siguiente transmisión los invasores aparecieron, mágicamente, donde estaban antes de invadir el edificio. La historia nunca fue desarrollada[4].

A pesar de transgredir de manera significativa algunos códigos del género de la telenovela y de las dificultades que presentaba el contexto político para contar una historia realista, *Ciudad Bendita* ganó la batalla por el *rating* de principio a fin. RCTV le presentó como competencia cuatro telenovelas consecutivas que no pudieron ganarle. Ni siquiera después del 27 de diciembre de 2006 cuando Chávez anunció en cadena nacional que no le renovaría la licencia a RCTV cuando le llegara la fecha de vencimiento (Bisbal, 2007). A pesar de que el anuncio generó una ola de buena voluntad hacia RCTV, no le incrementó los *ratings* a sus telenovelas.

---

4 Fue interesante para mí observar que el público, que normalmente se fija hasta en las inconsistencias más minúsculas de una telenovela, nunca mencionó esta.

El 25 de abril de 2007, Venevisión transmitió con gran éxito el capítulo final de *Ciudad Bendita*. Un mes después RCTV salió del aire cuando expiró su licencia. El Gobierno había cumplido su amenaza. La señal de RCTV fue sustituida por la gubernamental TVES. Los equipos de RCTV fueron tomados por TVES y no hubo corte en la nación, ni siquiera el Tribunal Supremo de Justicia, que atendiera las denuncias, demandas y procedimientos legales introducidos por RCTV (Cañizález, 2007a, 2009). En consecuencia, *Ciudad Bendita* fue la última telenovela de Venevisión que compitió de principio a fin con RCTV. El cierre de RCTV marcó el final de una era que había definido a la televisión venezolana por 50 años. Ahora la industria de la telenovela había perdido a uno de sus dos productores principales y el país a uno de sus canales más emblemáticos. El mensaje para las televisoras que todavía estaban a al aire no tenía confusión. Era un anuncio en luces de neón.

2008-2009: *LA VIDA ENTERA*

Con la ausencia de su competidor tradicional y con la Ley Resorte establecida en su día a día, los ejecutivos de Venevisión decidieron darle prioridad al mercado internacional sobre la audiencia local, a la cual consideraban cautiva por la falta de competencia[5]. La orden fue escribir una telenovela sin tonalidades locales que contara una historia de amor universal.

En este contexto y bajo esta directiva, Padrón escribió *La vida entera*, una novela cuya tesis era una pregunta: ¿pueden dos personas totalmente diferentes amarse *La vida entera*? Julieta, estudiante de periodismo, se enamora del objeto de estudio de su tesis: el periodista Salvador Duque. El contexto de la telenovela era el conglomerado mediático de la familia Duque, cuya joya de la corona era la revista

---

5   En el año 2008 Televén no tenía todavía el músculo para producir sus propias telenovelas. Su *primetime* consistía de novelas brasileñas, cuya popularidad se limitaba a las clases ABC. *Siete pecados* fue la primera novela a la cual se enfrentó *La vida entera*.

Exquisita, donde Julieta trabajaba como pasante. En lo que a política se refiere, los personajes y tramas de la novela eran inocuos. No había en ellos rasgos del comentario político y social de *Cosita rica* y *Ciudad Bendita*, respectivamente. Sin embargo, seis días antes de que la telenovela debutara (con 38 capítulos escritos y 12 listos para salir al aire), el escritor recibió el primer reporte de observaciones del departamento legal del canal. Allí, además de una serie de anotaciones relativas a la Ley Resorte, se cuestionaba el uso de palabras como «vino», «whisky», «esteroides» y «martini». El reporte alertaba a Padrón sobre expresiones y diálogos que podían ser percibidas con tinte político. Por ejemplo: «el mal de este país: las promesas incumplidas», «otro secuestro en este país» y «¿tú no sabes lo cara que está la vida en este país?». El reporte también incluía algunas observaciones para producción. En una escena en la cual un personaje leía el periódico, el departamento legal observaba: «Ojo con el periódico abierto de par en par y los titulares».

Luego de leer el reporte, Padrón y la productora ejecutiva, Consuelo Delgado, se reunieron con el departamento legal del canal y le pidieron que les entregaran los próximos reportes con suficiente tiempo para que la producción no estuviera ya tan adelantada al momento de recibir estas observaciones. Padrón también subrayó que una buena porción del reporte cuestionaba parlamentos y aspectos de la novela que no estaban regulados por la Ley Resorte. El canal no discutió esto, pero insistió de todos modos en que el escritor obedeciera todas las acotaciones hechas.

En los meses siguientes hubo más reportes. Una observación recurrente en ellos era que ningún personaje debería hacer referencia a Venezuela, «este país», Caracas o «esta ciudad» cuando se hablara de inflación, crimen o cualquier aspecto problemático de la realidad venezolana del cual pudiera estarse haciendo responsable al gobierno[6]. Por ejemplo:

---

6 En el año 2008, y con una rata de asesinatos de 130 por cada 100.000 residentes, Caracas ya era considerada una de las ciudades más violentas del mundo, ver: Burgos, E., Briceño León, R., Ávila, O., & Camardiel, A. (Eds.). (2009). *Inseguridad y violencia en Venezuela - Informe 2008*, . Caracas: Editorial A-Lacso. Ese año también marcó la inflación más alta de Venezuela de los últimos 11 años: 30,9%. Ver: Reuters. (2009, January 9). Venezuela: 2008 Inflation Was 30.9%,. An 11-Year High. *The New York Times*. Recuperado de http://query.nytimes.com/gst/fullpage.html?res=9503E0D8163AF93AA35752C0A96F9C8B63

Capítulo 37, escena 3:

SALVADOR (*irónico*): Entonces no será mucha la diferencia. ¿O es que acaso hay algún lugar seguro en esta ciudad?

Observación: No utilizar **en esta ciudad.**

Capítulo 38, escena 15:

TITINA (*firme, casi parece un discurso*): ¡YO-NO-TENGO la culpa de que un par de guantes cuesten TANTO en este país!

Observación: No utilizar **en este país.**

Cansado de las observaciones, Padrón decidió utilizar la ironía:

Capítulo 96, escena 25:

PASIÓN: Ay, un apartamento con reja, igualito que en Francia. ¿Tú sabías que en París a todos los apartamentos les tienen que poner rejas por la delincuencia? ¡Qué horror!… (*y ríe*)… ¿Entendiste?

Capítulo 88, escena 2:

JAVIER: Y si me aceptas el consejo, deberías ir pensando en mudarte de país. Irte a Suecia, por ejemplo. Aunque en Estocolmo te matan por robarte un celular.

A través del sarcasmo y la analogía, Padrón inclusive denunció la censura a la que estaba sometido mientras escribía *La vida entera*. En el capítulo 98, el Licenciado Merchán, quien escribía una novela tipo folletín para la ficticia revista *Exquisita*, se quejó de la censura a la que lo sometía el director asistente de la publicación:

Capítulo 98, escena 5:

MERCHÁN: ¡Volviste a censurar mi novela! Y no digas que no, porque en este capítulo Lirio del Valle y Francisco José viajan a Suiza y no pueden comer queso porque hay escasez. ¡Toda esa parte desapareció!

PHILLIPE: Licenciado: así son las leyes en Suiza. El queso es un alimento estratégico, y cuando falta en los anaqueles, no se puede decir en ninguna parte o te multan. Debe ser que ellos creen que, si no se dice, la gente no lo va a notar.

MERCHÁN: ¿Será que ellos creen que los suizos son estúpidos?

PHILLIPE: Quizás.

Es interesante notar que ninguno de los reportes de observaciones del canal incluyeron comentarios sobre estas escenas, las cuales no fueron editadas. Mientras tanto, el público acusaba recibo del mensaje escribiendo sus impresiones en los foros y redes sociales:

El comentario de Merchán no dejó lugar a dudas sobre la reconciliación que tanto añoramos, la inseguridad que nos mata cada día y la censura que estamos viviendo en Venezuela, lástima que el mismo canal que trasmitió esta excelente telenovela sea uno de los que permite y apoya muchas de las cosas que están sucediendo en materia de información y denuncia (a veces con silencio, pero el que calla otorga) (Daniela, entrevistada el 14 de mayo de 2009).

El autor de la novela está denunciando la censura que vivimos en Venezuela a través de Merchán y Phillipe (Julián, entrevistado el 13 de mayo de 2009).

Padrón incluyó la siguiente escena en el capítulo final:

MERCHÁN: Julieta, ¿sobre qué es tu artículo?

JULIETA (*sonríe, piensa, dice*): Bueno, de repente es sobre una y muchas cosas a la vez. Sobre una tesis de grado de la que me enamoré. Sobre los contrarios que se atraen. Sobre el peso de los estigmas en la vida de la gente. (*ve la computadora, piensa*) Sobre las dudas que tuve y las que tuvieron hacia mí en eso que llaman el amor. Pero, sobre todo, estoy escribiendo sobre la reconciliación.

MERCHÁN (*genuino*): Acabas de invocar una palabra que es capaz de salvar la vida de un país entero. Una palabra tan grande que cabemos todos. Y no digo más, porque puedo ser pasto de la censura que Phillipe ha tratado de imponerme.

KOTUFA: Phillipe lo ha censurado mucho, ¿no?

MERCHÁN: Con mi folletín ha sido despiadado. No me permitió hablar de la inseguridad que asediaba la ciudad donde vivía Lirio del Valle, ni de la forma indigna en que el malvado Ludovico despojó de sus tierras a los padres de Lirio del Valle, ni de…

Pasa Phillipe, y sin verlo…

PHILLIPE: Licenciado!!

MERCHÁN (*en voz baja*): No me callará, Julieta, te juro que no me callará!

Sin embargo, antes de que el episodio fuera grabado, Venevisión editó el parlamento de Merchán, eliminando la analogía entre el Gobierno y el «malvado Ludovico»: «ni de la forma indigna en que el malvado Ludovico despojó de sus tierras a los padres de Lirio del Valle, ni de…». Era la última de las tantas ediciones que había sufrido *La vida entera*, una telenovela diseñada bajo las restricciones de la Ley Resorte pero que igualmente había sido blanco de la autocensura en un momento en el cual la prioridad del canal era evadir la atención del gobierno de Chávez.

Durante los meses que la telenovela estuvo al aire, hubo un par de momentos cruciales en el contexto político que tuvieron su efecto en la difícil relación Gobierno-medios. Diez días después del estreno de *La vida entera*, la oposición ganó las gobernaciones de cinco estados claves y varias alcaldías importantes a lo largo y ancho del país (CNE, 2008). En febrero de 2009, no obstante, el Gobierno emergió victorioso de un referendo constitucional: 54,85% de los votantes aprobaron una enmienda constitucional que permite la reelección indefinida de personeros del Gobierno, incluyendo al Presidente de la República (CNE, 2009).

Este último resultado le dio poder al Gobierno, el cual comenzó una serie de amenazas contra los medios opositores, particularmente contra Globovisión (Valery, 2009). En agosto de 2009 el Gobierno no le renovó la licencia a 34 estaciones de radio. Conatel adujo que dichas emisoras no cumplían con las regulaciones. La oposición mantuvo su posición de que el Gobierno estaba asfixiando la libertad de expresión imponiendo la hegemonía comunicacional que Andrés Izarra había prometido en enero de 2007 (Weffer, 2007). William Echeverría, entonces presidente del Colegio Nacional de Periodistas, resumió esa posición: «Están cerrando el espacio para los disidentes» (Echeverría citado en «Hugo Chávez closes 34 Venezuelan radio stations», 2009, mi traducción).

2010-2011: *LA MUJER PERFECTA*

El 24 de junio de 2010, por primera vez en cuatro décadas, no había ninguna telenovela venezolana nueva al aire en el país. El producto local había caído víctima de una serie de factores. Primero, luego de años transmitiendo telenovelas brasileñas que no les eran atractivas a las clases D y E, Televén encontró la fórmula para llegarles a todos los estratos socieconómicos y competir efectivamente con Venevisión: las telenovelas de Telemundo. Estas series se escriben y producen sin las restricciones de la Ley Resorte. Sus historias se arriesgan, algo que las de Venevisión no pueden hacer sin incumplir la ley[7] y exponerse a molestar al Gobierno. En consecuencia, las telenovelas venezolanas se perciben algo timoratas y menos contemporáneas y atractivas cuando se comparan con las de Telemundo. Estas últimas también tienen altos valores de producción, dado que la cadena norteamericana NBC Universal es dueña de Telemundo. Sus presupuestos no se pueden comparar con los de las telenovelas locales[8].

---

7   Por ejemplo, en la telenovela de Venevisión *Tomasa Tequiero* (2009-2010), un personaje que sufre de ludopatía, jamás fue mostrado en un verdadero casino porque la Ley Resorte prohíbe mostrar juegos de envite y azar. Esto le restó brillo y realidad a la trama, debilitándola.

8   En aquel momento, el costo promedio por capítulo de una telenovela de Telemundo era $70.000. El de una telenovela venezolana fluctuaba entre $20.000 y $35.000.

Segundo, la telenovela doméstica también es víctima del control de cambio impuesto en Venezuela. Estas restricciones dificultan el mantener los equipos actualizados y el necesario entrenamiento de su personal técnico. Por lo tanto, mientras Telemundo producía en alta definición y en una alta proporción de locaciones exteriores, los equipos y el personal de Venevisión se fueron quedando atrás produciendo telenovelas encerradas en los estudios.

Tercero, en el año 2008 los ejecutivos de Venevisión sobreestimaron la fortaleza del engarce del público con la telenovela venezolana, cuando decidieron darle prioridad al mercado internacional dando por descartado que sin RCTV tenían el mercado local cautivo. Después de *La vida entera*, la teleaudiencia se mudó gradualmente a Televén, a medida que se sintió desconectada de las tramas «universales» presentadas por Venevisión, y las telenovelas de Telemundo le ofrecían tramas más atrevidas y producciones más costosas. También hay que mencionar que algunos de los sectores más radicales de la oposición habían desterrado a Venevisión de sus controles remotos, aduciendo que la televisora era «cobarde» y «traidora» por haber cambiado su línea editorial en obediencia absoluta a las exigencias del gobierno de Chávez.

El 2 de abril de 2010, Venevisión estrenó la telenovela *Harina de otro costal*, una versión de *Romeo y Julieta*, que no tuvo éxito. Primero fue movida del *primetime* a las 3:30 pm, y luego fue cancelada, dejando la grilla de programación sin ninguna producción dramática nacional. La situación política y los eventos que marcaron la relación Gobierno–medios habían logrado paralizar una industria considerada pionera en el mercado internacional de telenovelas (Mazzioti, 2006). Este fue el contexto en el que Padrón escribió *La mujer perfecta*, la única telenovela venezolana en producción desde julio hasta noviembre de 2010.

Apenas una semana después del estreno de *Harina de otro costal*, se encendieron las alarmas en la gerencia de Venevisión. El presidente del canal le dijo a Padrón que se olvidara del mercado internacional y se enfocara en recuperar al público local (entrevista con Leonardo Padrón, abril 15, 2010). Ya hacía un par de meses que le habían pedido que escribiera una telenovela «simple» y «no muy intelectual» que llegara a todos los niveles socioeconómicos. También querían un producto cuyo contenido no significara peligro en cuanto al marco legal impuesto por el Gobierno.

Con el difícil encargo de volver a encender la pasión entre los venezolanos y la telenovela nacional, Padrón decidió volver a tocar el tema de la obsesión con la perfección física. Así que escribió una historia que transcurría en dos contextos principales: un centro estético y una academia de modelaje. Los protagonistas eran Santiago, un cirujano plástico conocido como el «Dr. Botox», y Micaela, una joven con síndrome de Asperger. A través de Santiago, Micaela y el resto de los personajes, Padrón pudo comentar sobre el excesivo uso de la cirugía plástica, pero también generó reflexión sobre la exclusión de los que percibimos como diferentes. «En un país donde hay exclusión política de la que no podemos hablar, es importante tratar el tema de la exclusión en general» (entrevista con Leonardo Padrón, 10 de julio de 2010).

Recuperar el mercado nacional no fue fácil. Pero *La mujer perfecta* lo logró. Y, a pesar de que la gerencia de Venevisión estaba concentrada en esa batalla y de que la telenovela no tenía matices políticos, el departamento legal del canal seguía leyendo cuidadosamente los libretos e indicando sus observaciones a la producción. En escenas en las cuales había armas, estas no podían apuntar al rostro de los personajes y los movimientos de cámara debían minimizar la presencia de ellas. Algunos diálogos inclusive fueron alterados. Por ejemplo, cuando una de las estudiantes de modelaje llega tarde a clase, se excusa diciendo que el Metro «colapsó» por la cantidad de usuarios. Pero antes de que la escena fuera grabada, el parlamento fue cambiado para que no hubiera mención de los problemas del Metro.

Durante los seis meses en los que *La mujer perfecta* estuvo al aire, el Gobierno «exhortó» a Televén y Venevisión a que sacaran del aire dos narconovelas (*El Capo*-Televén, *Rosario Tijeras*-Venevisión) y una telenovela en la que Venezuela era blanco de algunas burlas (*Chepe*

Fortuna-Televén) («Chavez Hails Canceling Colombia TV Show for Its ‹Disrespect› to Venezuela», 2011). Estas prohibiciones se tradujeron en pérdidas importantes para las dos televisoras que ya habían comprado esas series. También eran un recordatorio de lo impredecible que puede ser la sensibilidad del Gobierno y del poder que tiene sobre la supervivencia económica de los medios de comunicación[9].

Un aspecto interesante de las suspensiones de *El Capo* y *Rosario Tijeras* fue que aparentaban venir de organizaciones comunales. El 27 de octubre de 2010, apareció en los diarios más importantes del país un remitido a página completa titulado «Narconovelas, drogas y sexo» y firmado por Fundacredesa (Fundacredesa, 2011), una organización adscrita al Ministerio para las Comunas (Ministerio del Poder Popular para las Comunas y Protección Social, 2011). Al día siguiente, un «comité de usuarios de radio y televisión» les pidió a la Asamblea Nacional y a Conatel que revisaran esas dos telenovelas (a pesar de ser transmitidas a las 11 pm, un horario adulto). Horas después, Conatel «exhortó» a Venevisión y a Televén a eliminar las dos novelas de su programación. La ironía de suspender una telenovela por «violenta» en un país tan violento como Venezuela no pasó desapercibida. Muchos la comentaron en la prensa y redes sociales, incluyendo al propio Padrón (A. R. Gómez, 2010a).

Dos semanas después, el 9 de noviembre, un artículo en la Agencia Venezolana de Noticias, adscrita al Gobierno, advertía:

> [L]as organizaciones de usuarios de la televisión hacen seguimiento a programas que transmiten antivalores, con el objetivo de presentar nuevas denuncias y lograr que este medio de comunicación se enfoque en el objetivo de educar. [...]Israel Marín, del Frente de Usuarios para la Defensa de Derechos Comunicacionales, apuntó que próximamente presentarán denuncias sobre algunos programas que transmite Venevisión. [...] La transmi-

---

9   Estas no eran las primeras narconovelas transmitidas en Venezuela. Previamente, Televén había transmitido sin problemas *Sin tetas no hay paraíso*, *Las muñecas de la mafia* y *El cartel de los sapos*.

sión de *Rosario Tijeras* y *El Capo* fue suspendida el pasado 28 de octubre, luego de denuncias de los comités de usuarios y un comunicado emitido por el Centro de Estudios Sobre Crecimiento y Desarrollo de la Población Venezolana (Fundacredesa), que alertó que la trama alusiva al tráfico, distribución y consumo de drogas pone en peligro el equilibrio psicológico de los televidentes («Usuarios hacen seguimiento a programas de TV que transmiten antivalores», 2010).

Esa noche en Twitter, la cuenta @consejocomun (Consejo Comunal Paraguaná) publicó varios tuits sobre *La mujer perfecta* que preocuparon a Padrón porque abrían la posibilidad de que su telenovela también fuera el blanco de una orden de suspensión:

@lamujerperfecta como catalogara esta novela el comite de usuarios de radio y television sera cachonovela? (sic)

@lamujerperfecta Esta novela si sera un buen ejemplo para la sociedad? (sic)

@lamujerperfecta Al comite de usuarios de radio y television: el que calla otorga, entonces es buen ejemplo esta novela. (sic)

@lamujerperfecta si aquella es narconovela esta puede ser cachonovela o inmoralidaddenovela (@consejocomun, 2010).

Estos tuits y amenazas veladas, de los cuales no sé si Venevisión estaba consciente, contrastaban con las alabanzas que la telenovela recibía por su tratamiento del tema del síndrome de Asperger. Afortunadamente para *La mujer perfecta* (y para la telenovela venezolana, en general), no hubo más tuits, ni artículos sobre la posibilidad de suspender la novela.

Un mes después, la Asamblea Nacional, en sus últimos días con mayoría absoluta, aprobaba una nueva y más estricta Ley Resorte. Esta agregó restricciones en el contenido y horarios de transmisión de las telenovelas (Venezuela, 2010)[10] y abrió la posibilidad de regular la internet[11].

Luego del final de *La mujer perfecta*, Venevisión transmitió la novela de suspenso *La viuda joven* y Televén puso al aire la última telenovela producida (y nunca transmitida) por RCTV, *Que el cielo me explique*. Esta telenovela realista y escrita para el ambiente menos regulado del cable, fue editada de manera significativa para cumplir con la Ley Resorte y evitar que atrajera la atención del Gobierno (Comunicación personal con Cristina Policastro, Mayo 4, 2011).

Melodrama, realidad y crisis

Estos cinco casos de estudio nos muestran cómo la relación entre el Gobierno bolivariano y los medios se hizo cada vez más complicada y pertinente en la vida de nuestra nación. Desde 1999 la camisa de fuerza sobre la telenovela (y los medios) se ha ido estrechando. En consecuencia, un escritor como Leonardo Padrón, determinado a incluir comentarios sobre la cultura y la sociedad en sus telenovelas, tiene que maniobrar cada vez con mayor sutileza para lograr sus objetivos. Y aunque el marco legal de la Ley Resorte es determinante, no es el único material con el cual está hecha la camisa de fuerza. La autocensura también lo es. A diferencia de la censura, la cual es usualmente evidente, la autocensura es difícil de documentar. Pero al estudiar estas telenovelas, yo tuve la oportunidad de documentar instancias de autocensura. En muchos casos, esta es más limitante que la propia Ley Resorte. La autocensura –«moderar» o eliminar contenido– se ha convertido en una de las dos estrategias principales de supervivencia de los canales de televisión privados que todavía están al aire en Venezuela. La otra táctica es la obediencia estricta. No hay

---

10 Leer: artículo 7, numeral 3; artículo 29, numeral 3, literal d; artículo 35, disposiciones transitorias primera y segunda.

11 Artículo 1, numeral 4.

ni un ápice de resistencia pública cuando estos canales reciben una «exhortación» del Gobierno.

Las consecuencias de los eventos que han marcado la relación Gobierno-medios sobre la industria de la telenovela son evidentes. En vez de producir 4-6 telenovelas y transmitir 2-4 por año, en el 2010 nuestra televisión estuvo tres meses sin ninguna producción nacional en su grilla de programación. En 2013 y 2014, Venevisión solo estrenó una telenovela por año. Actores, escritores, directores, productores y técnicos están desempleados o han emigrado a otros centros de producción de telenovelas como Colombia, México y Miami. La situación de la telenovela afecta a toda la televisión venezolana porque estos melodramas son la espina dorsal de la programación y fueron por dos décadas uno de los más importantes productos de exportación de Venezuela (Güerere, 1994).

En Venezuela hemos visto una disminución importante del número de medios de comunicación que incluyen contenido opositor al Gobierno, o que pueden ser percibidos como antagónicos por el oficialismo. Al marco legal y a la autocensura, se le suman ahora la compra de algunos medios por personajes allegados al Gobierno. El espacio para la disensión es ya minúsculo. Mientras tanto, los medios gubernamentales y oficialistas siguen presentando una mirada rosa sobre la gestión presidencial y vapulean continuamente a la oposición (Bisbal, 2009b; Cañizález, 2009).

La telenovela venezolana languidece. El público, insatisfecho con sus historias y niveles de producción, emigra al cable. El talento emigra del país. Pero la telenovela no es solo una empresa comercial o un género de historias melodramáticas despreciadas y consumidas masivamente. Como lo han demostrado *Por estas calles*, *Roque Santeiro*, *Nada personal*, *Cosita rica*, *Avenida Brasil*, *La mujer perfecta*, etc., este género puede ser un espejo donde la formación social se mira a sí misma y un espacio discursivo en el cual contenidos y significados son interrogados y negociados. A medida que la telenovela venezolana se difumina, también lo hacen las historias, temas, personajes, vocabulario y acento venezolanos. Y con ellos desaparece un terreno de discusión que está incrustado en la cotidianidad del país.

Quizás sea esto último la razón por la cual el Gobierno venezolano se ha asegurado de que ninguna telenovela como *Cosita rica* o *Por estas calles* sea escrita, producida o transmitida en el país. Esto también puede estar detrás del discurso de Nicolás Maduro sobre las telenovelas, en el cual: 1) Coloca sobre ellas la culpa de la violencia e inseguridad del país. 2) Califica a Leonardo Padrón de «virulento». 3) Anuncia que el Gobierno creará un centro para la producción de telenovelas donde se harán «telenovelas comunales». Es decir, luego de asfixiar a la telenovela venezolana, se la colonizará.

***

Al momento de escribir estas líneas, Leonardo Padrón tiene cuatro años fuera de pantalla. No sabe si la última telenovela que escribió verá la luz en Venezuela. En ella, un personaje necesita una craneotomía, pero:

DOCTOR: Esa sierra hay que importarla, y usted sabe cómo es la cosa. La burocracia para la importación puede tomar varios días…
Observación: Sustituya «la burocracia» con «el papeleo».

LA TELENOVELA VA A LA UNIVERSIDAD

Hay un lugar donde todo confluye: investigación, aprendizaje y docencia. Telenovela, cultura y sociedad. Industria, arte y academia. América Latina y el resto del mundo. Caracas y Athens, Georgia. Profesora y alumnos. El recinto tiene lo clásico –pupitres y pizarrón– y lo nuevo –pantalla, proyector e internet–. Allí diserto y converso sobre la telenovela y las culturas que la producen y la consumen. También convierto a Latinoamérica en telenovela y, al hacerlo, la entiendo mejor.

Existe una sinergia extraordinaria cuando llevamos la investigación propia al salón de clase. La energía que se genera es un estimulante como pocos. El análisis de lo investigado se agudiza, el profesor se hace mejor docente, el nivel de motivación de los estudiantes se incrementa de manera significativa, y ese trayecto por un mar de interrogantes que es todo curso se convierte en un emocionante y placentero crucero. Sin embargo, esa experiencia no se da con frecuencia. Especialmente para los que hacemos investigación en estudios culturales y, a la vez, somos profesores en disciplinas profesionales, como las relacionadas con la comunicación social. Estas enfatizan la enseñanza de destrezas y técnicas, sacrificando en ocasiones la necesaria reflexión sobre el rol sociocultural de los productos mediáticos. Por lo tanto, la sinergia entre investigación y docencia puede ser un lujo para una profesora como yo. Y si es en Estados Unidos, y sobre un menospreciado género televisivo que proviene de otras latitudes, entonces estamos hablando ya de un rarísimo privilegio. Tan extraño que no hay semana que alguien no me pregunte algo al respecto: *Is this a class on soap operas?*

How many people watch these telenovelas around the world?[1] Pero lo más sorprendente es que las preguntas más insistentes vienen de países donde sí hay cultura telenovelera. Muchos quieren los detalles de cómo los culebrones van a la universidad.

PREGUNTAS FRECUENTES (F.A.Q.)

1. ¿Cómo es eso de una clase de telenovelas? ¿Enseñas a escribir telenovelas?

El curso se llama «Telenovelas, Culture and Society»[2] y su objetivo no es enseñar a escribir o producir telenovelas. Es una clase sobre medios de comunicación, cultura y sociedad. Allí estudiamos cómo la telenovela se engarza con las culturas y las sociedades que la producen y la consumen. Para ello examinamos la historia del género, tratamos de categorizar su inmensa variedad y nos detenemos el tiempo necesario para aprender sobre su escritura, producción, consumo, regulación y globalización. Al hacerlo, los estudiantes se empapan no solo de los intríngulis de estos melodramas, sino también de los mecanismos socioculturales que se evidencian en todos los procesos de la telenovela, desde la mente del escritor que la concibe hasta el corazón de los que la consumen fielmente día a día.

2. ¿Y esa clase es en inglés?

Sí, pero exijo que los estudiantes tengan un nivel intermedio de español ya que leemos textos tanto en español como en inglés y los alumnos tienen que ser capaces de comprender la esencia de las escenas que verán durante el curso. Mi experiencia en el salón de clases es consistente con la investigación del secretario de la Academia

---

1   ¿Es una clase sobre *soap operas*? (género melodramático y seriado como la telenovela, pero cuyas historias no tienen un final definido por la escritura, sino por la cancelación del programa). ¿Cuántas personas ven telenovelas alrededor del mundo?

2   Telenovelas, cultura y sociedad. JRLC/LACS 5060.

Norteamericana de la Lengua Española, Jorge Ignacio Covarrubias, quien sostiene que la telenovela «contribuye a interesar en el español a televidentes de países de otros idiomas y a ampliar el vocabulario de los espectadores de las naciones de habla hispana» (Covarrubias, 2010). En ese sentido, los estudiantes reciben el beneficio agregado de practicar su español, mejorarlo y ver cómo el conocimiento de un segundo idioma les permite interactuar con una industria global en la cual el inglés no es el idioma predominante.

3. ¿Cuántos estudiantes son y cuál es su perfil?

La clase es una electiva diseñada para 24 alumnos que cursan los dos últimos años de Estudios Latinoamericanos o de las diferentes carreras que existen bajo el paraguas *mass communication*: periodismo, publicidad, relaciones públicas y telecomunicaciones. La mayoría estudia español desde *high school* y nunca ha visto una telenovela.

El perfil étnico de estos alumnos es fiel reflejo del cuerpo estudiantil de la Universidad de Georgia, que es mayoritariamente blanco. De los 24 alumnos, uno o dos son afroamericanos y dos o tres son de origen latino. Estos últimos no son todos bilingües, pero sí son hijos o nietos de personas que consumen telenovelas con regularidad.

4. ¿Y qué libro de texto usas?

Leemos textos en inglés y en español que van desde la literatura académica sobre el tema[3] y las reflexiones de los escritores de telenovelas[4], hasta artículos de prensa y de publicaciones especializadas en la televisión. También visitamos y estudiamos páginas web, foros y las redes sociales.

---

3 Leoncio Barrios, O. Hugo Benavides, Valerio Fuenzalida, Antonio La Pastina, Jesús Martín-Barbero, Nora Mazziotti, Constanza Mujica, Mauro Porto, Cacilda M. Rêgo, Alí Rondón, Joseph Straubhaar, Thomas Tufte y Nico Vink, entre otros.

4 La lista incluye, entre otros, a Alberto Barrera Tyszka, José Ignacio Cabrujas, Carolina Espada, Fernando Gaitán, Ibsen Martínez, Leonardo Padrón, Valentina Párraga, Cristina Policastro y José Ignacio Valenzuela.

5. Pero, ¿qué hacen en clase? ¿Ven telenovelas todo el tiempo?

Yo preparo clase de la manera tradicional: guiada por los objetivos que me he trazado para cada día. De ahí vienen los contenidos a ser explicados y discutidos en clase. Me valgo de lo que sea necesario para lograr esos objetivos: lecturas, videos, disertaciones y discusiones. En ese sentido, no soy nada tradicional. Uso la web, las redes sociales y todo lo que la tecnología me ofrezca. Mezclo y alterno las actividades para que varíe el ritmo, aun cuando estemos centrados en un mismo contenido. La clase está diseñada para que sea participativa, así que los estudiantes juegan un papel clave en la dinámica dentro del salón.

Cuando entramos en el último cuarto del semestre, y ya los estudiantes dominan la mayoría de los contenidos, hacemos videoconferencias con personas que trabajan en las diferentes áreas de producción de una telenovela: escritores, directores, productores y actores. También entrevistamos por esa vía a consumidores de telenovelas que participan activamente en foros y redes sociales. Estas conversaciones son momentos destacados en el semestre. Tanto los estudiantes como los invitados las disfrutan. Y no hay mejor manera de sedimentar lo aprendido. Por ejemplo, yo puedo explicar durante horas las diferencias entre una telenovela clásica «rosa» como *Esmeralda* y una que rompe con ese patrón como *Por estas calles*, pero nada mejor para entenderlas que conversar en días consecutivos con los escritores Alberto Gómez y Leonardo Padrón.

6. ¿Hay exámenes? ¿Cómo evalúas?

No hay exámenes. La nota final se basa en asignaciones escritas, una presentación oral y participación activa en las discusiones diarias. Mi objetivo es desarrollar el pensamiento crítico a través de la investigación y el análisis. Al principio del semestre cada estudiante escoge una telenovela para analizar. Esta puede estar al aire en Estados Unidos, ser accesible por internet o pueden comprarla en DVD. La primera asignación escrita es un análisis de esa telenovela, enfocándose en las representaciones que contiene y las identidades que construye.

Luego estudian los aspectos del consumo de «su» telenovela y hacen una presentación al respecto en clase.

A lo largo del semestre cada estudiante debe reflexionar continuamente sobre las telenovelas y su experiencia personal con ellas. Esas reflexiones, honestas y de tonos variados, quedan plasmadas en el blog de la clase[5]. Por último, los estudiantes escriben un trabajo final de investigación y análisis sobre cualquier aspecto del género que les interese. Por ejemplo: el rol que juega la belleza física en las telenovelas, las diferentes versiones de *Yo soy Betty, la fea* alrededor del mundo, las narconovelas, el uso del acento «neutro», y la representación y el consumo de la homosexualidad en las telenovelas.

7. ¿Me puedes dar un ejemplo específico de cómo enlazas la telenovela con la cultura latinoamericana?

El primer día de clase, por ejemplo, explico lo que es una telenovela, hablo de los triángulos amorosos y utilizo este gráfico para que vean la estructura dramática básica de estos seriados, enfatizando que la telenovela es ese centro de malentendidos.

Se conocen	----------------Obstáculos----------------	Final
Se enamoran	**Problemas**	Feliz
	Malentendidos	

…La telenovela, entonces, es lo que sucede en esa larga línea de equívocos y obstáculos que ocurren entre el momento en que los protagonistas se conocen y la palabra «FIN». *In that sense, a telenovela is really a very long «despecho».*[6] [Escribo en el pizarrón: DESPECHO, DESPECHAR, DESPECHADO, DESPECHADA, DESPECHARSE]

---

5   JRLC 5060 Telenovelas, Culture and Society. (2009). http://telenovelasfall09.blogspot.com/, JRLC/ LACS 5060 Telenovelas, Culture and Society. (2011). http://telenovelasspring11.blogspot.com/, JRLC/ LACS 5060 Telenovelas, Culture and Society Fall 2013. (2013). http://telenovelasfall2013.blogspot.com, Telenovelas Fall 2008. (2008). http://telenovelasfall08.blogspot.com/, Telenovelas Fall 2010. (2010). http:// telenovelasfall10.blogspot.com/, Telenovelas-FYOS-Spring 2012. (2012). http://telenovelafyos.blogspot.com
6   En ese sentido, la telenovela es realmente un largo despecho.

Para explicar estos términos me voy a remontar a hace más de dos décadas cuando el profesor colombiano Jesús Martín-Barbero escribió sobre el papel que juega el melodrama en la cotidianidad de los latinoamericanos enfatizando que tiene mucho de nuestra manera de ser: fatalistas, con tendencia al machismo y supersticiosos. Al hablar del melodrama, Martín-Barbero se refería tanto a las telenovelas como a algunos géneros musicales latinoamericanos como el tango y la ranchera. Yo añadiría el bolero a esta lista. Todos ellos –telenovelas, tangos, rancheras y boleros– representan no solo los diversos costados de eso que llamamos América Latina, sino también son expresiones culturales de uno de los verbos más interesantes que utilizamos en nuestra región: despechar.

Fíjense que en los Estados Unidos, después de una experiencia amorosa negativa, tenemos la cultura del «*move on*» y «*shake it off*». Hay que «seguir adelante» y «sacudirse» la tristeza del corazón roto. En contraste, los latinoamericanos tendemos más bien a no seguir adelante hasta que no nos hayamos «despechado». Al menos por un rato. Despecharse es dedicarse por un tiempo a sufrir cien por ciento por ese amor perdido o no correspondido. Y no hay mejor acompañante para el despecho que un bolero, una ranchera o un tango (amén del licor que parece estar siempre involucrado). Las telenovelas parten del mismo principio. Son las emociones y los sentimientos convertidos en espectáculo. En ellas vemos el ciclo de enamoramiento, ruptura y despecho de una manera que puede ser operática, rocambolesca, pero con la cual nos identificamos. Aunque esa identificación nos sorprenda.

Veamos unos videos de boleros, rancheras y tangos en la pantalla de la izquierda. Las letras de las canciones aparecerán en la pantalla de la derecha. Comencemos con José Feliciano cantando «Amor gitano», donde la muerte es preferible al dolor del amor no correspondido:

Toma este puñal/ Ábreme las venas/ Quiero desangrarme/ Hasta que me muera No quiero la vida/ Si he de verte ajena/ Pues sin tu cariño/ No vale la pena.

8. Cuéntame alguna experiencia especial que hayas tenido en esta clase.

A los profesores nos encanta presenciar el proceso de aprendizaje. Por lo tanto, disfruto observando cómo mis alumnos van deshilvanando el nudo entre medios, cultura y sociedad. Me gusta mucho verlos mejorar su español y ser testigo de sus conversaciones inteligentes y productivas en las videoconferencias.

Uno de los momentos más memorables ocurrió cuando la actriz venezolana Marisa Román visitó nuestra clase de sorpresa. Los estudiantes se habían preparado para una videoconferencia con ella. Cuando Marisa entró al salón de clase se emocionaron hasta el punto de olvidarse de las preguntas que habían preparado. Fue hermoso verlos recuperarse de su estupor, entablar conversación y escucharla a ella hablarles no solo del tema central del curso, sino también de los privilegios que ella observa en los estudiantes universitarios en Estados Unidos. Fue una gran lección para mis alumnos pasar de la impresión de «celebridad» a la humanidad de la actriz. Es una transición que los he visto hacer en cada videoconferencia, pero que la presencia real de Marisa Román hizo aún más patente.

EN EL SALÓN DE CLASE: APRENDER CONVERSANDO

Claudio Callao, director brasileño que ha dirigido telenovelas en Venezuela-12 de abril de 2011, desde Sao Paulo.

Matt: ¿Qué diferencia la telenovela brasileña de las demás?

La diferencia fundamental la podemos encontrar yendo muy, muy atrás. En Brasil fuimos a buscar nuestras influencias para hacer TV en Europa. El resultado es una novela más natural. En cambio otros países que hacen telenovelas, como Venezuela y México, fueron influenciados por el modelo de la radionovela cubana que luego se transforma en la telenovela rosa. En este modelo los personajes dicen todo lo que van a hacer. «Yo voy a tirarte este vaso de agua».

Es un remanente de su origen radial. En la telenovela brasileña y la que llaman de ruptura es diferente. El personaje, simplemente, lanza el vaso de agua. El primer modelo es más estático y más melodramático. El segundo se siente más dinámico y contemporáneo. Y ya no es exclusivo de Brasil.

Andrea: ¿Qué es lo más difícil de trabajar en telenovelas en Venezuela?

La producción tiende a ser más improvisada. En Brasil la preproducción dura 4-5 meses. Entonces la producción es mucho más pensada. En Venezuela, hay apenas un mes de preproducción. Eso hace el trabajo más difícil. Ahora, los actores venezolanos, en general, son muy buenos. Tienen una capacidad de adaptación y de respuesta muy rápida.

Vicente Albarracín, director venezolano que ha dirigido en Venezuela y en Telemundo-19 de noviembre de 2013, desde Miami.

Marina: ¿Cuál es el reto más grande al que se enfrenta un director de telenovelas?

Son muchos. Pero hacerme entender es fundamental aquí en Miami, donde trabajo con personas de diferentes países latinoamericanos cuyo español es distinto al de nosotros los venezolanos. Cuando eres el director, tienes que asegurarte de que todos te están entendiendo correctamente para que hagan en el set lo que necesitas. Entonces, hacerme entender es una prioridad y un reto.

Allie: ¿Cuáles son algunos de los problemas inesperados que ocurren en su trabajo?

Todo el día está lleno de problemas inesperados. No hay día igual al anterior. Las diferentes personalidades que trabajan en una telenovela crean problemas a diario. Manejar eso es también una tarea diaria. Los actores trabajan con las emociones y hay que tratarlos con cuidado porque tienden a tener crisis. También el libreto puede traer problemas. No todos son de la misma calidad. Y hay que recordar que las telenovelas se van escribiendo en el camino y la calidad del libreto puede variar. El *rating* también puede forzar cambios en la historia.

Esa es la peor parte de dirigir telenovelas, que no están escritas completamente cuando uno empieza a grabar.

Valentina Párraga, escritora venezolana que trabaja en Telemundo-30 de septiembre de 2008, desde Miami.

David: ¿Cómo es su rutina diaria ahorita que escribe Doña Bárbara?

Me despiertan los personajes y las diagramaciones a las cinco de la mañana. Escribo desde las cinco hasta las ocho. A las 8:30-9 llega uno de mis escritores y me sirve de rebotador de ideas para hacer la diagramación del capítulo. Luego escribo mis escenas y espero por las escenas de los demás. Y estoy pendiente de la llegada del *rating* a las 5:30 de la tarde.

Alberto Gómez, escritor venezolano que ha trabajado en Venezuela, México y Estados Unidos-21 de abril de 2011 desde Miami.

Suzanna: ¿Cuál es su fuente de inspiración?

Siempre sacas un poquito de algo que te contaron, algo que leíste, algo que viste en una telenovela o una película que viste, y mucho que se le ocurre a uno. Así vas formando un cúmulo de situaciones y, obviamente, le agregas mucha fantasía.

Cassie: ¿Por qué le gusta tanto escribir telenovelas rosa?

Creo que porque crecí viendo ese estilo de telenovelas. Era lo que se veía en mi casa. Es lo que me gusta, lo que me apasiona y, en definitiva, es lo que me ha dado el éxito. Entonces, ¿para qué cambiar si con esto me ha ido muy bien y es por lo que me contratan?

Ali: ¿Cómo ha evolucionado su escritura en cuanto a estilo y mecánica?

Mi estilo es básicamente el mismo, de telenovela muy romántica, muy rosa. Nunca he escrito otro tipo de telenovelas. Lo que va cambiando es la manera de contar las cosas. Antes todo era más explicadito, más masticadito. Ahora hay más cortes directos. También vas aprendiendo trucos para ahorrarte tiempo y no echar ese cuento interminable.

Erin: Cuando ve una telenovela por distracción, ¿logra separar su parte profesional y ser espectador? ¿O piensa «yo hubiera escrito eso de otra manera»?

Yo veo muchas telenovelas. Es importante conocer lo que se está haciendo. Cuando las veo por chequearlas, sí, me encuentro pensando en cómo lo hubiera hecho yo. Pero cuando la historia me atrapa, ya ahí bloqueo que soy escritor y paso a ser público nada más.

Leonardo Padrón, escritor venezolano que trabaja en Venevisión-26 de abril de 2011, desde Caracas.

Suzanna: ¿Cuál es su fuente de inspiración?

Me inspira la condición humana y toda la complejidad que somos los seres humanos. Pero sobre todo me inspira la calle. Yo no estoy encerrado en una torre de marfil. Yo salgo, me involucro, escucho, noto lo que está angustiando y emocionando a la gente. Un escritor es como un espía de la realidad. Todo eso es inspiración.

Scott: En las circunstancias actuales de Venezuela, de censura y polarización, ¿siente que su trabajo con las telenovelas tiene una importancia social?

Las condiciones son tan adversas y hasta peligrosas que siento que mi trabajo está más comprometido que nunca. Tengo que sortear obstáculos que antes no tenía. Para todo escritor es difícil escribir con una camisa de fuerza. Pero siento que éticamente, socialmente y ciudadanamente tengo el compromiso de seguir apostando por el imperio de la verdad y por la libertad creativa.

José Ignacio «El Chascas» Valenzuela, escritor chileno, ha trabajado en Chile, México y Estados Unidos-31 de octubre de 2013, desde Miami.

Alicia: ¿Cuál es la diferencia de escribir telenovelas para Chile, México y Estados Unidos?

Las telenovelas chilenas son muy localistas, así que necesitas tener personajes que se ven, hablan y actúan de manera chilena. Las tramas deben ser chilenas. Si escribes para Chile debes ser más chileno que nunca. Sobre todo en tu lenguaje. Y eso es un problema para mí porque dejé Chile hace años. Cuando escribes para México, el productor te pide que escribas de manera universal, que seas abstracto. Eso para mí también es un problema porque cuando tienes que ser universal, no puedes profundizar. Ahora en *Santa diabla* escribo para el mercado hispano norteamericano, que tiene temas controversiales como el racismo y la inmigración. Eso no lo podría hacer en México. Yo escribo telenovelas para comenzar una discusión sobre ciertos temas. La medida del éxito para mí es esa: comenzar una discusión.

Rachel: ¿Cuál es su inspiración?

Yo no creo en la inspiración sino en el trabajo. Yo estoy buscando nuevas ideas siempre. La inspiración no me va a llegar, yo salgo a buscarla. Yo quiero escribir sobre temas que me importan. Entonces, por ejemplo, estoy escribiendo en *Santa diabla* sobre hacer justicia. Pero hay una línea muy fina que separa el hacer justicia de la venganza. Por ejemplo, si vemos la historia de Chile y el período de la dictadura, nos damos cuenta de que hoy en día muchos claman por justicia, pero otros quieren es venganza. Entonces, *Santa diabla* es mi exploración de esa línea fina y difícil que hay entre esos dos conceptos.

Roberto Stopello, escritor venezolano, ha sido Vicepresidente de Desarrollo de Telenovelas de Telemundo-14 de noviembre de 2013, desde Miami.

Dana: ¿Es difícil evitar o no repetir los clichés de otras telenovelas?

No les tengo miedo a los clichés. Ustedes todos deben haber visto *Titanic*. Es una película llena de clichés. Es *Romeo y Julieta*. El problema no es el cliché, es cómo lo cuentas. Les recomiendo un ejercicio: vean otra vez *Titanic* pensando en telenovelas. Es una telenovela perfecta donde todos lloramos al final.

Nicole: ¿Es difícil obtener los actores perfectos para los personajes que escribe?

Sí, lo es. Tú puedes tener un actor o actriz en mente y producción te puede traer otro que ni se le acerca. Así que yo prefiero usar en mi mente gente de Hollywood porque sé que no los voy a tener. Y así estoy abierto al *casting* que me trae producción.

Caroline: ¿Usted cree que la telenovela como género se agotó?

Para nada. La telenovela ni se está muriendo, ni se va a morir. La telenovela es parte de nuestra cultura, está en nuestro sistema. Es una manera de vernos. Además ya es vista globalmente. Y no solo en culturas parecidas a las nuestras. Por ejemplo, es vista en los países árabes. Cuando una telenovela es mala o no es exitosa aquí en Estados Unidos, la podemos vender en unos 80 países. Si es una novela exitosa o muy buena, la vendemos en casi todos los países del mundo. Hay países pobres que pagan $50 por capítulo y países ricos que pagan $10.000 por capítulo. Todos compran. Además hay muchos países haciendo sus telenovelas, desde Israel hasta Marruecos, Turquía, etcétera. No es un género que va a morir. Al contrario, está creciendo.

Julie Restifo, actriz venezolana-12 de abril de 2011, desde Caracas.

Shamar: ¿Cuáles son las diferencias entre actuar en cine y en telenovelas?

Es bastante diferente en Venezuela. Las películas son más escasas. Vienen cada dos o tres años. En el set de cine el director es el jefe supremo, el maestro. Es diferente a la televisión en la cual el director, generalmente, es más bien un director técnico, no un director de actores. En la televisión a veces debes aprenderte los parlamentos en poco tiempo. En el cine no. Además en el cine siempre hay personajes diferentes. En las telenovelas no es así. Yo he hecho muchas villanas que son similares. Están escritas con las mismas características. También siempre soy la mamá de alguien. Mala o buena, pero siempre la mamá de alguien. En el cine y el teatro eso no ocurre. Me puede tocar ser cualquiera. Otra diferencia es que en el cine y el teatro uno sabe a dónde va su personaje, en la telenovela no. Hay tantas ventanas que se pueden abrir. Y como las telenovelas son medidas por los *ratings*, eso condiciona a los escritores y tiene impacto en la trama y en el personaje que uno está haciendo.

Lo que me gusta y disfruto es aprender en cada uno de estos medios. Por ejemplo, he hecho 15 películas, pero sigo aprendiendo de cada director de cine.

Carla: Leí que su hija también es actriz. Ella creció viéndola a usted como actriz. ¿Cómo ha manejado usted la educación de ella?

Yo no creo que he hecho nada diferente de lo que hace cualquier otra mamá. Le he enseñado respeto y la importancia de estudiar y de valorarse a sí misma. También he creado un ambiente de amor en nuestro hogar. Nada que sea diferente a lo que cualquier otra madre hace.

Roque Valero, actor y cantautor venezolano-8 de diciembre de 2008, desde Miami.

Danielle: ¿Sientes que vas a poder seguir combinando tu carrera como actor y tu carrera como músico?

Yo nunca me planteo la posibilidad de dejar la actuación o la música. Siempre han estado juntas, forman parte de mí como persona. Sí, a veces me dedico más a una que a la otra, pero nunca pienso en dejar alguna de las dos.

Ben: ¿Qué haces para desarrollar un personaje?

Es diferente dependiendo de si es para cine, teatro o televisión. Cuando es una telenovela, que es el tema de la clase de ustedes, lo primero es reunirme con el escritor. Él me da un perfil inicial. Pero el personaje no está totalmente escrito porque lo vamos a construir entre los dos. Si el escritor es de los que ve su novela a diario, va a ver las señales que uno como actor le manda. Y él, a su vez, me mandará señales en el libreto. Y así se va construyendo el personaje.

Marisa Román, actriz venezolana-14 de abril de 2011, desde Caracas.

Kennan: ¿Qué tipo de personajes prefieres?

Me gustan los personajes que me retan y me hacen trabajar duro. Por eso el escritor es tan importante para un actor porque a todos nos gustan los personajes que están bien escritos.

Christian: ¿Cómo te llaman en la calle? ¿Te llaman por tu nombre o por los nombres de tus personajes?

Creo que después de hacer *Cosita rica*, ahora la gente sabe mi nombre. Pero hay personajes que parecen vivir para siempre. Entonces todavía hay gente que me llama «María Suspiro» y gente que me llama «Bendita». Pero, en general, la gente sabe mi nombre.

Ruxandra Ciobanu, rumana, trabaja en turismo, consumidora de telenovelas-30 de noviembre de 2009 desde Bucarest.

Alicea: ¿Son populares las telenovelas en Rumania?

Las telenovelas son muy populares en Rumania. Lo son en toda Europa del Este, pero aquí en Rumania empezaron a aparecer después de la revolución. Antes la televisión estaba controlada por el gobierno comunista. Luego de la revolución hubo un *boom* de la televisión en general y las telenovelas jugaron un gran rol en eso. En la última década un 80% de la población veía telenovelas. Ahora eso ha bajado, pero todavía hay una gran cantidad de personas que ven telenovelas aquí.

Nicole: ¿Cómo escoges las telenovelas que ves?

Me fijo primero en el elenco. Si me gusta, le doy chance a la novela. También tengo tres escritores favoritos. Dos son brasileños, Glória Perez y Manoel Carlos, y uno es venezolano: Leonardo Padrón.

Hannah: ¿Cuál es tu telenovela favorita y por qué?

Es difícil escoger una. Diría que *El clon* de Brasil. Es quizás la mejor combinación de libreto, producción y actuación que he visto. Las novelas brasileñas están más cerca de la realidad y tienen temas como el alcoholismo, las adicciones, los valores familiares, etc. que me gustan. Me gustan las telenovelas brasileñas, pero también en los últimos años me he hecho fan de las de Venezuela.

Manuel Saldivia, estudiante venezolano, moderador del foro TVVI[7]-14 de octubre de 2008 desde Mérida, Venezuela.

Jasmaine: ¿Te quita mucho tiempo ser el moderador del foro?

Sí. La rutina del foro comienza temprano a las 4-5 am para colocar las noticias del día. Luego hay que monitorearlo todo el día

---

7   http://s6.zetaboards.com/TVVI/index/ Manuel Saldivia es ahora estudiante de doctorado en España. Se retiró como moderador del foro en 2012 después de ocho años de servicio.

a través del celular o de los moderadores encargados. El foro necesita vigilancia continua. Y debo reconocer que es complicado a veces manejar al foro y a la vida propia.

Stewart: ¿Cómo castigas a la gente vulgar en el foro?

Eso también es bastante complicado. Toda medida que toma el moderador recibe dos respuestas: aceptación o rechazo. Hay que decidir a veces rápidamente si hay que bloquear a un usuario que utiliza lenguaje soez o vulgar. Y siempre hay quienes aprueban la medida y quienes la critican porque lo ven como que coarta la libertad de expresión. Pero sí se deben tomar medidas porque si no el foro se volvería un caos.

EN EL BLOG DE LA CLASE: APRENDER REFLEXIONANDO[8]

Toma uno

Conocí las telenovelas en mi infancia, cuando vivía en Rumania. [...] Eran bastante populares con los adultos. Sin embargo, como muchos de ellos tienen hijos y nietos, las telenovelas también se colaban en las generaciones más jóvenes. Por ejemplo, recuerdo a mis amigos obsesionados con *Betty la fea* y sabiéndose de memoria su tema musical. [...] Pero, ¿por qué todos se enganchan con las telenovelas? ¿Qué significan las telenovelas para ellos? Para nosotros los jóvenes, era acerca de ponerle la nota romántica a la vida. Las telenovelas eran cuentos de hadas para nosotros y queríamos que los protagonistas terminaran juntos. A pesar de los obstáculos, el amor siempre ganaba. El gancho era nuestra relación con los personajes. Ser capaces de identificarnos con ellos hacía que su drama prosperara en nosotros, como si fuera nuestro. [...] Ahora que soy

---

8 La mayoría de los estudiantes escriben en inglés en el blog. Algunos lo hacen en español. Por lo tanto, en esta selección de sus textos indico cuando un escrito fue traducido por mí al español.

mayor, espero ver las telenovelas desde una perspectiva diferente (mi traducción, Ioana, 2012).

Univisión triunfa sobre NBC

La semana pasada Univisión pasó a NBC en los *ratings* del *prime time*. ¡Es la segunda vez que esto pasa en el último mes! Para mí es una locura pensar que un canal que transmite en un lenguaje que no es el primario en los Estados Unidos pueda ganarle a ese gran bateador que es NBC. Esto nos demuestra dos cosas: la creciente influencia de la población hispana y la penetración del consumo de telenovelas en ese grupo demográfico. […] Esa tendencia no está ocurriendo solo con Univisión: Telemundo también ha experimentado un incremento en sus *ratings* del *prime time*. Como soy estudiante de relaciones públicas, todo esto hace que me pregunte cómo los profesionales de relaciones públicas pueden utilizar las telenovelas para llegarles a los hispanos en Estados Unidos. Este verano hice una pasantía en Coca-Cola y trabajé con el «Coca-Cola Telenovela Club», un programa que les permite a los consumidores tener la oportunidad de conocer a sus estrellas favoritas de las telenovelas. Creo que programas como este se pueden convertir en una tendencia cuando las organizaciones se den cuenta de la influencia de las telenovelas en la comunidad hispana (mi traducción, Holton, 2011).

La importancia de la competencia: Colombia vs. Venezuela

Es impresionante el impacto que tiene la competencia sobre la calidad de las telenovelas. Ese impacto se puede ver en Colombia y Venezuela. Ambos países han tenido una industria de la telenovela lucrativa. Sin embargo, la calidad de las telenovelas colombianas y su reconocimiento a nivel internacional crecen, mientras las venezolanas declinan. Esto se debe a que en Colombia la competencia entre RCN y Caracol es cerrada. En Venezuela, en cambio, no hay competencia saludable debido a las políticas de Hugo Chávez que han generado censura y autocensura, y al cierre de RCTV. Sin competencia las televisoras no invierten tanto, ni piensan tanto en sus productos. Esto afecta la calidad de las telenovelas. Pero también afecta al público que tiene que ver una programación con calidad bajo par (mi traducción, Mejía, 2013).

Vivir un sueño

El amor es un tema poderoso para todo el mundo. Como dijo nuestra profesora, es muy fácil borrar la línea entre la ficción y la realidad en las telenovelas, y en un lugar así sin límites, se puede comunicar de una manera más imaginativa. Sin embargo, hay algunos casos en los que la telenovela es simplemente un escape, y la historia nunca podría ser realidad. Pero cuando una telenovela nos muestra una manera de cambiar la vida diaria, empieza a ser un modelo para la sociedad. Cuando vemos en una telenovela lo que queremos cambiar en el mundo, dejamos de soñar con cambiar nuestras vidas y empezamos a vivir y esperar (Azahar, 2010).

(Sin título)

El capítulo de Carolina Espada hace referencia a la importancia de compañías extranjeras, particularmente las compañías americanas (por ejemplo Colgate o Sydney Ross Company) en la producción de las primeras telenovelas. Menciona que los programas son llamados por el nombre de sus patrocinantes en vez de por sus títulos (La Telenovela Camay, La Telenovela Palmolive). ¿Tenían estas empresas un rol en el desarrollo de las telenovelas individuales? ¿Tenían voz en la determinación de personajes, trama o contenido? ¿Cómo interactúan las empresas modernas con las telenovelas actuales? ¿Las opiniones o perspectivas de las empresas son evidentes en los programas del pasado o presente? ¿Cómo interactúa el sector comercial con la industria de telenovelas?

[…] El entretenimiento es una herramienta poderosa y a menudo pienso en los mensajes invisibles que recibo cada día. ¿A qué opiniones estoy expuesta? (Lauren, 2010).

Telenovelas: ¿mejor que Rosetta Stone?

Hasta hoy no me había conectado con la idea de que alguien pueda seguir religiosamente una telenovela en un país en el que no se habla español. La novia de mi hermano es de Ucrania y hoy cuando le mencioné esta clase, exclamó: «¡Oh… mi abuela en Ucrania ama las telenovelas! ¡Hasta aprendió español viéndolas!». Ella nos contó que su abuela y su mamá ven telenovelas de 8 a 10 pm, de lunes a viernes. Siempre. Y ya ni siquiera se limitan a las versiones dobladas o subtituladas. Se compraron unos diccionarios para ayudarse cuando hay algo que no entienden. Yo estoy impresionada con la dedicación que eso demuestra. Y, una vez más, impactada por esa cualidad adictiva que tienen estas historias que cruzan fronteras culturales (mi traducción, KKutzli, 2009).

Inspiración

[…] me ha sorprendido que no hay una pronunciada influencia de los autores latinoamericanos como Jorge Luis Borges y Gabriel García Márquez en las telenovelas. Claro, sus libros y cuentos son muy diferentes a las telenovelas de hoy en día, pero creo que sería interesante basar una telenovela en uno de sus cuentos cortos tan famosos. Al mismo tiempo, hacer esto también confundiría la frontera entre inspiración y plagio. Por eso quiero aprender más sobre las leyes que gobiernan el mundo de las telenovelas. ¿Cómo son las leyes de *copyright*? ¿Existe una organización como la American Screenwriters Association o el Screen Actors Guild para los escritores, actores o productores de telenovelas? (gillianfurqueron, 2010).

(Sin título)

¡No tengo palabras para describir lo emocionada que estuve hoy de poder escuchar a Alberto Gómez en clase! Él escribió una de las primeras telenovelas que yo vi en mi vida: *Gata salvaje*. Pero esto fue lo que me pareció más interesante de todo: si no hubiera sido por esta clase yo nunca hubiera aprendido que el escritor de esa telenovela de placer culposo es venezolano. No es que *Gata salvaje* fuera leal a alguna cultura o acento. Recuerdo sorprenderme de que todo el mundo hablara con un acento distinto y que el escenario me recordara a Miami (porque fue hecha en Miami). Creo que la habilidad de Alberto Gómez para escribir telenovelas rosa que son atractivas para todas las culturas es la razón por la cual a trabajos como *Gata salvaje* les va bien fuera del mundo de habla hispana. En mi casa, aunque todos tratábamos de parecer desinteresados y nos quejábamos mucho, el hecho es que estábamos todos cerca de la televisión a la hora de *Gata salvaje* (mi traducción, Sofía, 2009).

Reflexiones sobre las conversaciones con Marisa Román y Roberto Stopello

> Los venezolanos merecen una mejor TV
>
> MARISA ROMÁN

Fue sorprendente y conmovedor ver cómo Marisa Román se emocionó cuando nos habló de Venezuela. La verdad es que nunca pensé en la televisión como algo que la gente se podía merecer. Siempre la he visto como una mercancía que ha sido satanizada con frecuencia. «La TV te derrite el cerebro», decía mi mamá todas las semanas. Así que nunca había pensado en el privilegio que es tener buena televisión. En el caso de Venezuela es triste ver cómo lo que alguna vez fue próspero, ahora se encoge y muere. Que no solo los venezolanos ya no tienen acceso a una mejor televisión, sino que esta ya no es una carrera viable en el país.

Ratas es la representación de la nueva generación de narcos…no tienen honor

Roberto Stopello

Luego de pasar este semestre viendo *La Reina del Sur*, fue fantástico poder conversar con el escritor Roberto Stopello. Como *La Reina del Sur* fue adaptada de una novela, yo no sabía cuánta licencia creativa había podido tener Stopello en el proceso de escritura. Así que me sorprendí cuando nos dijo que creó nuevos personajes que no estaban en la novela. Uno de ellos terminó siendo el favorito de Stopello: el Ratas. A mí también me gustó mucho el Ratas, aunque debo reconocer que me sacaba de mis casillas. El Ratas no escuchaba a nadie y siempre estaba en problemas. La mejor manera de describirlo es que era un *brat*, un mocoso al que se le ha dado todo y no ha tenido que trabajar para nada. Roberto Stopello nos dijo que creó al Ratas como la representación de los nuevos narcotraficantes que vemos hoy en día, no tienen honor. El Ratas no tiene honor. Me pareció importante que Stopello escribiera un personaje así para darnos una perspectiva actualizada del tráfico de drogas y los narcos (Mi traducción, Furqueron, 2013).

(Sin título)

Estoy de acuerdo en que las telenovelas pueden transmitir mensajes relacionados con la salud. Pienso que los escritores deben tener una manera especial de tejer el mensaje con la historia para que no se sienta inconexa o artificial. Hemos visto algunos ejemplos excelentes de esto en clase. Uno de esos ejemplos fue la trama sobre cáncer de mama en *La mujer perfecta*. Allí se muestra la realidad de que una mujer puede desarrollar este tipo de cáncer a una edad más joven de la que comúnmente la gente relaciona con la enfermedad. Vimos las escenas en clase y cómo el mensaje fue tejido a la perfección con la historia. Pero hay algo personal en lo que escribo. He estado sintiendo dolor en un seno por algún tiempo. Así que luego de ver estas escenas decidí ir al médico. Estoy agradecida de haberlo hecho porque encontraron una pequeña masa (probablemente benigna) que me van a extirpar. Creo que es importante compartir historias de cáncer de seno y las telenovelas son un medio ideal para hacerlo. Así que yo sí creo en el poder de las telenovelas para marcar una diferencia positiva (Glaze, 2013).

LA TELENOVELA EN EL SALÓN DE CLASE

En el salón de clase, donde todo confluye, la profesora también es alumna. Allí algunos descubren las telenovelas, otros les ven aspectos que no sospechaban y todos nos enganchamos mientras recorremos el circuito que intenta desentrañar el alma adictiva de estos melodramas. En ese lugar el *rating* es un dato histórico, la «prota» y la villana tradicionales apuntan hacia una dicotomía incompleta y limitante de la mujer –virgen o prostituta– y entendemos que la línea entre ficción mediática y realidad es siempre porosa.

Allí desnudamos lentamente a la telenovela, despojándola de sus coloridos ropajes socioculturales hasta tener ante nosotros su fría anatomía comercial. Y, aun conociendo esa imagen, seguimos embrujados. No es la única paradoja que encontramos. También están todas las incongruencias de una industria desalmada, siempre bañada en la efímera escarcha de la celebridad, que está poblada de almas tan complejas y contradictorias como las historias que cuentan y como nuestra propia condición humana.

Y es que aunque la telenovela transita los callejones de la cultura popular, al ir a la universidad nos da lecciones de la política económica de los medios, ilustra toda una familia de teorías de la comunicación y nos muestra el andamiaje de tabúes, principios y valores que sostiene a toda cultura. Asimismo nos habla, sin ambages ni escozor, de las emociones. Un tema fundamentalmente humano que es, a la vez, universal y menospreciado. Como la telenovela misma.

DESENTRAÑANDO EL
«MANUSCRITO DE LAS EMOCIONES»

Me afano en el manuscrito de las emociones.

Escribo historias de gente que se busca.

Que se alargan en el tiempo.

Que se trenzan en la risa.

Añado la viscosidad de un secreto.

Un equívoco mayor.

Y en el momento justo: el gran final.

Una infusión feliz, con créditos y anunciantes.

Así consigo empleo.

Eso consigno en páginas públicas.

Cuento historias de amores contrariados.

Y oscurezco en mi silbido.

Me arden las manos.

Leonardo Padrón, *Oficio* (2011).

En el año 2012 Leonardo Padrón y yo sostuvimos 28 horas de conversaciones sobre una variedad de temas, incluyendo las telenovelas. Esas entrevistas se convirtieron en *La incandescencia de las cosas. Conversaciones con Leonardo Padrón* (2013, Editorial Alfa). Por limitaciones de espacio, no fue posible incluir en ese libro todo lo que hablamos sobre la telenovela. A continuación, el material que no fue publicado, más la necesaria reflexión acerca del estado actual de la telenovela venezolana.

—¿Cuál es la mejor telenovela que has visto?

—En los últimos tiempos he visto con la respectiva fruición dos productos estupendos que, quizás, no habría que definir como telenovelas: *La Reina del Sur*, basada en el libro homónimo de Arturo Pérez-Reverte y *Escobar, el patrón del mal*. Trasgreden el abc de la telenovela. Prácticamente no hay historias de amor. Y en el caso de la serie sobre Escobar he admirado cómo, mientras cuentan la turbia historia de ese personaje, relatan también la historia de un país tan complejo como Colombia. Pero hablando en términos más clásicos, *Natalia de 8 a 9* fue una telenovela que me alimentó la idea de incursionar en este género y entusiasmarme con su posibilidad. A *Yo soy Betty, la fea* la celebré con ojos de autor. Me pareció muy meritorio lo que hizo Gaitán en términos de la estructura interna, de diagramación y del diseño de personajes. Es una telenovela tremendamente eficaz. Debería nombrar también a *La señora de Cárdenas*, sin duda.

—¿Qué características deben tener los protagonistas de una telenovela?

La respuesta pareciera no tener lugar a equívocos. Pero entraña sus matices. Todo protagonista, masculino y femenino, debe encarnar un coctel con la suficiente dosis de talento, belleza y energía actoral. El elemento más importante arropa a los anteriormente mencionados: carisma. Ese asunto intangible donde está el verdadero valor de un actor en la industria del espectáculo. No son pocos los casos de actores de precario talento y arrollador carisma que logran seducir al espectador y liderar grandes éxitos. Así, el carisma pareciera imponerse largamente sobre los otros factores. La disciplina y el rigor, que son ingredientes que uno quisiera considerar como indispensables, son —esencialmente— un lenitivo para el equipo de producción. La belleza es un valor relativo. Y eso lo han demostrado con creces los brasileños en sus producciones. Son quienes mejor han apostado a la figura del prototipo físico promedio. En Venezuela, algunos autores hemos hecho propuestas exitosas que van a contravía de los clásicos estándares de belleza. Lo que sí es indudable es que entre ambos protagonistas debe existir eso que denominan «química». Debe sentirse el flujo incorpóreo del amor entre ellos. Cada encuentro de los protagonistas, cada mirada, cada beso, debe estar marcado por una vibración torrencial, un mandato de la piel, una suma plural de atracción y fogosidad que nos convierta, a los espectadores, en un coro de voces que clamen por la consecución del amor definitivo entre tales personajes.

—¿Por qué antes se repetían las parejas protagónicas y ahora no?

—Es una buena pregunta. A veces los dictados de la industria vienen dados por los caprichos de los gerentes. De repente un día un gerente puede haber dicho «y qué tal si… para ser originales cambiamos la pareja y usamos otra combinación?». Pero realmente no he pensado suficiente en por qué esa norma de repetir las parejas exitosas ya no procede con la notoria frecuencia de antes. Son tiempos de ritmo más frenético. Repetir parejas no calza con esa actitud. Quizás algo de eso haya. Relacionado con eso, me he tropezado con una matriz de opinión de que yo siempre tengo a la misma gente en el elenco. Cuando hago inventario me doy cuenta de cuánta gente nueva he incorporado y cuántas combinaciones distintas he hecho. Somos un país pequeño, el mercado de recursos humanos es limitado, siempre debes confiar en el talento que conoces. Entonces, muchos de los que dicen que «siempre son los mismos», cuando pones gente nueva, dicen «¿y quiénes son esos?». En ese sentido, la opinión del público puede ser muy volátil, inconsistente, contradictoria.

—Hablando de opiniones, la telenovela es un género donde es difícil lograr consensos. Pero en mi investigación he encontrado que hay uno respecto a ti: que diseñas muy bien tus personajes. Entonces, hablemos de algunos personajes que son recurrentes en tus telenovelas. Comencemos con esas guerreras que has escrito: las madres solas. Eres el hijo de una madre sola, eso tiene que haber influido en tu visión del lugar que ocupa la mujer en la sociedad.

—Así es. Siempre me pareció heroico ver a mi mamá sola, levantándome, trabajando en la calle y en la casa, con recursos modestos. Lidiando con todos los roles. Siempre admiré su templanza ante todas las adversidades. Y cerca de mí tenía una réplica de esa situación: mi tía Auristela también con un hijo único, también ya sola, haciendo lo mismo. Entonces, yo tenía en primer plano el tema de la madre que es madre y padre a la vez. Después me di cuenta de que no era una enfermedad, sino que era una peste, como diría Onetti. En Venezuela es una pandemia. Este es un país intoxicado de madres solteras. Entonces me parecía inmensamente pertinente rendirles homenaje.

—Y has escrito unas grandes madres solteras como Patria Mía en Cosita rica *y* Estrella *en* La mujer perfecta.

—Es que yo creo que este país es como una madre soltera, malquerida, maltratada, estafada…

—Pero también debemos hablar de los papás que tú escribes que, en muchos casos, tienen rasgos autocráticos. Inclusive los que son padres responsables, como Chacón en Cosita rica *o Baldomero en* Ciudad Bendita, *tienen una vena de imposición, de testarudez.*

—Cierto, son autoritarios. Quizás lo he hecho de manera inconsciente. Es decir, el epicentro de eso no sé dónde está. Pero, en todo caso, es un dibujo sobre la figura del poder, que establece unos roles, unas reglas que son dictadas a su arbitrio, a su conveniencia o capricho. Dramáticamente, siempre es un elemento muy funcional.

—El tema de las suegras es interesante. Por ejemplo, Mónica Montañés tiende a escribir unas suegras que son la mamá de la mujer. Esas suegras son consentidoras de sus yernos y castrantes con sus hijas. Tus suegras, en cambio, son siempre la mamá del hombre y a quien tratan con dureza es a la pareja de él.

—[Risas] Ya que me pones el espejo de forma tan rotunda, debo confesarte que pienso que todo escritor, en el fondo, va contando su historia en distintas versiones. A veces de forma fragmentaria, otras de forma explícita. Con más o menos camuflaje, uno escribe sobre todo de lo que ha vivido y de lo que sabe. Escribes, además, de situaciones y personajes que sientes que son comunes y, por supuesto, en ese sentido tengo un referente muy bien estudiado al respecto [risas].

—Un personaje femenino que siempre aparece en tus novelas es la mujer que es trasgresora del femenino tradicional: Girana Lugo en Amores de fin de siglo, *Miranda en* El país de las mujeres, *«Chocolate» y «La Vikinga» en* Amantes de luna llena, *«La Diabla» en* Ciudad Bendita, *Tata en* La vida entera. *Es un personaje importante. Se roba el show muchas veces, no importa dónde esté colocado en la estructura dramática. ¿Por qué ese personaje?*

—Me asaltas en la oscuridad [risas]. No me he hecho la terapia necesaria para poder responderte esa pregunta. Me gustan esos personajes que son duros, trasgresores, irreverentes, que van a contravía de lo que suele ser el discurso clásico de lo femenino. Siempre me han llamado la atención, tanto en la vida, como en el cine o en la literatura. He tenido amistades femeninas así. Por ejemplo, Tata, mi extraordinaria amiga del liceo, era así. Eso siempre me ha generado una empatía natural. Entonces, me parece que ese tipo de mujer tiene, dramáticamente hablando, mucho poder y magnetismo. Y como lo he vivido tanto en la vida real, no voy a desperdiciar la posibilidad de contarlo en sus mil versiones. Fíjate que yo le escribí una película entera a una gran irreverente, una gran trasgresora, como Manuela Sáenz. Es que a mí me aburre un poco el concepto de la vulnerabilidad femenina. Me parece que la mujer es cualquier cosa menos un ser frágil y vulnerable. Los hombres somos más débiles ante el dolor que la mujer. Tanto el dolor emocional como el físico. Creo que lo que he querido es tratar de romper con el tópico de la vulnerabilidad del género femenino.

—*Otro personaje que se repite y que tiene gran éxito es el pícaro machista, ese hombre encantador que hace de la infidelidad un modo de vida: Aquiles Millán en* Contra viento y marea, *Lucas Falcón en* El país de las mujeres, *Olegario en* Cosita rica, *Darwin en* Ciudad Bendita, *por nombrar los más representativos. ¿Por qué esa recurrencia?*

—Porque en el catálogo de personajes que abundan en nuestro Caribe, este es uno de los más interesantes. Es una herencia mejorada, o deformada, depende de cómo lo quieras ver, de la picaresca española. Siempre me llamó la atención esa imagen de que en los barcos de Cristóbal Colón llegaron una cuerda de rufianes y trashumantes expertos en triquiñuelas, supervivientes de la calle. Si a eso le mezclas la música africana en las venas y la perspicacia indígena, entonces terminas teniendo ese personaje: el caribeño por excelencia.

—*Recientemente, Mónica Montañés dijo sobre Gamboa, su última versión de ese tipo de personaje: «En el fondo, el personaje se nos devuelve como una pregunta: ¿por qué no nos causa rabia ni asco?».*

—Sí, es que ese personaje encarna una de esas paradojas apasionantes sobre la sociedad. Culturalmente se condena al hombre mujeriego, pero hay un nivel donde la misma sociedad lo celebra y lo glorifica; incluso las mismas mujeres. Hay, en el fondo, una suerte de reconocimiento a sus proezas amatorias. Son personajes de una moral flexible, lo cual te hace mucho más divertido escribirlos. No están amarrados a un decálogo de decencia, están más cerca del diablo que de Dios. Son gente risueña y una de sus herramientas imprescindibles es el humor. Ellos encantan porque son personajes que, en la vida real, serían justamente el alma de la fiesta. Tienen una actitud festiva ante la vida, son grandilocuentes, seductores. O sea, te seducen. Tan sencillo como eso.

—En tus novelas esos personajes no terminan triunfantes. A veces, inclusive, terminan muy mal.

—Como Darwin en *Ciudad Bendita*…

—Exacto. Sin embargo, entre ellos hay un caso que es la excepción y, por eso, fascinante: Guillermo Maduro en La vida entera. *Él es el único de esos personajes que se reivindica y cambia. Y en ese proceso de transformación juega un papel crucial la mujer de la cual se enamora, Tata, que es justamente una de esas mujeres trasgresoras que tú escribes.*

—Me impresionas con lo que me acabas de decir, no me había dado cuenta. Creo que, en el fondo, ese es mi postulado, mi desiderátum.

—Otro personaje que aparece en muchas de tus novelas es una suerte de guardián del lenguaje. Puede introducir palabras del diccionario, como hacía Nixon en Cosita rica. *En ocasiones corrige el lenguaje de los otros personajes, como el Licenciado Merchán en* La vida entera. *Otras veces funge de librero y recomienda lecturas, como hacía el Profesor Robinson Sánchez en* Ciudad Bendita. *Es algo que parece una misión personal.*

—Sí, tú sabes que relacionado al hecho de escribir a la vez poesía y telenovelas, yo hablo de ser una suerte de Dr. Jekyll y Mr. Hyde, y este es un caso en el que Dr. Jekyll le dice a Mr. Hyde «no te olvides de mí».

—Ese personaje también pareciera ser un alter ego tuyo.

—Es mi alter ego. Es una manifestación de mi condición de escritor químicamente puro, cuya iglesia es la poesía y que sufre ante un país de pésima ortografía y reducido vocabulario. Entonces, sí, creo que es mi pequeña misión no declarada.

—Hay otros personajes que también son tu alter ego. A través de ellos opinas sobre el país, por ejemplo, como lo hacías con Jacobo en El país de las mujeres…

—Editorializo, pero camuflado.

—Moviéndonos de los personajes a la estructura dramática, sabemos que todas las telenovelas tienen triángulos amorosos. Pero hay un tipo de triángulo que les ha dado rédito significativo a varios escritores: el triángulo madre-hija-hombre. Entre otros, José Ignacio Cabrujas, César Miguel Rondón y Valentina Párraga lo han usado con éxito. Tú lo incluiste en Ciudad Bendita *y, recientemente, en* La mujer perfecta. *Es un triángulo delicado de escribir…*

—¡Mucho! Porque, moralmente, el conflicto es de alto octanaje. Es un nudo clásico porque en el melodrama siempre se apunta a buscar obstáculos lo más fuerte posibles. Cuando postulas una situación de este tipo, está presente el lazo sanguíneo, nada más y nada menos que el de la madre y la hija, y siempre está implícito el hecho de que alguna de las dos va a renunciar al amor del hombre. O sea, va a haber un sacrificio emocional. Eso es muy rentable en términos dramáticos y, a la vez, es una situación extrema. Eso llena la planilla de lo que puede ser el «show del sentimiento».

—Los dos casos que tú has escrito te han dado buenos números, pero tienen diferencias significativas. En Ciudad Bendita, *había un elemento de traición en la hija Mialma, añadido a que el hombre era Darwin, uno de esos pícaros machistas de los que hablábamos hace un rato. Entonces, era muy fácil decir quién estaba, moralmente, arriba: la madre, «La Diabla». Pero en* La mujer perfecta *no hay maldad ni alevosía en ninguno de los tres personajes. Lo que hay es una casualidad terrible. La hija se enamora de un hombre mucho mayor que ella quien fue, sin ella saberlo, el gran amor de su madre. ¿Es más fácil escribir ese triángulo cuando hay una traición, como en el caso de* Ciudad Bendita?

—Sí, es más fácil. Aunque el segundo caso se podría parecer más a la vida misma porque a veces tú te metes en situaciones o haces daño sin quererlo, porque así son los pasillos del amor, con oscuridades imprevistas. También sucede que en el estrato donde habitaban Darwin, «La Diabla» y Mialma se dan mucho más esas situaciones. Todos sabemos los cuentos terribles que se generan en las zonas marginales por factores como el hacinamiento, el nivel cultural, etcétera. Son personas que están más cerca de la sordidez emocional. Cuando los personajes están en otro nivel intelectual y económico, como en el triángulo que escribí en *La mujer perfecta*, hay una elaboración intelectual de lo que están viviendo, surge el escrúpulo, el pudor, incluso el pudor espiritual, y eso hace que los personajes asuman y vivan el conflicto de una manera distinta, por eso es más difícil de escribir este último caso.

—*Tú escribes telenovelas corales, con múltiples tramas protagónicas. ¿Cuáles son las ventajas de escribir una telenovela coral?*

—La primera ventaja es para el mismo escritor y su equipo. Supone una diversidad de historias, no gravitar todo el tiempo alrededor de los mismos personajes con un tema recurrente, explorar una diversidad temática, lo cual te hace el trabajo más atractivo. Es vacunarte contra el aburrimiento en un camino que es tan largo y espinoso como el de escribir 120, 140 o 150 capítulos. Supone también otra cosa: si, de repente, la apuesta principal falla, hay otros señuelos en el espectáculo. Es decir, estás poniendo en la vitrina más mercancía. Hay más posibilidades de tener clientes o que no huyan los que ya tienes.

—*También hay desventajas al escribir una novela coral, ¿cuáles son?*

—A veces hay demasiada tripulación. Eso puede generar conflictos a nivel interno entre los actores. Es decir, uno mismo da licencia para que se edifique el palacio del ego. Porque, tú lo sabes muy bien, yo suelo convocar a mis novelas a excelentes actores. Muchos de ellos con un cartel y una reputación fuerte ganada a sangre a lo largo de los años. Eso puede generar una convivencia compleja que la sufren el canal y el equipo de producción. Y, a veces, la sufre la propia historia. Una novela coral necesita un elenco así. Entonces sucede que buena parte del presupuesto se va en la nómina actoral. En ocasiones, eso le puede quitar fuerza a los valores de producción.

—Al llevar más tripulación, el avión también va más pesado. Entonces el despegue puede ser más complicado, ¿no? Porque es más complejo que seis tramas principales, como en La mujer perfecta, *agarren tracción, que una sola…*

—Esa es otra desventaja. A la hora de diagramar, el reto es mayor porque tienes que procurar lo mejor de tu conocimiento del oficio para que el ritmo de las historias no se descompense, para que no haya historias que avancen y otras que se queden rezagadas. Tienes que estructurar la novela con la suficiente pericia para que el discurso narrativo sea legible para el público. Que no se le convierta en un enredo, una madeja, un «no estoy entendiendo». No quieres que el público se extravíe. Además, dado el nivel sociocultural de la mayoría de la gente que consume la telenovela, no te puedes poner con experimentos narrativos demasiado complejos. Entonces, tienes que hacer el tejido cotidiano de las múltiples historias lo más nítido posible.

—Y así como el despegue tiene su complejidad porque el avión está más pesado, el aterrizaje también lo tiene y, a veces, se corre el peligro de que la pista quede corta…

—Totalmente. Por eso yo empiezo a aterrizar el avión desde 10-15 capítulos atrás. Porque desde siempre ha habido algo antinatural en los finales de las telenovelas: que todos los nudos se resuelven al mismo tiempo. Siento que es una fórmula, muy socorrida, que reviste cierta negligencia. Después que has estado durante tanto tiempo sembrando nudos, conflictos y obstáculos, notas que muchas veces los finales de capítulos de novelas son cuestionados por el público porque los sienten forzosos. Estoy hablando en general.

—Otra cosa que puede pasar al haber más tramas paralelas es que cada día en la novela se hace más largo, dura más capítulos.

—También. En la novela coral se hace más lento el transcurso del tiempo, pero no necesariamente se hace más lenta la novela en su accionar discursivo. Es decir, en el número de acontecimientos que ocurren.

—Quiero mencionarte una crítica que he leído sobre ti como escritor de telenovelas. Hay quienes proclaman que tú no escribes telenovelas sino «un cúmulo de situaciones».

—Te confieso que nunca había oído eso. Bueno, yo iría más allá, para suscribir su afirmación [risas]. Yo diría que más bien procuro escribir personajes y no historias, porque creo que en la medida que tú concibes personajes de carne y hueso, donde haya toda una caracterología rica y compleja, eso te va a disparar infinidad de situaciones. Cuando tus personajes son chatos, y tienen una hondura escasa, precaria, tienes poco margen para explorar sus contradicciones, y ese profuso anecdotario que te puede generar un personaje rico en matices, dobleces, pasillos internos. Entonces, pienso que si es así como dicen esos críticos, entonces soy un gran burlador de alcabalas, porque ya hay unos cuantos gerentes y ejecutivos de televisión que me suelen buscar con insistencia porque hay la sospecha de que escribo telenovelas [risas]. Además, son telenovelas con un promedio bastante positivo, con un considerable saldo a favor. En todo caso, yo no sé qué nombre ponerle a lo que escribo, lo importante es que lo que escriba genere lo que debe lograr todo producto en televisión: ansias, adicción, ganas de verlo, de seguirle el rastro, de perseguirlo hasta el final. A eso pueden ponerle el nombre que quieran.

—*De los contratos más leoninos que existen son los que firman los escritores de telenovelas en Venezuela. Te pregunto: ¿los escritores de telenovelas están unidos como gremio?*

—Somos el gremio más desunido del mundo. Cada quien vela por sus propios intereses y ve de reojo el trabajo del otro. Aquí hay una competencia no declarada. Solo los que son muy amigos superan eso y la amistad se mantiene por encima. Por eso los canales de televisión han logrado imponer ese tipo de contrato donde se vulneran flagrantemente muchos de los derechos universales de cualquier autor.

—*En general, ¿los canales de televisión venezolanos tratan a sus escritores como un equipo o como individualidades que compiten entre sí?*

—Inconscientemente fomentan lo segundo por un manejo torpe de las reglas de juego y de su personal. Se termina más bien envileciendo el proceso y haciendo que la competencia no sea contra el otro canal, sino entre la gente que labora en la misma trinchera. Eso ha sido una torsión *antinatura* que ha ocurrido en los últimos años en Venezuela. Pero eso no involucra solo a los escritores; esta industria es tan voraz que los actores, los productores, los directores también compiten. Por ejemplo, hay productores que pueden hablar pestes de la novela que produce su colega porque lo que quieren es que sea *su* novela la que esté en ese horario. Es una dinámica inclemente y feroz donde puede ocurrir que alguien aplauda el éxito del otro en voz alta, mientras lo condena o cuestiona en voz baja.

—Hablando de eso que llamamos «la gerencia», en el prólogo del libro Y Latinoamérica inventó la telenovela, *que contiene las clases que dictó Cabrujas sobre la telenovela, dices que el recado que les dejó Cabrujas a los que trabajan en televisión es que hacer televisión tiene que ser «un acto donde haya mayúsculas y riesgo», «una firma de declaración de independencia», «que hay que seguir cayéndose a trompadas con la estupidez, así sea la estupidez la que nos pague nuestro quince y último». Son palabras duras para con los que están en la parte más alta de la estructura de poder de los canales de televisión. Eso lo escribiste en 1995, a pocas semanas de la muerte de Cabrujas. ¿Sigues pensando igual?*

—Totalmente. La estupidez está en cualquier lado, en las altas esferas, en las bajas, a tu lado, detrás de ti. A veces tú mismo eres la estupidez y tienes que combatir contra tu propia estupidez porque tú mismo puedes propiciar concesiones absurdas, volverte conformista, puedes pensar que como ya te conoces unos cuantos trucos del oficio, con poner un tanto de este aliño aquí, otro poco de aderezo por allá y algo de pimienta por acá, vas a tener una telenovela correcta que, con suerte, puede ser exitosa. En general, hay que combatir la estupidez.

—Ahora, en ese prólogo hacías énfasis en la estupidez de cierta gerencia.

—Sí, a veces es el enemigo más poderoso que tiene tu producto, porque pueden haber intereses encontrados: la gerencia solo quiere ganar el *rating* y tú también, por supuesto, pero además quieres hacer otras cosas: inventar, aventurar, arriesgar, retar al espectador, poner un ladrillo más, pisar un peldaño más elevado. Y el enemigo de todo eso puede ser justamente la persona que te firma el cheque.

—¿Cómo ves el panorama actual de la telenovela venezolana?

Tenemos años presenciando el declive progresivo de la telenovela venezolana. Un diagnóstico que cualquier televidente puede enunciar sin mayores conocimientos de la industria. La crisis se ha agravado y ha estallado ya por todos los rincones. Televén ha intentado suplir la ausencia de RCTV, pero con una notoria diferencia: sus productos están marcados por nuevas reglas de juego. Las novelas que Televén anuncia como propias son, en realidad, el resultado de un mestizaje de empresas de televisión donde el capital foráneo (México, USA, Colombia) termina imponiendo los principales criterios de producción, contenido y elenco. El hecho se comprueba de forma lapidaria al ver que, de un tiempo para acá, los cabezas de elenco son actores mexicanos o colombianos. Venezuela termina siendo el telón de fondo, el país que aporta el bulto actoral, ciertos estudios y locaciones de alta rentabilidad económica para la moneda extranjera. Los actores venezolanos se ven obligados a cambiar su modo de hablar —el que han usado durante toda su vida— en procura de un mal llamado acento «neutro» que termina desdibujando nuestra identidad lingüística. Lo neutro es lo mexicano. Lo universal es Televisa.

Por su parte, Venevisión, viejo lobo de mar en temas de telenovelas, ha perdido su fuelle económico, severamente golpeada por la crisis económica y política del país, como cualquier otra empresa nacional. El epicentro de las decisiones, en términos de la confección del melodrama, se ha desplazado a la sede de Venevisión International en Miami, Florida. Desde allí parecen estarse tomando las verdaderas líneas de acción. La programación del canal ya no prioriza la presencia de un dramático nacional en el horario estelar. Antes era un *must* de nuestra industria. Ahora es un albur sin mayores consecuencias. Creen ellos.

Ese desplazamiento del eje de programación se ha sumado a las reglas de juego que, sin duda, han impuesto México y Miami: elencos de múltiples nacionalidades, la búsqueda maniquea de lo universal, la imposición del acento «neutro», la anulación del color local. Y lo peor y más notorio: la reducción drástica de la producción nacional a tan solo una o dos producciones anuales. Todo este desolador panorama ha sido catalizado por un contexto político y económico donde han ocurrido una coercitiva ley de contenidos, un cerco estrechísimo a la libertad creativa de los autores, una letal autocensura, una severa lesión a nuestra economía, el debilitamiento brutal de la moneda, un éxodo masivo de talento (actores, productores, directores y escritores) y una drástica reducción de la inversión publicitaria. Conclusión: la telenovela venezolana está en etapa terminal. Sí, parece ser un diagnóstico en extremo apocalíptico, pero hay pocas razones para pensar en otro término bíblico: la resurrección.

—¿Escribirías una telenovela para una empresa fuera del país?

Nunca me he negado a ello. Y de hecho, ya alguna vez lo hice. Es un goce indudable escribir para tu propio país, manejar el léxico de tus calles, los rasgos de tu gentilicio, contar historias que se parezcan a tu entorno. Pero escribir del otro lado de la frontera no deja de tener su mucho de interés y aventura. Supone otras condiciones y estilos, pero finalmente lo que termina importando aquí y en Tierra del Fuego, en Toluca, Medellín o en la Costa Oeste de los Estados Unidos es lo apasionante que pueda ser la historia de amor entre dos seres humanos, imposibilitados por la adversidad y signados por la pasión. El resto es la industria y sus avatares. El tesoro al final del arcoíris son las pupilas de los espectadores. Preferiblemente hipnotizadas.

MIAMI, VENEZUELA

> 5. Finally, your chance to study abroad: Living in Miami is like living in another country.
>
> Christy, «Six Reasons Why I love Miami»[1]

Miami, tú y yo no terminamos de entendernos. Y eso que te conozco desde que era niña y que me ofreces aspectos de Venezuela que no puedo tener en Athens: amigos de toda la vida, familiares, panaderías, areperas y una pujante industria de la telenovela. ¿La verdad, Miami? No eres tú, soy yo. Quizás si no te transitara por tu telaraña de autopistas y me dedicara más a tus calles. Quizás si cuando te visito no fuera tan dependiente del GPS. Quizás si pudiera pasar más tiempo en un piso alto con vista al mar en Miami Beach y menos horas consumiendo gasolina en la I–95. Quizás si lograra entender la naturaleza híbrida de tus códigos. Quizás si supiera, por fin, si eres los Estados Unidos o no. Quizás así terminaría aceptándote como eres y haciéndome tu amiga. La nuestra es una amistad que se hace cada día más urgente porque eres un importante destino de la diáspora de mi país y porque el *know how* venezolano apuntala la televisión que se hace en tus entrañas.

14 DE OCTUBRE DE 2013: TELEMUNDO STUDIOS-MIAMI

Estoy en el Control Room A. Frente a mí múltiples pantallas. Son grandes en tamaño y en calidad de imagen. Hay dos filas de asientos

---

1 5. Finalmente, tu oportunidad de estudiar en el extranjero: vivir en Miami es como vivir en otro país. –Christy, «Seis razones por las cuales amo a Miami».

en niveles distintos, tipo estadio. Yo estoy en la fila de atrás. En la de adelante, al centro, está el director venezolano Vicente Albarracín. A su izquierda la *script* y a su derecha la asistente de dirección. Vicente, hiperkinético y eficiente, dirige la grabación de los prematuros capítulos finales de la fallida telenovela *Dama y obrero*. Sus dedos se mueven con destreza sobre los controles necesarios para escoger *–ponchar–* la cámara en cada instante de la escena que ya fue ensayada y ahora se graba con rapidez. Su vocabulario incluye términos y expresiones de todos los países hispanos presentes en el set y en la cabina. Como todo director, Vicente es la estampa del *multitasking*: dirige a actores y técnicos, alienta a los extras, escucha a los que lo rodean, poncha la escena y anuncia el venidero corte de comida. Todo a la vez. Todo rápido. Más allá de la vocación artística de los que trabajan en ella, la telenovela es una maquinaria industrial. La importancia de la productividad se nota aún más en Telemundo, donde la cultura de su capital estadounidense se impone sobre esa ensalada de nacionalidades latinoamericanas que constituye el capital humano de la empresa.

Me es imposible no comparar los equipos y la tecnología que observo con los que he visto en Venezuela. Aquí, el equipamiento básico de cada estudio incluye un *dolly*, un equipo de rodaje sobre un riel cuyo resultado son movimientos fluidos de cámara. Si el director la solicita, también puede tener una grúa. En cambio, el equipo básico en Venezuela son tres cámaras tradicionales. Y, recientemente, varios actores me contaron que la semana del Miss Venezuela 2013 estuvieron grabando escenas con solo dos cámaras porque se necesitaban los equipos para el certamen en el Poliedro. En cuanto a la grúa, he visto en Caracas cómo se hace una toma cenital en estudio sentando al camarógrafo en lo alto de una precaria escalera de pintor. La improvisación es una necesidad en Venezuela. También una forma de vida.

Comparado con la cabina del director del estudio 5 de Venevisión, el Control Room A de Telemundo parece la NASA. La calidad y variedad de los monitores les permiten al director y a sus asistentes notar detalles y aminorar la probabilidad de error. Pero quizás lo más impresionante de todo es un sistema computarizado en el que se guarda automáticamente el material grabado, poniéndolo a la disposición de cualquier persona autorizada en NBC Universal y Telemundo. De esta manera, escenas grabadas desde hace meses hasta hace segundos están disponibles con un par de *clicks*. En Venevisión, en cambio, la oficina de producción y los ejecutivos tienen acceso desde sus oficinas solo a lo que está ocurriendo en cada estudio en el momento. No hay posibilidad de memoria instantánea.

El despliegue técnico que me rodea renueva mi admiración por los que trabajan en mi país en condiciones inferiores. Como nuestros *shortstops,* que acostumbrados a jugar en terrenos pedregosos luego sobresalen en los campos perfectos de las Grandes Ligas, nuestros actores, directores, productores, técnicos y escritores se destacan cuando logran emplearse en la televisión de otro país. Es el lado positivo de la improvisación como necesidad y forma de vida.

16 DE OCTUBRE DE 2013: VENEVISION PRODUCTIONS

Es de los espacios más desnudos que conozco. Grande y con techo de doble altura, este es un *lobby* con lo mínimo: una recepcionista y, en una esquina, un lugar para sentarse. He estado aquí antes y no hay nada que lo entretenga a uno. Pero hoy encuentro un objeto que me tiene fascinada: el pendón promocional de *Cosita linda*, el *remake* de *Cosita rica*. Busco a la venezolana Paula C en el rostro de la actriz mexicana protagonista. Es bella, con rostro de *prota*, pero no hay asfalto ni cerro en su mirada. Fabiola Colmenares, la original Paula C, sí los tenía. Sé bien el porqué de la diferencia. *Cosita linda* es un producto de Miami para el público de Univisión, que es mayoritariamente mexicano, y para el mercado internacional, que está dominado por telenovelas mexicanas o que tienen al público mexicano–americano en su diseño. A *Cosita rica* le exprimieron hasta la última gota de su venezolanidad y le dejaron el esqueleto de su sólida estructura dramática. Eso es *Cosita linda.* Así que Paula C ha sido rebautizada como Ana Lorena, y Olegario es un mexicano recién llegado y recién vestido, un antagonista que alimenta de humor la historia, pero que no es una alegoría de Hugo Chávez. No hay peligro en su carisma, no hay espejo ni crítica en sus parlamentos. Y, por supuesto, que los pobres de la historia ya no viven en el caraqueño Barrio República, sino en una mexicana vecindad de Los Ángeles, donde transcurre la historia. Eso sí, con un presupuesto bastante más elevado del que tuvo *Cosita rica* en su momento, *Cosita linda* tiene altos valores de producción. Miro fijamente el pendón tratando de adivinar cómo leerán los venezolanos este refrito. No es una pregunta importante. Ahora la lectura de los venezolanos es lo de menos…

–Profesora, ya puede pasar. Es en el segundo piso.

Entro a la oficina de Peter Tinoco, CEO y presidente de Venevision Productions, con quien tengo cita. Me advierte que solo me puede dar 10 minutos porque está en una reunión de *casting.* En mi mente reorganizo las preguntas que había preparado para una entrevista de media hora. Pero el Sr. Tinoco tiene otros planes: me interroga él a mí. Quiere saber qué hago y cómo es eso de que enseño una cátedra sobre telenovelas. Mis repuestas le deben haber gustado porque acto seguido me lleva a donde se realiza la reunión, me presenta y les dice a todos «sigan sin mí, que le voy a enseñar las instalaciones a la profesora».

Venevision Productions no tiene los laberínticos niveles de su homónimo en Caracas que cuelga, literalmente, de una colina en Los Caobos. Aquí el terreno es plano e inmenso. Los estudios son más grandes y más altos, permitiendo decorados con mayor profundidad. Por ejemplo, un largo pasillo en la mansión de la familia adinerada. La distancia tecnológica entre Venevisión (Caracas) y Venevision Productions es notoria. En Venezuela nos quedamos atrás, ya lo sé. Pero, ¿por qué la evidente diferencia en inversión entre las producciones *mayameras* y las venezolanas del Grupo Cisneros?

Como en Telemundo, hay un extenso catálogo de nacionalidades latinoamericanas en el personal. Se les nota entusiasmados. El lugar está creciendo: construyen un ala de estudios nueva, la cual dedicarán a hacer series. «Es lo que nos está pidiendo Univisión», me dice Tinoco. La primera serie a producir será la adaptación del libro *Sangre en el diván* de la periodista venezolana Ibéyise Pacheco. Por eso el *casting* en curso. Después sé de la cantidad de actores que se han presentado para este proyecto. Los hay de todas las nacionalidades y niveles de talento. Muchos son venezolanos[2].

Me llaman la atención el evidente cariño y respeto del personal hacia Tinoco y el orgullo de él al mostrarme cada estudio, cabina y oficina. Cuando recorremos la construcción de los nuevos espacios, conversamos sobre las dificultades de grabar exteriores en Venezuela. De cómo el Gobierno venezolano da permisos para grabar en locaciones y luego los retira el propio día de grabación. Eso no ocurre en Miami, donde la permisología es laboriosa, pero con resultados seguros[3]. Esa es solo una de las razones por las cuales es preferible hacer las series en Miami y no en Caracas. Especialmente si son series de acción.

Pronto llegamos al comedor donde Tinoco me explica que la hora de comida —el «corte de comida»— es para todos. Ejecutivos, técnicos, actores y personal de apoyo almuerzan allí a la vez. Quizás eso explica, en parte, la camaradería que siento en el lugar.

Tres semanas después de mi visita, un video casero en Facebook me lleva de regreso al *lobby* de Venevision Productions. No está desnudo sino abarrotado con los que trabajan allí. Reconozco algunos rostros.

---

2   *DeMente Criminal* es el título de la adaptación de este caso de la vida real documentado por Pacheco. Sus protagonistas terminaron siendo el actor tejano Sebastián Ligarde y la actriz mexicana Lorena Rojas. La historia se contó como si hubiera sucedido en Miami, no en Caracas, y fue modificada de manera importante para hacerla más parecida a una telenovela mexicana. Ver: CisnerosMedia. (2014). Demente Criminal Spanish Trailer. Recuperado Julio 29, 2014, de http://www.cisnerosmediadist.com/files/demente-criminal-spanish-trailer-0

3 Miami facilita la producción televisiva y se beneficia de ella. En el año 2011 los productores de telenovelas invirtieron $40 millones en Miami-Dade, ver: Chozick, A. (2012, March 8). Spanish-Language TV Dramas Heat Up Miami. *The New York Times*. Recuperado de http://www.nytimes.com/2012/03/09/business/media/telenovelas-popularity-brings-business-to-florida.html?pagewanted=1. La cadena NBC reportó que la industria telenovelera tuvo un impacto económico de $250 millones en la ciudad, ver: NBC. (2012). Miami: a hotbed for telenovelas, *NBC Nightly News*.

Ante sus ojos llorosos y consternados, y bajo una lluvia de aplausos, Peter Tinoco sale por última vez de la empresa que encabezó. Ha sido sustituido por Juan Carlos Sosa, quien asume el cargo de Vicepresidente Ejecutivo de Venevision Studios. Es parte de la reorganización del Grupo Cisneros, ahora bajo la batuta de Adriana Cisneros, en cuatro unidades: Cisneros Media, Cisneros Interactive, Cisneros Real Estate y Cisneros Consumer Products & Services.

Miami es el centro de poder y decisión del grupo. Allí están radicados Adriana Cisneros, sus mentores e importantes ejecutivos de las cuatro unidades de la corporación. ¿Cuáles serán sus designios para sus empresas en Venezuela? ¿Habrá reorganización en Venevisión? ¿Crecerá la inversión de Cisneros Media en Venezuela? ¿Cuántos dólares destinarán para las telenovelas? O, como ocurrió recientemente con las cámaras, ¿se le dará prioridad al Miss Venezuela sobre los dramáticos? ¿Cuáles serán las consecuencias de la reorganización del Grupo Cisneros sobre el único canal privado que todavía produce telenovelas en Venezuela sin las adulteraciones propias de las coproducciones con otros países?

17 DE OCTUBRE DE 2013: DORAL

Maniobro dentro del estacionamiento escrutando la larga fila de comercios que componen este *shopping strip*, uno más de los miles que hay en Estados Unidos. Son lugares útiles e impersonales. Todos se parecen. Me bajo del carro y veo a Gledys Ibarra que ya me espera. Camino hacia ella y se me anuda la garganta. Por mi mente desfilan las muchas veces que nos hemos reunido en Caracas, siempre en el mismo restaurant, a conversar de telenovelas, del país, de la vida. Me doy cuenta de que Gledys no me cuadra en este *parking lot*. No hay titular más explícito sobre la situación de Venezuela y su televisión que el hecho de que Gledys Ibarra esté en Miami. Las dos lo sabemos y nos abrazamos felices de vernos, pero deseando que hubiera sido en ese restaurant de Altamira donde sirven el pescado al vapor que tanto nos gusta.

La noche anterior cené con dos amigas de la infancia. Ellas salieron de Venezuela hace más de 20 años. Me dicen que ya no les queda ni un solo familiar allá. No tienen cables con el país. Está claro que nunca iban a regresar, pero es que ya ni siquiera tienen razones para ir. Tres días atrás, otros amigos venezolanos me dijeron que les admiraba mi «dedicación consecuente» con Venezuela. Ellos más nunca han vuelto. Cancelaron el país. Yo no puedo, sería borrar mucho de quien soy.

Miro a Gledys y recuerdo la entrevista que le hice anteayer al director venezolano Luis Manzo y a su esposa, la actriz Martha Pabón, quienes tienen casi una década ya trabajando fuera de Venezuela. Martha me dice que en Miami «toma unos cinco años establecerse como actriz o actor». Y pienso en lo que eso significa para las actrices mayores de 40 años en una industria que las convierte en «mamá de la protagonista» a los 30.

Gledys me cuenta sus días en esta ciudad a la que todavía no pertenece, pero que trata de hacer suya. Yo me deleito escuchando su voz venezolana. Ella no habla así cuando es Elisa Lozano, su personaje en *Santa diabla*, la telenovela en la que trabaja para Telemundo. En Miami un actor tiene que hablar con «acento neutro». El desiderátum es, como me dijeron unos ejecutivos, «que no se pueda adivinar la nacionalidad». Así que los venezolanos pagan cursos de «acento neutro» y se esmeran en pronunciar todas las eses y todas las sílabas. Algunos, inclusive, le ponen un *cantaíto* mexicano al final de cada frase. Dicen que eso siempre ayuda en la empinada cuesta que es conseguir trabajo en la TV hecha en Miami. En el camino se va desdibujando la Venezuela de *Cristal*, *Kassandra* y *Las amazonas*, a la que el mundo entero le entendía su dicción. También la de *Por estas calles* y *Cosita rica*, que nos hablaba a los venezolanos mirándonos a los ojos. Ahora resulta que Venezuela desentona.

Para los actores y escritores de Venezuela, trabajar en la industria de la telenovela de Miami implica mucho más que no hablar, ni escribir en venezolano. Es pagarle a un *manager* para que les aumente la visibilidad en *castings* y negociaciones. Es contratar a un abogado para que les procese la visa O1-B para individuos «*with an extraordinary ability in the arts or extraordinary achievement in motion picture or television industry*» (USCIS, 2014)[4]. Es competir con actores y escritores de trayectorias y talento variable, pero que han tenido más exposición internacional simplemente porque la telenovela venezolana tiene rato jugando banco en el mercado global. También es enfrentarse a un público mayoritariamente de origen mexicano que tiene significativas diferencias no solo con los televidentes venezolanos, sino también con los hispanos en Estados Unidos que provienen de Venezuela:

	Hispanos en USA	De origen mexicano	De origen venezolano
Edad promedio	27	25	32
% Con un título universitario	13%	10%	51%
Ingreso promedio familiar	$39.000	$38.000	$50.000
Tasa de pobreza	26%	28%	15%

Fuente: (Lopez, et al., 2013)

El público al que deben conquistar tampoco se parece a las personas que los rodean en Miami, donde el 51% de los hispanos es de origen cubano y solo el 4% proviene de México. En contraste, 90% de los hispanos que viven en Texas, Arizona y California provienen de México (Lopez & Dockterman, 2011). Es una mayoría acostumbrada a telenovelas mexicanas, y al acento y vocabulario mexicanos[5]. Es una audiencia con una lectura visceral del melodrama y con unos códigos del humor difíciles de precisar. Por eso el énfasis en el drama y el lagrimeo, y el uso de personajes humorísticos cliché. En ese público hay gente que

---

4   Individuos con habilidades extraordinarias en las artes, o logros extraordinarios en la industria de películas o televisiva.

5   La industria mexicana, sobre todo Televisa, ha sido protectora de su producción y rara vez transmite telenovelas hechas fuera de su propio país. El resultado es que los consumidores mexicanos de telenovelas tienen poca tolerancia respecto a otros acentos y vocabularios.

cree que Gledys Ibarra se coloca múltiples capas de bronceador artificial porque no conciben a alguien con su combinación de color de piel y ojos.

Por todo esto, Miami tiene que ser más que telenovelas para un artista que llega de otro país. Y así como la reducción de la telenovela venezolana ha traído como consecuencia un crecimiento sin precedentes en la oferta teatral del país, así en Miami ya vemos la impronta de los venezolanos en el establecimiento de teatros y en la puesta en escena de obras para todo tipo de público. Sigue siendo una oferta de trabajo insuficiente, sin embargo. Por eso (y también como en Venezuela) vemos en Miami cursos sobre todos los aspectos del espectáculo. Los hay buenos y no tan buenos, dictados por gente con experiencia o con el currículum inflado artificialmente. En ellos hay actores y directores aprendiendo a escribir para teatro y televisión. Y directores y escritores aprendiendo actuación. Es que hay que saber hacer de todo cuando tratas de sobrevivir. Hay que estar dispuesto a reinventarse. Ese es el destino del emigrante.

22 DE OCTUBRE DE 2013: VENEVISIÓN, CARACAS

Los estudios están abiertos de par en par. Entro, no hay nadie. Bajo al nivel de los camerinos, el pasillo y las sillas de maquillaje están vacíos. Subo a la oficina de producción de la única telenovela que se está haciendo, *Corazón esmeralda*. Converso con los que están allí. Esperan por el protagonista que graba en exteriores para arrancar con la pauta en el estudio 5. «No es larga», me dicen. Todos tratan de mantener la mística de trabajo, pero el contraste con otras épocas de múltiples producciones es patente. No hay energía. Tampoco apuro. Escrita para el horario vespertino del 2013, *Corazón esmeralda* verá el aire en el *primetime* del año 2014.

Eso oficializa la cuenta del 2013 para Venevisión: una sola novela nueva al aire, *De todas maneras Rosa*. Eso es todo. Me pregunto qué otras cuentas hay que sacar y cuáles son sus totales. ¿Cuánto se ha encogido la pauta publicitaria en Venezuela? ¿Cuánto se ha reducido la nómina de nuestros canales de televisión? ¿Cuántos actores, directores, productores, escritores y técnicos ya se fueron del país? ¿Cuántos intentan irse? ¿Cuántas novelas hará Venevisión en el 2014 y el 2015? ¿Cuántas coproducciones realizará Televén con Cadena Tres (México) y Telemundo? ¿Cuánto talento venezolano trabaja en las coproducciones RTI (Colombia)-Televisa (México) que se hacen en los estudios de la extinta RCTV? ¿Cuántos escritores venezolanos escriben todavía para el público venezolano? ¿Cuántos ya escriben «biberón» en vez de «tetero», «alberca» en vez de «piscina», «chamarra» en vez de «chaqueta»? ¿Cuántos actores venezolanos hacen su trabajo con acento colombiano, mexicano o «neutro»? ¿Cuánto falta para que Venezuela sea un lugar donde solo se produzcan telenovelas con capital extranjero, bajo las condiciones que dicho capital impone, aprovechándose del barato «know how» local, y con un público no venezolano en la mira?

En otras palabras, ¿cuánto falta para que Venezuela sea solo una maquiladora de telenovelas?

***

Miami, torre de control de la telenovela, destino de los náufragos de mi país, quiero ser tu amiga.

TELENOVELA ADENTRO

«Yo vendí mi nevera y con ese dinero compré una televisión», dice una mujer en su precaria vivienda de una favela brasileña (Valenti, Garnier & Erickson, 1995). Al otro lado del Atlántico, en Sudáfrica, el último censo reporta que en el país hay más televisores que neveras («More TVs than fridges in SA homes», 2012). Y a finales del 2013, las medidas populistas de Nicolás Maduro nos permitieron constatar que en la Venezuela del «socialismo del siglo XXI» la pantalla plana es emblema de calidad de vida.

La televisión no es ni huésped ni intrusa, es un miembro más de la familia. En nombre de la información y el entretenimiento ella derrama en nuestros hogares guerras, parodias, concursos de belleza, terremotos, viajes espaciales, desinfectantes, labiales, cadenas presidenciales e historias de amor. Sin parar, ficción y realidad se turnan, se mezclan y se confunden al brotar en pantallas cada vez menos chicas que no ceden su protagonismo en lares pobres y ricos. A la vez, nunca antes había sido tan portátil la televisión. Ahora la podemos ver (y comentar) en nuestros teléfonos inteligentes e imprescindibles. La tecnología está expandiendo y deformando el propio concepto de «ver televisión». Y, sin embargo, la telenovela sigue campante, reinando en las grillas de programación de cantidades de países, no todos ellos latinoamericanos.

El engarce de la telenovela con la cotidianidad a lo largo y ancho del mundo es significativo y hasta envidiable para otros géneros televisivos. Sin duda que su transmisión diaria contribuye a la fortaleza de ese enlace. Siempre hay una telenovela. Siempre alguna te enganchará. Pero la persistencia de estos melodramas es condición necesaria, mas no suficiente, para la adicción que producen. Decía Cabrujas que «los hombres queremos vernos a nosotros mismos en la pantalla pero convertidos en espectáculo» (2002, p. 41). Es esa necesidad y la emocionalidad expuesta allí, esa que Fernando Gaitán afirma es parte de la educación sentimental de Latinoamérica (Padrón, 2005), lo que le da carácter universal a la telenovela y la hace, simultáneamente, popular y desdeñada. Sobre ella se apilan los estigmas que provienen de estructuras ideológicas que menosprecian lo femenino, lo emocional y lo masivo. Los intelectuales apartan la mirada y levantan la nariz con displicencia mientras que los periodistas del espectáculo meten las suyas en ella, su fuente predilecta de noticias, chismes y especulaciones. Los políticos usan su lenguaje para ganar votos y poder. Nada más populista que una telenovela rosa. No hay tono más efectivo para la demagogia. En América Latina hemos visto cómo los gobiernos, a medida que se alejan de la verdadera democracia, tratan de controlar estos melodramas. Unos hacen todo lo necesario para que solo sean opio para un pueblo al que menosprecian y otros los maldicen en su discurso, mientras intentan convertirlos en panfletos proselitistas bajo denominaciones como «la telenovela socialista» o «la telenovela comunal». En el fondo todos cometen la misma equivocación: piensan que la telenovela es simple.

La investigación académica de este género tampoco es cosa sencilla. Así como es de escritura, producción y consumo diarios, también lo es de estudio diario. Rara vez te da una vacación. Es un tópico en el cual es imposible estar al día. Por donde la midas la telenovela es inabarcable: número de producciones nuevas por año, países (contextos) de origen, países consumidores, subgéneros, número de reposiciones, número de versiones, empresas productoras, empresas distribuidoras, número de personas que trabajan en ellas, etc. Los que piensan que la telenovela es inerte y estática también están equivocados. Es un ser vivo que muta y a veces se mimetiza con otros géneros. Un tópico cambiante. Una criatura comercial cuya supervivencia depende del público. Sus hacedores observan a la audiencia, tratando de adivinarla y colocan sus apuestas sobre la mesa: diseñan (o copian) andamiajes dramáticos, personajes y tramas, y las atavían para el consumo masivo. Contrario a la percepción general simplista que hay de ellas y de su estudio, desvestir a la telenovela, y estudiar su armazón y los ropajes que usa ya da para toda una vida de investigación. Analizar el proceso de diseño y confección de esas vestimentas da para otra. E investigar su recepción da para una tercera. Además, por si todo esto fuera poco, la dispersión global de su producción y consumo le agrega otro nivel de complejidad a un tópico que demanda rigor, resistencia y determinación de los que lo estudian. Y, muy importante, que requiere que se le dé acceso al que investiga. No es casualidad que las áreas de autoría y producción estuvieran ausentes por décadas de la investigación académica sobre la televisión (y otros medios de comunicación). Hay dificultades para acceder a esos espacios cruciales: países cuyo contexto político dificulta el necesario trabajo de campo, autores y actores que prefieren no hablar de la interioridad de su oficio, y empresas que no permiten el acceso o pretenden controlar la dirección de la investigación. Por todo lo anterior, seguimos siendo muy pocos los investigadores académicos que tenemos nuestro foco puesto sobre la malquerida telenovela.

Es un género signado por sus paradojas. «Cursi», «ridícula» y «vulgar» son términos que siempre la acompañan. A la vez, le piden que eduque. Porque hasta los que la desprecian sospechan que es un poderoso vehículo que puede llevar desde dañinos estereotipos sobre lo femenino y lo masculino, hasta información sobre temas sociales, políticos y de salud. Pero no todos saben pasar con éxito ese importante contrabando. Así que siguen siendo más las historias básicas, maniqueas y manidas que las que nos ponen espejos y proponen temas. El resultado es que la telenovela estigmatiza todo lo que toca, incluyendo a los que la estudiamos. Si ella es cursi y ridícula, ¿será que nosotros también lo somos? Si es vulgar, ¿será que nuestra investigación también lo es? Todo apunta, sin embargo, a que la telenovela –con todo y sus defectos– es un cristal que evidencia los mecanismos de la formación social y el lugar que ocupan los sentimientos en nuestra vida diaria.

Es un punto de meditación recurrente para mí ver cómo, sin excepción, los televidentes, escritores y actores que aceptan participar en mis estudios, lo hacen con el entusiasmo y la franqueza de sentirse validados por la mera existencia de mi investigación. En contraste, en los ámbitos de producción, dirección y alta gerencia hay variaciones significativas. Algunos me abren las puertas con disposición, entendiendo que el aprendizaje es mutuo. Otros intentan usarme para que lleve algún mensaje que los beneficie. Y hay quienes me evaden como la plaga porque temen evidenciar los aspectos improvisados de su oficio o, en el caso de Venezuela, les preocupan las posibles consecuencias del actual contexto político. Todo esto habla de la complejidad de la telenovela y de su estudio, y de lo acentuado de sus estigmas.

Aun así, ella sigue siendo cotidiana. Tanto como las conversaciones sobre «lo que pasó anoche en _______» que ocurren en oficinas, recesos escolares y reuniones familiares. Todos opinan sobre ella, aun los que aseguran no verla. No obstante, hasta hace poco, su discusión pública estaba confinada a los espacios mediáticos dedicados al espectáculo y la farándula, y signada más por el chisme y la especulación que por el análisis y la verdadera crítica. En general (y como suele suceder en la mayoría de las disciplinas de estudio), los juicios producto de la investigación académica veían la luz solo en congresos y publicaciones también académicos de estándares rigurosos y audiencias especializadas y, por ende, pequeñas. Pero la llegada de la llamada web 2.0 y las redes sociales les han dado espacio y voz a consumidores, hacedores y estudiosos. Allí somos más públicos, más visibles. Allí lo que decimos tiene un volumen más alto y un peso específico mayor. La probabilidad de conversación y de aprendizaje es notable. Pero también es notoria la construcción de identidades. Somos lo que *tuiteamos* o *posteamos*. De modo que lo que escribo en las redes sociales me ha abierto puertas y me ha cerrado una que otra. Twitter me ha regalado interlocutores extraordinarios, pero también, en una ocasión, me expuso al vilipendio de un par de periodistas de farándula, a quienes les causó urticaria que no me gustara el final de una telenovela. Toda una lección sobre la libertad de expresión. Michel Foucault diría que Twitter es un Panopticón[1] –simultáneamente visible e imperceptible– donde el individuo sabe que puede ser vigilado en cualquier momento (1996). Foucault también nos recordaría que mientras más información haya sobre nosotros, mayor es la posibilidad de que intenten controlar nuestro comportamiento (1975). De ahí la aguda tensión entre rebelarnos contra la vigilancia, continuando el comportamiento por el cual nos trataron de «disciplinar», y regresar a nuestra zona de confort: las publicaciones académicas, leídas solo en la llamada «torre de marfil». Es el dilema contemporáneo: estar o no estar. Ese es el «ser o no ser» hoy en día. Y yo prefiero estar. Eso sí, con honestidad y bajo el mismo principio de transparencia que guía mi trabajo.

La tecnología y las redes sociales acortan distancias y difuminan fronteras. No solo geográficas sino también algunas que asumimos como parte del incuestionable «sentido común», pero que son realmente porosas, si es que no son falsas, y que separan lo profesional de lo personal. Son fronteras que nos dirigen y protegen. Desdibujarlas nos desorienta y nos hace vulnerables. Pero la gran enseñanza que he recibido en mis años de docencia e investigación es que solo al borrar esas líneas podemos acercarnos al entendimiento de la complejidad, éxito y longevidad de la telenovela. Ella es un producto industrial y una mercancía. Pero también es el lugar donde los que la hacen dejan su semblanza, amén de su talento. Y es el espacio donde los que la ven a diario cuelgan su propia historia, la vivida o la soñada. Reconocer, con respeto y ética, la intemperie de lo personal en los demás y en mí facilita el proceso de investigación, no le quita rigor y lo provee de honestidad. Son imprescindibles los reflectores de la teoría y la dis-

---

1 En 1791, el jurista inglés Jeremy Bentham publicó su libro *Panopticón*, donde propuso la construcción de una prisión circular en la cual un solo guardia, que no puede ser visto por los prisioneros, podía supervisarlos continuamente. Nunca se construyó tal cárcel, pero Foucault consideró que su diseño «ofrece el diagrama de un mecanismo de poder reducido a su forma ideal».

ciplina de la metodología. Pero, sin conciencia de las emociones –las propias y las de los otros– la telenovela es un género inentendible. Así que llevo todo eso en mi bote, ahora a la vista de todos, mientras continúo navegando telenovela adentro con la mirada puesta en su horizonte inabarcable.

REFERENCIAS

@consejocomun. (2010). Consejo Comunal. Recuperado Noviembre 9, 2010, de https://twitter.com/#!/consejocomun

@perezreverte. (2011a, Marzo 18). Twitter.

@perezreverte. (2011b, Junio 1). Twitter.

Acosta-Alzuru, C. (2007a). Correo electrónico-Enero 21.

Acosta-Alzuru, C. (2007b). *Venezuela es una telenovela*. Caracas: Alfa.

Acosta-Alzuru, C. (2009, Mayo 20). Carta de la autora de Doña Bárbara. http://telenovelas-carolina-esp.blogspot.com/2009/05/carta-de-la-autora-de-dona-barbara.html

Acosta-Alzuru, C. (2011). Venezuela's telenovela: Polarization and political discourse in «Cosita Rica». En D. Smilde & D. Hellinger (Eds.), *Venezuela's Bolivarian Democracy: Participation, Politics and Culture under Chávez* (pp. 246-272). Durham, NC: Duke University Press.

Afanador Ferrer, Z. (2006, Noviembre 29). Adolescentes piden prótesis. *Panorama*.

AGB de Venezuela. (2007). *Ciudad Bendita*.

Aguirregomezcorta, G. (2011, Marzo 3). La telenovela 'La Reina del Sur' triunfa en EEUU. *El Mundo*. Recuperado de http://www.elmundo.es/america/2011/03/03/estados_unidos/1299189810.html

Alfaguara. (2011, Marzo 14). La novela La Reina del Sur de Arturo Pérez-Reverte número 1 en ventas en Estados Unidos. Recuperado Abril 3, 2011, de http://www.alfaguara.com/es/noticia/la-novela-la-reina-del-sur-de-arturo-perez-reverte-numero-1-en-ventas-en-estados-unidos/

Álvarez, V. (2007). *Lágrimas a pedido: así se escribe una telenovela*. Caracas: Alfa.

Amado, M. I. (1992, Octubre 25). La audiencia de todas las telenovelas es similar a la de 'Cristal' hace dos años. *El País*. Recuperado de from http://elpais.com/diario/1992/10/25/radiotv/719967601_850215.html

American-Embassy-Caracas. (2006). *Two years and little resolution in Danilo Anderson case.*

Antena3. (2011). Antena 3-Series-La Reina del Sur. Recuperado Febrero 25, 2012, de http://www.antena3.com/series/la-reina-del-sur/

Ávila, K. (2010). La instrumentalización del delito: política, empresas de comunicación e inseguridad. *Cuaderno Venezolano de Sociología, 19*(2), 397-329.

Azahar, C. (2010, Octubre 13). Vivir un sueño. http://telenovelasfall10.blogspot.com/2010/10/vivir-un-sueno.html

Barrera Tyszka, A. (2002, Sep-Oct-Nov-Dic). Desde las tripas de un culebrón. *Revista Bigott,* 62-65.

Bascopé, D. (2007). Correo electrónico-Febrero 17.

Bascopé, D. (2008). *Vencer y vivir.* Caracas: Editorial Santillana.

Bejarano Delgado, E. (2010, Noviembre 13). Falleció Lilian Negrón pionera en los estudios sobre autismo. *El Universal*. Recuperado de http://www.eluniversal.com.ve/2010/11/13/ten_ava_fallecio-lilian-negr_13A4726571.shtml

Bingham, W. V. D., & Moore, B. V. (1959). *How to interview* (4th ed.). New York: Harper & Row.

Bisbal, M. (2007). Los medios en Venezuela. ¿Dónde estamos? *Cuaderno Venezolano de Sociología, 16*(4), 643-668.

Bisbal, M. (2009a). La comunicación masiva como política del gobierno de Hugo Chávez Frías. En M. Bisbal (Ed.), *Hegemonía y control comunicacional* (pp. 23-60). Caracas: Alfa.

Bisbal, M. (2009b). La comunicación… Un debate sobre la democracia. En M. Bisbal (Ed.), *Hegemonía y control comunicacional* (pp. 7-22). Caracas: Alfa.

Brown, A. (2014, Febrero 26). The U.S. Hispanic population has increased sixfold since 1970. *Pew Research Center*. Retrieved from http://www.

pewresearch.org/fact-tank/2014/02/26/the-u-s-hispanic-population-has-increased-sixfold-since-1970/

Burgos, E., Briceño León, R., Ávila, O., & Camardiel, A. (Eds.). (2009). *Inseguridad y violencia en Venezuela - Informe 2008,* . Caracas: Editorial Alfa-Lacso.

Bustindui, J. (2010, Octubre 10). Caiga quien caiga. *Ultimas Noticias,* p. Más Chévere/2.

C., D. (2011, Marzo 12). La reina del sur: un buen producto comercial. http://www.todotnv.com/la-reina-del-sur-un-buen-producto-comercial.html

Cabrujas, J. I. (2002). *Y Latinoamérica inventó la telenovela.* Caracas: Alfadil.

Calabrese, O. (1989). *La era neobarroca (signo e imagen).* Madrid: Ediciones Cátedra.

Calderón, D., & Correa, C. (2007). *El peso de las palabras*: Espacio Público

Canaán, N. (2010, Enero 12). «Todas las telenovelas plantean lo mismo». *Panorama.*

Canelón, C. (2005). Entorno4: La Magia de la Televisión.

Cañizález, A. (2004). La prensa en el referendo venezolano. *Chasqui, 87*(Septiembre).

Cañizález, A. (2005). ¿Retaliación política contra los medios? - Venezuela: una ley punitiva. *Chasqui, 89.*

Cañizález, A. (2007a). Después de RCTV: El servicio público como coartada. *Chasqui, 99*(Septiembre 2007), 14-19.

Cañizález, A. (2007b). Medios y pluralismo en Venezuela. *Chasqui, 98*(Junio), 4-9.

Cañizález, A. (2009). La era Chávez: notas para una historia política del periodismo venezolano. En M. Bisbal (Ed.), *Hegemonía y control comunicacional* (pp. 219-240). Caracas: Alfa.

Cañizález, A., & Lugo, J. (2007). Telesur: Estrategia geopolítica con fines integracionistas. *CONfines, 3*(6), 53-64.

Capote Negrín, L. G. (2008). Frecuencia del cáncer en Venezuela. *Temas- Fundación Badan*(2), 3-6.

Carmencita. (2009, Febrero 18). Valentina dejas mucho que desear como escritora. http://foros.msnlatino.telemundo.com/Telemundo/index.php?showtopic=2521&pid=28807&mode=threaded&start= - entry28807

Carter reunió a Chávez y a Cisneros. (2004, Junio 19). *El Nacional,* p. A/8.

Castañeda, D. (1943). *El corrido mexicano: su técnica literaria y musical.* México: Editorial Surco.

Cecodap. (2011). Carta a Leonardo Padrón. Caracas.

Cediad. (2011). Carta a Leonardo Padrón. Caracas.

Cerutti, C., Martínez, F., Valenotti, G., & Díaz, G. (Escritores). (2011). La Mujer Choreta. En R. Aguilar (Productor), *A que te ríes.* Venezuela: Venevisión.

Chávez Hails Canceling Colombia TV Show for Its «Disrespect» to Venezuela. (2011, Enero 18). *Latin American Herald Tribune.* Recuperado de http://laht.com/article.asp?ArticleId=384091&CategoryId=10717

Chimaras, Y. (2004). Conversación con Carolina Acosta-Alzuru-Julio 30.

Chimaras, Y. (2006). Conversación con Carolina Acosta-Alzuru-Junio 7.

Chozick, A. (2012, March 8). Spanish-Language TV Dramas Heat Up Miami. *The New York Times.* Retrieved from http://www.nytimes.com/2012/03/09/business/media/telenovelas-popularity-brings-business-to-florida.html?pagewanted=1

Cisneros Media. (2014). Demente Criminal Spanish Trailer. Recuperado Julio 29, 2014, de http://www.cisnerosmediadist.com/files/demente-criminal-spanish-trailer-0

CNE. (2008). Divulgación elecciones regionales 2008. http://www.cne.gob.ve/divulgacion_regionales_2008/

CNE. (2009). Referendo aprobatorio de la enmienda constitucional. http://www.cne.gob.ve/divulgacion_referendo_enmienda_2009/

Constitución de la República Bolivariana de Venezuela. Recuperado Artículo 72, 2004, de http://www.venezuela-oas.org/Constitucion de Venezuela.htm

Correa, C. (2009). La trama de la libertad de expresión en Venezuela. En M. Bisbal (Ed.), *Hegemonía y control comunicacional* (pp. 241-270). Caracas: Alfa.

Correia, A. (2010, Octubre 3). La Gatta que más maúlla. *El Nacional,* p. Guía TV/2.

Covarrubias, J. I. (2010). *Las 'telenovelas ejemplares': Thalía, Betty la Fea y el idioma de Cervantes.* Ponencia presentada en el V Congreso de la Lengua Española.

Cueva, Á. (2011). La Reina de México. Recuperado Octubre 12, 2011, de http://www.alvarocueva.com/alvaro_cueva2011/pozo_detalle.php?IdArticulo=3318

de Pablos Coello, J. M. (2007). RCTV en el tejado. *Revista Mexicana de Comunicación*(Agosto-Septiembre), 22-45.

de Pablos Coello, J. M. (2008). El frenesí comunicativo como desinformación. *Comunicar, XVI*(31), 173-179.

Debord, G. (1967/2008). *La sociedad del espectáculo.* Berlín: Editorial Doble J.

Delgado Barrios, C. (2006, Agosto 5). La educación pierde terreno ante el culto de la belleza. *El Nacional,* p. A/11.

Díaz, J. (2011). «La Reina el Sur» solo llega a ser princesa. *¡Vaya Tele!* Recuperado Febrero 25, 2012, de http://www.vayatele.com/antena-3/la-reina-del-sur-solo-llega-a-ser-princesa

Dinges, J. (2005). Letter from Caracas: Soul search. *Columbia Journalism Review*(July/August), 52-58.

du Gay, P., Hall, S., MacKay, H., & Negus, K. (1997). *Doing Cultural Studies: The Story of the Sony Walkman.* London: Sage.

Echandía Túpano, K., & López Balbi, J. (2010, Septiembre 1). «La mujer perfecta» ahondará en la belleza femenina. *Meridiano.* Recuperado de http://www.meridiano.com.ve/

Edwards, D. (2007). Chávez and RCTV: Media enemies at home and abroad. *NACLA Report on the Americas*(September-October), 51-52.

EFE. (2006, Noviembre 6). El venezolano Alberto Barrera Tyszka obtiene el Herralde de Novela por «La enfermedad». *El Mundo (España).* Recuperado de http://www.elmundo.es/elmundo/2006/11/06/cultura/1162812127.html

Escobar, E. (2010, Octubre 25) Programa radial Elba Escobar. Onda, la superestación Recuperado de http://www.ondalasuperestacion.com/actualidad/visorNota.aspx?id=4069&tpCont=0

Factbox: Venezuelan politics moves to social networking sites. (2010, March 30). *Reuters.*

Ferrer, Z. A. (2010, Septiembre 6). Asperger: el síndrome de la inteligencia. *Panorama.*

Foucault, M. (1975). *Discipline and Punish: The Birth of the Prison.* London: Penguin Books.

Foucault, M. (1996). Truth and Juridical Forms. *Social Identities: Journal for the Study of Race, Nation and Culture, 2*(3), 327-342.

Fundacredesa. (2011). Recuperado Mayo 15, 2011, de http://www.fundacredesa.gob.ve/

Furqueron, D. (2013, Diciembre 3). Reflexiones sobre las conversaciones con Marisa Román y Roberto Stopello. http://telenovelasfall2013.blogspot.com/2013/12/response-to-interviews-with-marisa.html

gillianfurqueron. (2010, Septiembre 29). «Inspiración». http://telenovelasfall10.blogspot.com/2010/09/inspiracion.html

Glaze, J. (2013, Diciembre 3). (Sin título). http://telenovelasfall2013.blogspot.com/2013/11/telenovelas-as-public-health-message.html

Goldstein, G. (2008, Mayo 7). Mendes, Hartnett, Kingsley bow before 'Queen'. *The Hollywood Reporter.*

Gómez, A. (2009). Conversación con Carolina Acosta-Alzuru-Febrero 17. Miami, FL.

Gómez, A. R. (2010a, Octubre 30). Censura contra las «narco-novelas». *El Universal.*

Gómez, A. R. (2010b, Enero 12). «La telenovela socialista será el asesinato en serie del género». *El Universal.*

Gorman, B. (2011, May 31). «La Reina del Sur» draws best audience ever for Telemundo entertainment program, averaging nearly 4.2 million total viewers. *TV by the numbers.* Recuperado de

Gottbert, L. D. (2004). Mob outrages: Reflections on the media construction of the masses in Venezuela (April 2000-January 2003). *Journal of Latin American Cultural Studies, 13*(1), 115-135.

Grandin, T. (1995). *Thinking in pictures and other reports from my life with autism*. New York: Doubleday.

Grandin, T., & Scariano, M. M. (1986). *Emergence: Labeled autistic*. Novato, CA: Arena.

Güerere, A. (1994). *Producción de telenovelas*. Caracas: IESA.

Haddon, M. (2009, Julio 16, 2009). Asperger's & autism Recuperado Junio 1, 2011, de http://www.markhaddon.com/aspergers-and-autism

Hawkins, E. T. (2003a). *Conflict and the Mass Media in Chávez's Venezuela*. Ponencia presentada en la Latin American Studies Association.

Hawkins, E. T. (2003b). *Media and the crisis of democracy in Venezuela*. Ponencia presentada en la Association for Education in Journalism and Mass Communication.

Hellinger, D. (2007). Media reform or grab for power in Venezuela. *St. Louis Journalism Review*(February), 29-31.

Hernández Díaz, G. (2009). Comunicación gubernamental en Venezuela durante el período 1999-2008. En M. Bisbal (Ed.), *Hegemonía y Control Comunicacional* (pp. 85-118). Caracas: Alfa.

Hernández, K. (2007, Marzo 10). Más de 45 mil implantes se colocan al año. *El Nacional,* p. Ciudadanos/1.

Hills, M. (2007). Media academics as media audiences: Aesthetic judgments in media and cultural studies. In J. Gray, C. Sandvoss & C. L. Harrington (Eds.), *Fandom: Identities and Communities in a Mediated World* (pp. 33-47). New York, NY: New York University Press.

Holton, R. (2011, Abril 8). Univision trumps NBC. http://telenovelasspring11.blogspot.com/2011/04/univison-trumps-nbc.html

Hugo Chavez closes 34 Venezuelan radio stations. (2009, August 2). *The Telegraph*. Recuperado de http://www.telegraph.co.uk/news/worldnews/southamerica/venezuela/5961183/Hugo-Chavez-closes-34-Venezuelan-radio-stations.html

Index Mundi. (2011). Recuperado Febrero 15, 2012, de http://www.index-mundi.com/

Ioana. (2012, Enero 27). Take one. http://telenovelafyos.blogspot.com/2012/01/take-one.html

IX Cumbre de la Industria de la Telenovela y las Series de Ficción-Premios Delia Fiallo. (2011). *TVMAS*.

Jonathan Jakubowicz no quiere llevar al cine a La Reina del Sur. (2009, Abril 10). *Informador.com.mx*. Recuperado de http://www.informador.com.mx/entretenimiento/2009/93887/6/jonathan-jakubowicz-no-quiere-llevar-al-cine-a-la-reina-del-sur.htm

JRLC 5060 Telenovelas, Culture and Society. (2009). http://telenovelas-fall09.blogspot.com/

JRLC/LACS 5060 Telenovelas, Culture and Society. (2011). http://tele-novelasspring11.blogspot.com/

JRLC/LACS 5060 Telenovelas, Culture and Society Fall 2013. (2013). http://telenovelasfall2013.blogspot.com

KKutzli. (2009, Noviembre 25). Telenovelas: Better than Rosetta Stone? http://telenovelasfall09.blogspot.com/2009/11/telenovelas-better-than-rosetta-stone.html

Kraul, C. (2011). Venezuela polarized over Chavez's land policy. *Los Angeles Times*.

La Reina del Sur. (2011, Mayo 28). *Semana*.

La Reina del Sur-Entrevista Pérez-Reverte. (2002, Junio 2). *El Semanal*.

»La Tayson« no tumbó a «Reina del sur». (2012, Enero 17). *Peru 21*. Recuperado de http://peru21.pe/2012/01/17/espectaculos/tayson-no-tumbo-reina-sur-2007885

Lauren. (2010, Septiembre 1). (Sin título). http://telenovelasfall10.blogspot.com/2010/09/el-articulo-de-espada-hace-referencia.html

Leary, J. P. (2009). TV Urgente. *Social Text, 27*(2), 25-53.

Lippmann, W. (1991). *Public Opinion*. Brunswick, NJ: Transaction Publishers.

Lopez, M. H., & Dockterman, D. (2011, May 26). U.S. Hispanic Country-of-Origin Counts for Nation, Top 30 Metropolitan Areas. *Pew Research Center*. Recuperado de http://www.pewhispanic.org/files/2011/05/142.pdf

Lopez, M. H., Gonzalez-Barrera, A., & Cuddington, D. (2013, June 19). Diverse Origins: The Nation's 14 Largest Hispanic-Origin Groups. *Pew Research Center*. Recuperado de http://www.pewhispanic.org/2013/06/19/diverse-origins-the-nations-14-largest-hispanic-origin-groups/

Maduro, N. (2014). *Memoria y Cuenta del año 2013*. Recuperado de http://www.slideshare.net/jonbonachon/memoria-y-cuenta-20132014-del-presidente-nicols-maduro-moros?utm_source=slideshow02&utm_medium=ssemail&utm_campaign=share_slideshow.

Marcano, C. & Barrera Tyszka, A. (2004). *Hugo Chávez sin uniforme: una historia personal*. Caracas: Editorial Debate.

Martín-Barbero, J., & Rey, G. (1999). *Los ejercicios del ver: hegemonía audiovisual y ficción televisiva*. Barcelona: Gedisa.

Mata, A. J. (2011, Marzo 23). La tentación extraterrestre. *Dominical*.

Mazzioti, N. (2006). *Telenovela: industria y prácticas sociales*. Bogotá: Grupo Editorial Norma.

Mejía, A. (2013, Noviembre 7). La importancia de la competencia: Colombia vs. Venezuela. http://telenovelasfall2013.blogspot.com/2013/11/the-importance-of-network-competition.html

Mendoza, V. T. (1985). *Corridos mexicanos*. México: Fondo de Cultural Económica.

Mendoza, V. T. (1997). *El romance español y el corrido mexicano: estudio comparativo*. México: Universidad Nacional Autónoma de México.

Ministerio del Poder Popular para las Comunas y Protección Social. (2011). Recuperado Mayo 17, 2011, de http://www.mpcomunas.gob.ve/

More TVs than fridges in SA homes. (2012, Octubre 30). *News24*. Recuperado de http://www.news24.com/SouthAfrica/News/More-TVs-than-fridges-in-SA-homes-20121030-3

Mundo Asperger. (2010, Octubre 3). *La Voz*.

Munín González, M. (2008). Eva Mendes será «La reina del sur». Recuperado Junio 12, 2009, de http://www.sensacine.com/noticias/cine/noticia-18428562/

Nazeer, K. (2006). *Send in the idiots: Stories from the other side of autism*. New York: Bloomsbury.

NBC. (2012). Miami: a hotbed for telenovelas, *NBC Nightly News*.

Ortiz, J. G. (2010, Septiembre 1). La belleza: ¿Clave de la perfección? *El Aragüeño*. Recuperado de http://elaragueno.gesindoni.com.ve/index.php

Padrón, L. (Writer). (2005). Entrevista a Fernando Gaitán [Radio], *Los imposibles*. Venezuela: Circuito Onda.

Padrón, L. (2007). Correo electrónico-Enero 21.

Padrón, L. (2008). La Vida Entera-Sinopsis.

Padrón, L. (2010a). Conversación con Carolina Acosta-Alzuru-Marzo 2.

Padrón, L. (2010b). Conversación con Carolina Acosta-Alzuru-Marzo 29.

Padrón, L. (2010c). La Mujer Perfecta-Sinopsis.

Padrón, L. (2010d). Presentación a la prensa de La Mujer Perfecta. Caracas.

Padrón, L. (2011). *Métodos de la lluvia*. Caracas: Bid & Co.

Párraga, V. (2009). Carta a Carolina Acosta-Alzuru.

Pasquali, A. (2007a). Dos apostillas a la libertad de expresión. *Chasqui, 100*, 14-15.

Pasquali, A. (2007b). La libertad de expresión bajo el régimen chavista. *Signo y Pensamiento, 50*, 265-275.

Pereyra, M. V. (2008). Correo electrónico-Octubre 1.

Pérez-Reverte, A. (2002). *La reina del sur*. Madrid: Punto de Lectura.

perezreve (Producer). (2011, April 3) Leonardo Padrón habla autismo. Recuperado de http://youtu.be/zRsYcbj1NC0

Petkoff, T. (2011). Chávez y las cadenas [TV]. En Globovisión, *Con Teodoro*. Venezuela.

Raat, W. D., & Beezley, W. H. (1986). *Twentieth-century Mexico*. Omaha, NE: University of Nebraska Press.

Ramírez Alvarado, M. d. M. (2007). Escenarios de comunicación en una Venezuela polarizada: del Grupo Cisneros a la Ley Resorte. *Zer, 22*, 283-300.

Rentrak. (2014). *Rentrak Reports TV Viewing Engagement & Broadcast/Cable Telecasts' Social Media Metrics for Week Ending Feb. 16, 2014*.

Reuters. (2009, Enero 9). Venezuela: 2008 Inflation Was 30.9%,. An 11-Year High. *The New York Times*. Recuperado de http://query.nytimes.com/gst/fullpage.html?res=9503E0D8163AF93AA35752C0A96F9C8B63

Rodríguez, M. (2010, Octubre 3). Imprudentes y brillantes. *Todo en domingo,* 38-39.

Ruiz Letoaud, V. (2010, Abril 4). Estas son puras mentiras. *Dominical,* 12-13.

Sepulturero, E. (2011, Marzo 23). La choreta perfecta. *Ultimas Noticias.*

Síndrome de Asperger Venezuela-Retos y Esperanzas. (2010). Recuperado Septiembre 2, 2010, de http://www.facebook.com/group.php?gid=9606759067

Sofía. (2009, Diciembre 2). (Sin título). http://telenovelasfall09.blogspot.com/2009/12/words-cannot-begin-to-describe-how-i.html

Sovenia. Sovenia. Sovenia Enero 30, 2010, de http://www.sovenia.com.ve

Statement by Venevision President Víctor Ferreres on Government Raid. (2004). *Businsess Wire.*

Steimberg, O. (1997). Estilo contemporáneo y desarticulación narrativa. Nuevos presentes, nuevos pasados de la telenovela. En E. Verón & L. Escudero Chauvel (Eds.), *Telenovela: ficción popular y mutaciones culturales* (pp. 17-28). Barcelona: Gedisa.

Stevens, E. (1973). Mariansimo: The other face of machismo in Latin America. En P. A (Ed.), *Female and male in Latin America* (pp. 89-102). Pittsburgh, PA: University of Pittsburgh Press.

Stopello, R. (2012). Conversación con Carolina Acosta-Alzuru.

Telemundo. (2009). Telemundo Board: Doña Bárbara. Recuperado Agosto 1, 2009, de http://foros.msnlatino.telemundo.com/Telemundo/index.php?s=1bffb100312a0355d1c015cf73c728b8&showforum=9

Telemundo. (2011). Telemundo-Novelas-La Reina del Sur. Recuperado Junio 3, 2011, de http://msnlatino.telemundo.com/novelas/La_Reina_del_sur

Telenovelas Fall 2008. (2008). http://telenovelasfall08.blogspot.com/

Telenovelas Fall 2010. (2010). http://telenovelasfall10.blogspot.com/

Telenovelas-FYOS-Spring 2012. (2012). http://telenovelafyos.blogspot.com

Torres Rivero, S. (2005, Agosto 18). Con la ley resorte la TV es más fatua. *Tal Cual,* p. 6.

TVVI-Televisión Venezolana e Internacional. (2007). from http://s6.zetaboards.com/TVVI/forum/14090/

U.S. Census Bureau-The Hispanic Population: 2010. (2011).

Ugueto, J. (2010). Correo electrónico para Carolina Acosta-Alzuru-Octubre 21.

USCIS. (2014). O-1 Visa: Individuals with Extraordinary Ability or Achievement. Recuperado Junio 14, 2014, de http://www.uscis.gov/working-united-states/temporary-workers/o-1-individuals-extraordinary-ability-or-achievement/o-1-visa-individuals-extraordinary-ability-or-achievement

Usuarios hacen seguimiento a programas de tv que transmiten antivalores. (2010, Noviembre 9). *Agencia Venezolana de Noticias AVN*.

Valenti, A., Garnier, B., & Erickson, C. (1995). Telenovelas: Love, TV, and Power. Princeton, NJ: Films for the Humanities and Sciences.

Valery, Y. (2009, Mayo 12). Nuevas amenazas contra Globovisión. *BBC Mundo*. Recuperado de http://www.bbc.co.uk/mundo/america_latina/2009/05/090511_2320_venezuela_globo_jg.shtml

Valery, Y. (2010, Noviembre 3). Venezuela contra las «narconovelas». *BBC Mundo*. Recuperado de http://www.bbc.co.uk/mundo/noticias/2010/11/101102_narconovelas_suspension_venezuela_en.shtml

Venevisión. (2011). *La viuda joven*.

Venezuela, R. B. d. (2010). Ley de responsabilidad social en radio, televisión y medios electrónicos. de http://www.scribd.com/doc/45291089/Proyecto-de-Ley-de-Responsabilidad-en-Radio-Television-y-Medios-Electronicos

Venezuela-Reporters without borders. (2011, March 11, 2011). from http://www.rsf.org/venezuela-venezuela-11-03-2011,39770.html

Vicente, I. (1993, Mayo 3). El secreto de los «culebrones». *El País*. Retrieved from http://elpais.com/diario/1993/05/03/radiotv/736380001_850215.html

vtv (2014, Enero 26) Maduro contra Padrón. Recuperado de http://youtu.be/5L9Fvf1TkSI

Weffer, L. (2007, Enero 8). El socialismo necesita una hegemonía comunicacional. *El Nacional,* p. A/4.

Zapata, J. C. (2000). *Plomo más plomo es guerra*. Caracas: Alfadil.